高校网球运动价值挖掘与大学生成长研究

尤莉蓉/著

中国水利水电出版社

www.waterpub.com.cn

·北京·

内 容 提 要

本书是在对高校网球进行长期研究、搜集大量相关资料的基础上撰写的,并借鉴参考了诸多学者的相关研究,是关于网球与大学生研究成果的结晶。本书对高校网球的相关内容进行了研究,主要涉及高校网球运动及其开展、大学生体质健康基本概况、高校网球运动与大学生身体成长、高校网球运动与大学生心理成长、高校网球运动与大学生社会适应能力、高校网球运动与大学生审美欣赏能力、大学生参与网球运动锻炼的效果测评、高校大学生网球运动开展的科学指导、高校大学生网球运动技战术能力培养等内容。

本书语言简洁凝练、结构系统明了、知识点丰富,具有科学性、系统性、实用性、时效性等显著特点,是一本值得学习研究的著作,可供网球运动研究者及爱好者参考使用。

图书在版编目(CIP)数据

高校网球运动价值挖掘与大学生成长研究/尤莉蓉
著. --北京:中国水利水电出版社,2017.4(2022.9重印)
ISBN 978-7-5170-5354-5

Ⅰ.①高… Ⅱ.①尤… Ⅲ.①网球运动－研究－高等
学校 Ⅳ.①G845.2

中国版本图书馆 CIP 数据核字(2017)第 094810 号

书 名	高校网球运动价值挖掘与大学生成长研究 GAOXIAO WANGQIU YUNDONG JIAZHI WAJUE YU DAXUESHENG CHENGZHANG YANJIU
作 者	尤莉蓉 著
出版发行	中国水利水电出版社
	(北京市海淀区玉渊潭南路 1 号 D 座 100038)
	网址:www. waterpub. com. cn
	E-mail:sales@waterpub. com. cn
	电话:(010)68367658(营销中心)
经 售	北京科水图书销售中心(零售)
	电话:(010)88383994、63202643、68545874
	全国各地新华书店和相关出版物销售网点
排 版	北京亚吉飞数码科技有限公司
印 刷	天津光之彩印刷有限公司
规 格	170mm×240mm 16 开本 18.25 印张 327 千字
版 次	2017 年 8 月第 1 版 2022 年 9 月第 2 次印刷
印 数	2001—3001 册
定 价	55.00 元

前　言

当今网球运动无疑已经成为世界范围内最成功的职业体育运动项目之一。网球运动的影响力遍及世界各地,以至于世界上几乎每天都有网球赛事举办,特别是最负盛名的网球"四大满贯"赛事更是吸引了无数网球迷的关注。

近些年来,我国网球运动的发展非常迅速,特别是涌现出郑洁、晏紫、李娜、彭帅等优秀选手后,这项原本的"贵族运动"逐渐被更多的大众所认识。作为一项优秀的体育运动项目,网球被引入我国高校体育中成为重要的体育教学内容。网球之所以成为高校体育教学内容,主要还得益于网球运动本身所具有的诸多价值,这些价值对高校学生的身心发展可以起到非常好的促进作用。如今,越来越多的大学生参与到网球运动当中。因此,为了更好地说明网球运动对学生全面发展的重要作用,特撰写了《高校网球运动价值挖掘与大学生成长研究》一书,旨在为进一步推动网球运动在高校的普及、提高大学生对网球运动的科学认识和促进学习贡献力量。

为此,本书力求详尽分析网球运动本身具有的价值,并且将这些价值与高校学生的发展相联系,探索两者之间的关系和价值作用。总的来看,本书具有理论与实践结合度高、逻辑清晰合理、实践内容易学易懂的特点,对我国高校网球运动的教学发展和技能训练具有重要的理论和实践意义。

本书共分为十章。第一章首先阐述网球运动的基本知识以及我国高校网球运动开展的情况;第二章对大学生体质健康的基本情况进行说明;第三章至第六章分别分析了高校网球运动对大学生身体成长、心理成长、社会适应能力以及审美欣赏能力的促进作用;第七章探讨了大学生参与网球运动锻炼的效果测评问题,涉及测评的内容和方法;第八章主要对高校网球运动的活动组织方法进行了指导,其中涉及大学生网球运动锻炼的准备与注意事项、高校网球运动竞赛的编排与组织以及相应的安全保障工作;第九章和第十章分别对高校网球技术、战术能力的培养进行指导。

一个人的力量始终是有限的,因此在本书撰写的过程中还参考并引用了相关专家、学者的文献资料,在此向他们表示衷心的感谢。由于水平有限,书中难免有不足之处,敬请读者谅解和指正,不胜感激!

作　者

2017 年 2 月

目　录

第一章 高校网球运动及开展情况分析

网球运动作为一项时尚属性较强的球类运动项目,普及性越来越高,其在高校中也得到较为理想的发展,受到学生的广泛欢迎,并且成为高校体育教学的重要内容。本章主要对高校网球运动的发展历史、特点、趋势以及其开展情况进行深入分析和阐述,以此使读者对高校网球运动的发展情况有一定的了解和认识,为进一步挖掘高校网球运动在大学生成长方面的价值奠定良好的基础。

第一节 网球运动的发展历史

一、网球运动的产生与发展

世界四大绅士运动中不仅包含桌球、高尔夫球和保龄球,还包括网球。网球运动有着悠久的发展历史,总的来说,可用四句话来对其进行概括,即其在法国得以孕育,在英国诞生,在美国得到进一步的普及和发展,当前在世界范围内盛行。

具体来说,古代网球运动是从波斯湾及古希腊一带发源的,到了10世纪左右,开始逐渐传入法国,两个世纪之后,通过传教士的不懈努力,网球运动开始在法国得到广泛的传播。

(一)网球运动的萌芽阶段

最初的时候,网球运动只是一种简单的游戏,就是用手掌击球玩,具体来说,就是将教堂的回廊作为运动的场所,回廊中间用绳子将场地隔成两边,一边一个人来用手掌击打布包着毛发制成的球。网球的英文名"Tennis"就是以埃及坦尼斯镇所产的布而得来的。这时候的网球运动的主要价值在于调剂法国教士的教堂生活,后来经过进一步的发展和传播,逐渐传入法国宫廷,成为一项贵气十足的运动项目。尤其是在13世纪,法国国王路易五世对网球运动进行了定位,即网球是一项王室贵族运动,平民是被禁止参加这项运动的。受此影响,网球运动至今仍然具有"贵族运动"的气质。

随着网球运动的不断发展,击球的方式发生了一定的变化,即从手掌击球逐渐转变为戴上手套来击球,用球拍击球是在此之后得到发展的,与现在的网球运动较为相似。

1358—1360 年,在法国诞生的这种供贵族玩的古式网球开始逐渐传入英国,并且得到了较为理想的发展。当时,英国爱德华三世对网球非常感兴趣,于是,便下令在宫中修建一片室内球场,并且对球拍和球进行了改进,即将羊皮来作为球拍的牌面,球也由皮面代替了布面。但是,这次球拍上的改进并不理想,使得球拍不仅不美观,重量也有所增加。

网球的进一步改进是 17 世纪由英国人实施的。具体来说,主要表现在两个方面:一方面,是将中间的绳子改成了网;另一方面,是在球拍上穿上了有弹性的弦线。1873 年,网球的打法开始得到改进,这主要是由英国人 W·温菲尔德实施的,由此,网球运动也变成了夏天在草坪上的娱乐,因此,被命名为草地网球。草地网球的出现有着非常重要的意义,主要表现在进一步丰富了网球运动的形式,室外网球由此而诞生。1874年,网球运动的场地大小和网的高度也得到了改进,并得到了确定。1875年英国人又将最初的网球比赛规则制定了出来。由此,网球运动初具形态。

网球运动在英国的进一步普及和发展的主要标志就是 1877 年在英国伦敦郊外温布尔顿设置了几片草地网球总会。同年 7 月,首届草地网球锦标赛举办,这也就是我们现在所说的温布尔顿第一届比赛。在当时的比赛中单人比赛裁判是亨利·琼斯,另外,其还与另外两个人一起将全新的规则制定出来,为当时比赛的顺利进行创造了良好的条件。当时比赛的球场与现在一样,即为一个长 23.77 米、宽 8.23 米的长方形;发球线离网 7.92 米,网中央高度为 0.99 米;发球员发球时,可一脚站在端线前,另一脚站在端线后,发球失误一次而不判失分;采用古式室内网球的 0、15、30、45 每局计分法。由此,可以认为亨利·琼斯是现代网球的重要奠基人。

由于受到英国的移民、商人或驻军等因素的影响,网球运动得到了进一步的传播和发展。加拿大、瑞典、印度、日本和澳大利亚以及南非等其他国家的网球也逐渐开展起来。

(二)网球运动的初步发展阶段

网球运动初步的发展是从 19 世纪 90 年代中期开始的。这一时期,世界上许多国家和地区相继成立了网球协会,并定期举办网球比赛。

　　1881 年,美国全国草地网球协会("全国"两字于 1920 年取消)成立,这是世界上第一个全国性网球协会,1881 年 8 月 31 日至 9 月 3 日,第 1 届美国草地网球的男子单打和男子双打锦标赛在罗得岛纽波特港举行,这次比赛中采用的比赛规则是温布尔顿的比赛规则,总共有 26 人参加了这一比赛;1887 年,美国草地网球女子单打锦标赛开始举行;1890 年,女子双打锦标赛举行;1892 年,混合双打锦标赛举行。网球运动在美国得到了非常好的发展,这主要得益于当时的美国总统西奥多·罗斯福,非常喜欢网球运动。因此,大力支持修建网球场,举行网球比赛,日常生活中的他也经常进行网球运动,因此,尽管受到两次世界大战的影响,很多国家的网球运动都出现了暂时的停滞,但是,美国的网球却依然迎来了发展的高峰、极盛时期。

　　英国草地网球协会于 1888 年成立,澳大利亚草地网球协会于 1904 年成立,世界网球的最高组织——国际网球联合会于 1913 年 3 月 1 日在法国巴黎成立。国际网球联合会的成立不仅对网球运动在世界范围内的进一步传播和普及奠定了良好的基础,同时,也进一步推动了网球运动的发展,有着非常重要的现实意义和价值。

(三)网球运动的黄金发展阶段

　　网球运动的黄金发展阶段主要是指 20 世纪 20—30 年代。而最具有代表性的当属美国。在这一时期中,很多非常优秀的网球选手诞生。其中,唐·巴基一连包揽了澳大利亚、法国、温布尔顿和美国网球公开赛的冠军,成为历史上第一个获得大满贯的选手。

　　20 世纪 70 年代以后,网球运动得到了空前的发展。具体来说,这些发展主要归功于美国、俄罗斯、澳大利亚、意大利、法国、英国等网球强国的发展,这也促使着人们对网球的热情与日俱增,并且呈现出了全民化的发展趋势。

　　20 世纪 90 年代以后,网球运动出现了新的发展趋势,主要表现为:网球技术的完善程度越来越高,网球器材的科技含量也得到了进一步的提升,这就对网球运动的发展产生了积极的推动作用,同时,这也使得网球运动的竞争激烈程度和观赏性得到了进一步的提升。

　　进入 21 世纪后,网球运动的普及程度进一步提升,世界级球星开始出现,并且呈现出多国齐发展的势头,由此,美国、澳大利亚等少数国家一统天下的局面也被打破。

　　如今,在世界体坛所有项目的比赛中最为活跃的当属网球比赛了,其不仅有着非常广泛的群众基础,同时,其影响力和吸引力也是很多其他球类运动所无法比拟的。

当前,国际上较为重要的网球单项赛事主要有以下几个方面:现在国际上每年顶级的单项赛事主要有:1月份澳大利亚网球公开赛、5—6月份法国网球公开赛、6—7月份温布尔顿网球锦标赛、8月份美国网球公开赛、大师系列赛和年终的大师杯赛,其他还有一系列的ATP和WTA各级赛事。每年的团体赛主要是男子的戴维斯杯和女子的联合会杯比赛。

总的来说,从整体上来说,在影响力、普及性方面,除了足球,就是网球运动了,从当前网球运动的发展状况中可以得知,网球运动会得到进一步的发展,并且将其魅力和技术淋漓尽致地发挥出来,从而赢得越来越多的爱好者和参与者,成为全世界人民生活中不可缺少的一部分。

二、我国网球运动的发展概况

19世纪后期,网球运动由国外传教士和商人传入我国。经过不断的发展,网球运动由最初只有部分教会学校里的传教士参与这项运动,逐渐发展为我国上海、香港、北京、天津、广州等大城市和一些通商口岸城市中相继开展起来。

（一）新中国成立前网球运动的发展

1910—1948年,第1届到7届全国运动会中,网球比赛一直被列入正式比赛项目。但是当时受各方面因素的影响,前两届中女子是不允许参加的,第3届开始才允许女子参加。

随着中国网球运动的不断发展,中国网球队的水平日益提高,并且开始参加各种重大赛事。1915—1934年期间的历届远东运动会的比赛中,女子网球队只参加了第6届和第10届远东运动会的表演赛,而男子网球队则都有参加,并且取得了较好的成绩。比如,以邱飞海、林宝华为主力的中国队夺得了第8届远东运动会的冠军。1924—1946年中国选手参加了六次戴维斯杯网球赛。这一时期,网球水平较高的运动员主要有邱飞海、许承基等,并且取得了一些国际比赛上的优异成绩,为网球运动的发展奠定了坚实的基础。

由此可以看出,尽管网球运动在我国已经开展了较长的时间,但是,新中国成立之前,网球运动作为"贵族运动",参与的人数还相对较少,水平也相对较低。

（二）新中国成立后网球运动的发展

新中国成立后,网球运动得到了进一步的发展,其已经从少数人参与的贵族运动逐渐发展为群众性的比赛项目,受到群众的广泛欢迎与喜爱。

1953年,中国网球协会成立,同年,首次全国网球表演赛在天津市举办。1956年起网球被列为每年一度的全国比赛项目,规模也越来越大。这一时期,一些高水平的网球运动员涌现出来,其中较为具有代表性的男子为朱振华、杨福基,女子则主要是戚凤娣、徐润珍。

1980年,中国网球协会正式成为国际网球网联的会员,这就在一定程度上推动了我国网球运动水平的提高。随着网球运动的不断发展,参与网球运动的人数越来越多,尤其在大中城市。为了满足人们自爱和参与网球运动的需求,国家提出了一系列的支持政策,并且从人力、物力和财力方面给予了相应的支持,比如,采取"请进来、送出去"的方法大力培养优秀选手,建造网球中心或俱乐部,建造网球场等。

进入21世纪,我国网球运动得到了进一步的发展,训练和竞赛体制也更加完善,这与其遵循网球运动的规律有着不可分割的密切联系。除此之外,通过与本国的实际情况的有机结合,使得我国选手的水平得到了较大幅度的提升,所取得的成绩也越来越好。

2002年,我国女子网球队在联合会杯亚太区地区赛中荣获亚运会网球女单冠军;第21届世界大学生运动会网球赛上,我国选手李娜不仅首次冲出亚洲,而且还打入了联合会杯世界组外围赛,这一突破具有重要的历史性意义。

2003年6月,在维也纳职业女子网球赛上,孙甜甜、李婷、晏紫、郑洁首次包揽WTA双打冠亚军。在2004年第28届雅典奥运会网球赛场上,李婷、孙甜甜勇夺女子双打金牌,取得了令人骄傲、令人鼓舞的成绩。这也标志着中国人第一次在奥运会网球赛场上证明了自己的实力,对于中国网球,甚至对于亚洲网球来说,这都是一个划时代的里程碑,具有非常重要的历史意义。在2006年1月澳大利亚网球公开赛上,中国第一座大满贯赛事的奖杯是由郑洁、晏紫获得的女子双打冠军实现的。

2007年年初,在悉尼网球公开赛上,李娜的世界排名第16位,创造了中国选手的最高世界排名。2011年,李娜在法国网球公开赛女单比赛中夺冠。2014年1月25日,李娜第三次跻身澳大利亚网球公开赛决赛并最终收获女单冠军;同年9月19日,亚洲首位网球大满贯得主李娜正式宣布退役。

以上比赛成绩的取得,标志着我国网球运动,特别是女子网球运动已接近世界最高水平,由此可以看出,我国网球运动有了长足的发展,令人鼓舞。

第二节　网球运动的特点及趋势

一、网球运动的特点

（一）网球自身的个性化特点

网球运动本身就具有一定的个性化特点，这与其他球类运动有着一定的差别。具体来说，主要从以下几个方面得到体现。

第一，有着快速有力的空中击球动作。不管是在平时的训练中，还是比赛中，运动员或者网球爱好者要参与网球运动，都必须做到一个非常重要的要求，就是用拍子击空中球或地面反弹球和接对方击球，在空中击球，球速快而有力，由此可以看出，相较于其他运动项目来说，参加网球运动的人在时间和空间上的感觉要好很多。

第二，有着独特和多样的发球方法。由于不同的个体，其身体素质和所掌握的网球技术都会有多差别，因此，发球动作呈现出来的特色也会有一定的差异性，比如，有的运动员对发球的力量较为注重，而有的运动员则对角度和落点的变化更加重视。

第三，有着与众不同的计分方式。在网球运动的每局比赛中，采用15、30、40、平分的计分方法，每盘比赛采用6局形式。从中世纪开始，这种以15分为单元的计分法就开始使用了。

第四，有着难以控制的比赛时间。由于网球运动具有与众不同的计分方式，再加上项目的特殊性，使得比赛中最后的胜负产生较其他运动项目要更难，这需要耗费较长的时间才能得出结果。通常情况下，正式的网球比赛所采取的赛中为男子五盘三胜、女子三盘两胜。比赛时间也通常会在3～5小时之间。

第五，有着较大的比赛强度。对于专业水平相近的选手来说，往往会持续较长的比赛时间，因此，这就要求其具有较好的体力，从而保证理想的运动成绩的取得，以及避免不必要伤病的出现。

第六，对运动员的心理素质有着较高的要求。在网球运动或者比赛中，只允许教练在团体比赛交换场地时进行场外指导，其他任何比赛连打手势等动作都是不允许的。因此，这就要求运动员在整个网球比赛过程中依靠个人独立作战，要根据比赛场上情况的变化来及时调整心理状态，从而能够将自身的水平充分发挥出来,从而最终取得比赛的胜利。对于水平相当的运动员来说,心理素质水平以及心理调节能力都会在一定程度上影响到比赛的最终结果。因此,良好的心理素质对于网球运动员来说是非常重要的,要进行重点培养。

(二)网球比赛的活跃性与频繁性

综合世界体坛的所有体育比赛,活跃度最高的当属网球。网球运动自产生以来,就一直在不断向前发展,并且发展和普及的速度越来越快。另外,随着1968年职业和业余网球运动员均可参加同一比赛的规定发出之后,网球比赛的形式和名目越来越多,举办的次数也越来越频繁。并且几乎每周都会有世界锦标赛、大奖赛、挑战赛、巡回赛等国际重大网球赛事举行。这就将网球比赛的活跃性与频繁性充分体现了出来。

(三)比赛奖金丰厚

网球运动作为当今世界较为热门的运动项目之一,有一个方面与其他体育项目有着较大的差异性,即有着丰厚的比赛奖金。从某种程度上来说,很多人之所以喜欢并参与网球运动,与丰厚的奖金有着较为密切的联系。国际网球大赛每年都会举行很多场,并且往往都设有高额奖金,尤其是允许职业网球选手参加各种比赛以来,其奖金数额更是越来越高。但是,并不是所有的赛事所有人都有资格参加,其对选手的排名有要求,因此,这就进一步促使选手不断展开竞争,提高自己的排名和积分,从而更好地去参加比赛,以获得比赛胜利,得到巨额奖金。

二、网球运动的趋势

当前,网球运动已经得到了较好的发展,取得了一定的发展成效,并且也表现出了较为显著的发展趋势和走向。具体来说,主要表现在以下几个方面。

(一)普及程度越来越高

经过一百多年的发展,网球运动已经成为一项普及性较高的运动项目,其独特的魅力吸引着越来越多是网球爱好者参与到网球运动中,群众基础越来越广泛。但是,在实际生活中,网球运动的传播和普及受到一些因素的影响和制约,比如,场地或者器材等的局限,教学的专业水平较低等,但是,这些并没有阻止网球运动的广泛普及,人们对网球的爱好随着时代的发展呈现出越来越高涨的情绪。再加上优秀网球运动员的明星效应,网球运动发展速度越来越快。比如,美籍华人张德培16岁问鼎法国网球公开赛,这对亚洲几代网球人的发展产生非常深刻的影响。最近几年,亚洲的网球水平越来越高,尤其是泰国的斯里查潘,日本的杉山爱,中国的李娜、郑洁等诸多优秀选手的出现,进一步带动了亚洲网球运动的发展和普及。但是需要强调的是,亚洲的网球水平与世界强国相比,还存在着一定的差距,这是不可否认的。当前,中国的网球运动越来越普及,参与网球运动的人数越来越多,再加上每年都会举办相应的网球赛事,这就进一步推动了网球运动的普及和发展,相信在不久的将来,网球运动会成为全民运动的重要内容。

(二)观赏价值越来越高

与其他球类运动相比,网球运动的场地类型是较多的,因此,受此影响,在网球比赛中,球速会有所差别。另外,受球的不同弹性的影响,网球的技术打法和战术运用也存在着一定的不同之处。比如,较为常见的有快速多变的全面打法、稳固快速的底线打法、大力发球的上网打法等,这些打法在观赏性方面都是非常强的。对于网球爱好者来说,每年都会如期举行的四大网球公开赛可以说是网球"盛宴",因为能够参加这些比赛的都是世界排名靠前的运动员,因此,这就使得这些比赛具有对抗性强、竞争激烈的显著特点。同时,这些运动员的打法和战术都代表着世界最高水平,因此,往往会表现出比赛场面壮观,赛事扣人心弦,对全世界数十亿爱好者都有非常强的吸引力,因此,观看比赛的网球爱好者人数也非常多。鉴于此,网球运动的观赏价值越来越高。

(三)技术打法逐渐趋于全面性、力量进攻型

由于网球的场地类型有很多种,因此,运动员要想取得优异的成绩,就必须具有非常全面的技术。通常情况下,可以将网球运动技术打法分为进攻型打法和防守型打法两种类型,而进攻是得分的唯一途径,因此,就要避免非受迫性失误这一致命弱点,通过全面而稳定的技术的发挥来取得分数,从而在比赛中处于不败之地。

网球运动的技战术的全面性特点越来越显著,具体来说,有发球力量大、速度快,旋转多变。网球运动的技术打法已经由早前的稳定防守型逐渐转变为进攻型。网球技术在发展过程中,要符合两个方面的要求:一个是好的底线技术与上网截击得分的能力兼具,另一个是强有力的高压球技术与准确的破网技术兼具。当前,不仅有突出的特长技术,而且还有全面的技术,是世界优秀运动员的主要打法趋势。总的来说,当今网球运动正朝着技

术全面的进攻型打法方向发展。

（四）组织机构逐渐趋于完善

国际网球联合会于 1912 年 3 月 1 日成立,总部设在巴黎,是国际网坛的组织机构。经过不断的发展,该组织机构已经由当时的 12 个国家发展为191 个会员国和 70 多个非正式会员国。1972 年,国际男子职业网球协会组建,其主要职责在于在比赛机会和比赛奖金两个方面为职业网球运动员提供支持。除此之外,为了较好地维护职业网球运动员的利益,还发行了相关的杂志,比如,《国际网球周刊》。1973 年,国际女子职业网球协会组建。随后,男子国际职业网球理事会(后更名为男子网球理事会)成立,这也是为更好地适应国际网坛繁多的比赛所做出的努力。

随着现代网球运动的不断发展,良好的发展势头促使国际网坛必须要建立一系列这样的组织机构,并且使各个部门互相配合、协作,将其功效充分发挥出来,从而使网球运动的健康发展得到有力的保证。

（五）比赛的商业化和职业化程度越来越显著

最初,国际网球重大比赛是禁止职业球员参加的,1968 年这种情况才有所改变,自此之后,随着经济的不断发展,网球比赛逐渐被赋予了商业色彩,并且这一趋势越来越显著。当前,网球四大公开赛以及不同级别的大奖赛、巡回赛等,都对高额的赢球奖金进行了明确的规定,这也使得积极参加网球比赛的运动员将获得巨额奖金作为目标之一。相较于其他网球强国来说,我国网球职业选手的数量是非常少的,究其原因,不仅是由于我国体育举国体制是较为独特的,而且我国网球发展水平也较为落后。近年来,我国女子网球发展势头良好,从李婷、孙甜甜到郑洁、晏紫,再到李娜,中国网球开始受到世界的关注。由此可以看出,我国网球要想取得进一步的发展,就必须走商业化和职业化的发展道路。

第三节　高校网球运动的开展情况分析

一、高校网球运动的总体开展情况分析

关于高校网球运动的开展情况,首先要从总体上进行分析,具体来说,主要从以下几个方面着手。

（一）高校学生网球运动的认知与学习状况

从高校学生对网球运动兴趣的调查中得知，近60%的学生是非常喜欢网球运动的。由此可以看出，网球运动的特殊魅力对高校学生有着非常大的吸引力。

从高校学生对网球运动的学习情况的调查中得知，在进入高校之前，绝大部分的学生没有直接接触过网球，一部分对网球的认知往往都是从电视、书本上获取的，因此，对网球运动的专业技能知识的认识是非常缺乏的。通过对学生选课情况分析发现，有90%以上的高校学生将网球课作为第一项选修课，这就充分说明了学生对网球有着非常浓厚的兴趣。但是，通过进一步的调查发现，学生对网球的掌握情况不甚理想，究其原因，主要是由于，网球对学生的身体素质有着较高的要求，很多学生由于不了解网球运动的特点而盲目选课，导致遇到困难而无法继续学习。因此，这就要求进一步深化和改革创新教学方式。

从高校学生参与网球运动的动机的调查中得知，鉴于"强身健体"、"陶冶情操、展示自我"、社交等原因，大学生参与网球运动的动机出现多元化趋势，由此可知，高校学生对网球运动的价值给予较高的评价。由此，也将高校学生积极向上的心态以及对新兴事物更深刻的理解充分反映了出来。

（二）高校网球运动课程的开设状况

从相关的调查分析中得知，普通高校中基本上都开设了网球运动课程，尤其是大一，随着年级的不断增长，开设网球运动课程的比例越来越低，但是，即便没有100%，到研究生也达到了40%以上。由此可以看出，高校中的网球课程的开课率和选课率还是相对比较高的。这就从客观上将学校各管理部门对高校网球运动发展的重视程度充分反映了出来，同时，也对高校学生对网球运动的喜爱和参与热情进行了证实，由此也能够间接反映出人们对网球运动独特的魅力和价值有了更加深入的了解和体会。这些有利的客观条件对于高校网球运动的开展和普及会产生非常积极的影响。

另外，网球运动在高校中的开设情况，还可以从余暇体育中得到体现。具体来说，学生在上课和有组织的课外活动以外的个人支配时间中所从事的体育活动，就是所谓的余暇体育，其具有较为显著的自主性、选择性、参与性、灵活性、娱乐性等特点。从相关的调查分析中可以得知，认为参与余暇网球运动的高校学生普遍存在的院校占到6.25%，回答较普遍的院校占到18.75%，回答没有的院校则占到了45%；另外，通过对各层次院校调查结果的统计中可以得知,全国重点院校中回答普遍或较普遍的占到 87.50%,但是,45% 的省(部)重点院校和 75% 的一般院校回答没有,由此可以看出,网球余暇锻炼在全国重点院校的开展情况是比较好的,但是,也不能忽视的是,有近半数的院校没有学生从事网球余暇锻炼。导致这一现象的原因有很多,其中,最为主要的有场地不足、时间不足、费用太高等因素。

(三)高校网球运动场地状况

高校网球课程教学的顺利进行,在很大程度上受到网球运动的场地情况的影响和制约。而从高校网球运动的场地状况上,也能够将高校网球各相关管理者对网球运动的重视程度充分反映出来。据了解,高校的网球场地设施往往包括四种类型,即塑胶、沥青、水泥、沙土,其中,最主要的是塑胶场地。另外,通过对高校网球场地数量的调查中发现,16.66% 的院校拥有 8 个场地以上,43.75% 的院校则没有场地。目前我国普通院校网球场地的配备不仅没有达到教育部规定的要求,而且存在严重不足。这就要求各高校要不断加强对网球运动场地建设和投入,从而使广大师生的运动需求得到较好的满足。

(四)高校网球运动课程师资状况

对于高校网球课程教学来说,其教学质量和发展水平在很大程度上取决于网球教师的专业技能水平及数量。从相关的调查中可以发现:开设网球教学课的院校,师生比例是 1∶4 725,其中全国重点院校是 1∶4 000,省(部)重点院校和一般院校分别是 1∶5 428 和 1∶5 625。[①] 由此可以看出,大部分院校的网球师资存在着严重不足的问题,学校在这方面的需求得不到满足。另外,从对现有的网球教师的调查中得知,他们专业技能的提升所借助的途径往往是自学或短期的培训,很少有从体育学校专业网球系出来的教师,由此可以反映出,我国高校网球教师的专业水平技能有待提升。而导致这一现象的主要原因是,高校领导对网球运动没有充分的了解和认识,重视程度不够,没有为教师提供相应的培训机会,网球的硬件设施较为缺乏等。

(五)高校学生网球竞赛状况

高校网球课程教学状况,不仅仅通过考试进行检验,网球竞赛也是重要

---

① 谢孟瑶.试论我国高校网球运动开展现状分析[J].网络财富·理论探讨,2010(10).

的检验方式。从调查中发现,每年举行网球竞赛的院校占到了三分之一,而没举办过网球竞赛的院校则占到了半数之多,导致这一现象的原因之一就是场地、器材等客观因素。近几年,高校在校内群体竞赛活动的安排上,往往会将校田径运动会和篮球、排球等普及较好的竞赛项目作为重点,而网球就不被重视甚至忽视掉。

二、高校网球运动的具体开展情况分析

关于我国高校网球运动的开展情况,可以从东部、中部和西部三个不同地域的角度出发来进行深入的剖析和阐述。

(一)东部沿海地区高校网球运动的开展情况

对于东部沿海地区,较为具有代表性的当属北京和上海。从总体上来说,北京和东部沿海城市在政策、地理位置、经济和历史等各方面都占优势,这也保证了高校网球的良好发展势头。作为中国的首都,北京有着非常雄厚的经济实力,再加上政策的优惠,这就为北京高校网球运动的发展带来了很好的条件和契机。而上海等沿海城市与北京不同,其交通便利,对外交流频繁,经济活跃,加上东部沿海城市接触网球这一运动的历史早,发展时间长,有一定的基础,所以高校网球发展形势也是不错的。

下面就以上海为例,来对其高校网球运动的开展情况进行深入的调查和分析。

表1-1中,通过对上海高校网球运动课程类型的调查分析中得知,上海的7所高校中,有6家开设了网球任意选修课,有3家开设了网球公共必修课,同时开设网球任意选修课和公共必修课的有3家,但没有高校开设网球限制选修课。这样,就能够使学生以自身的兴趣和爱好为依据来进行自由的选择,这对于学生学习积极性的调动是有所助益的。

表 1-1　上海市部分高校课程类型实际情况 N＝7

	海事大学	电力大学	东华大学	中医药大学	复旦大学	财经大学	上海大学
任意选修课	√	√	√		√	√	√
限制选修课							
公共必修课	√				√	√	

表 1-2 是对高校网球课程类型满意度的调查,从中可以看出,大部分的学生对网球课程类型还是较为满意的,只有很少一部分学生不满意目前网球课程类型。因此可以说,上海市部分高校的网球课程类型与高校学生的需要还是比较相符的。

表 1-2 网球课程类型满意度 N=492

	满意	比较满意	一般	比较不满意	非常不满意
选择数(个)	378	60	46	8	0
百分比(%)	76.8	12.2	9.3	1.6	0

从表 1-3 中对上海 7 所高校网球课程所占学分情况的调查分析中得知,网球任意选修课占 1 学分的高校有三所,占 2 学分的有三所;网球公共必修课占 1 学分的有两所,占 3 学分的有一所;其中,有两所高校是任意选修课和公共必修课各占 1 学分的。由此可以看出,这 7 所高校都实行了学分制,也就是将课程与学分两者联系在了一起,要想取得网球课程的学分,就必须考核成绩合格,如此,网球课程的重要性便得到了有效的提升,同时,也使学生对网球课程的重视程度进一步提高。

表 1-3 上海市部分高校网球课程所占学分情况 N=7

	海事大学	电力大学	东华大学	中医药大学	复旦大学	财经大学	上海大学
任意选修课	1	2	2		1	2	1
限制选修课							
公共必修课	1			3	1		

课程学习的学时和课时组成了授课时间,教学质量优劣在一定程度上受到授课时间的长短的影响和制约。从表 1-4 对上海部分高校开课时间的调查中可以得知,7 所高校中,从大一就开设网球课的高校有 5 所,其他两所是从大二开始的;网球课程持续一学期的有 5 所高校,持续一学年的有 3 所,而持续两学年的只有 1 所。而学生的期望则是"早开设网球课程,并且希望能够持续较长时间",显然,这与实际需求是不相符的。因此,这就要求上海市高校应适当增加网球课程持续的年限,从而使广大大学生学习网球的需要得到较好的满足。

表 1-4　上海市部分高校开课时间及持续年限情况 N＝7

	开课起始时间			课程持续时间			
	大一上学期	大二上学期	大三上学期	半学期	一学期	一学年	两学年
海事大学	√				√	√	
电力学院		√			√		
东华大学	√				√		
中医药大学		√				√	
复旦大学	√				√	√	
财经大学	√				√		
上海大学	√						√

　　从表 1-5 对上海市高校网球教学内容的调查中发现,上海市 7 所高校中,都有网球底线正反手的教学内容,有发球教学内容的有 4 所,有网球基本知识和网球竞赛规则的有 6 所,有身体素质训练的有 5 所;而这 7 所高校中都没有涉及网前截击和高压球两项教学内容。而从表 1-6 对学生理想网球教学内容的调查中发现,学生对底线正反手、发球的教学内容最感兴趣,其次是网球基本知识普及、网球竞赛规则以及网前截击,最后是身体素质训练和高压球。由此可以得知,上海部分高校中网球教学内容还不够全面,也不能很好地满足学生的需求,因此,这就需要对此加以改进和完善,从而将学生的学习积极性充分调动起来。

表 1-5　上海市部分高校网球教学内容情况 N＝7

	海事大学	电力大学	东华大学	中医药大学	复旦大学	财经大学	上海大学
底线正反手	√	√	√	√	√	√	√
网前截击							
高压球							
发球		√			√		√
网球基本知识	√		√	√	√		√
网球竞赛规则	√	√		√	√		√
身体素质训练	√	√		√	√		

表 1-6 学生理想网球教学内容 N＝492

	底线正反手	网前截击	高压球	发球	网球基本知识普及	网球竞赛规则	身体素质训练
选择数(个)	402	216	84	378	282	220	126
百分比(％)	81.7	43.9	17.1	76.8	57.3	44.7	25.6

从表 1-7 对上盖高校网球考核内容的调查分析中得知,上海市 7 所高校中,都有网球底线正反手的考试内容,有发球考试内容的高校有 3 所,有网球基本知识的考试内容的高校有 6 所,有网球竞赛规则的考试内容的高校有 3 所,涉及平时成绩的只有 2 所,网前截击和高压球两项都没有被高校列入考试的内容中。而在对学生理想网球考核内容的调查中发现,网前截击的考核内容所占的比例要大于高压球和网球竞赛规则。因此可以说,上海市高校网球课程考核内容需要根据学生的需求来进行适当的调整,从而使学生的需求得到较好的满足。

表 1-7 上海市部分高校网球考核内容情况 N＝7

	海事大学	电力大学	东华大学	中医药大学	复旦大学	财经大学	上海大学
底线正反手	✓	✓	✓	✓	✓	✓	✓
网前截击							
高压球							
发球		✓			✓		✓
网球基本知识	✓		✓	✓		✓	✓
网球竞赛规则					✓	✓	✓
平时成绩		✓		✓			

(二)中部地区高校网球运动的开展情况

通常来说,我国的中部地区主要是指湖南、湖北、河南、安徽、山西、江西六省。中部地区具有地处中国内陆,经济相对北京、上海和其他东部沿海城市较落后一些,这就从根本上制约了高校网球运动的发展。具体来说,导致中部地区高校网球运动发展受限的因素主要有器材数量少、专业教师欠缺、课后练习较少、经济水平较低等方面。

这里就以湖北武汉为例,来分析和阐述我国中部地区高校网球运动的开展情况。

1. 武汉市高校网球运动开展所取得的成就

(1)学生对网球运动有着浓厚的兴趣

兴趣是最好的老师。只有对一个事物感兴趣,才有可能做好。从对高校学生是否喜爱网球运动的调查中发现,大部分学生是喜欢网球运动的,只有很少一部分学生对网球运动不感兴趣。这就说明,网球运动以其特殊的魅力征服了大多数的高校学生,而这部分学生通过不懈的学习和努力,也会取得理想的成绩。

(2)资源条件和网球设施良好

高校作为信息资源的重要集结地,本身就具有较好的优势,学生可以在学校中通过各种渠道获得网球信息,从而积极促进高校网球运动的发展。另外,一些高校的网球场地和设施数量和质量都较好,学生可以比较方便地进行网球运动。其中,武汉市高校拥有网球场地最多的学校就是拥有 21 片网球场地的华中科技大学。

(3)高校网球运动有着非常广阔的发展前景

从对高校开展网球运动的前景的调查中发现,97%的调查者持乐观态度,因此可以看出网球运动在高校的开展有着非常好的前景,究其原因,主要表现在两个方面:一方面,是网球是一项非常讲究礼仪的运动项目,将文明、高雅、礼仪整合在一起,网球运动能够使高校师生通过从事网球练习和比赛锻炼身体、休闲娱乐、陶冶情操,提高自身修养和品位;另一方面,时尚运动和健康已经成为当前人们的重要追求。

2. 武汉市高校网球运动开展过程中存在的问题

尽管武汉市高校网球运动的开展取得了一定的成效,但不可忽视,其中也存在着一些问题,制约着武汉市高校网球运动的进一步发展,亟待解决。

(1)学科建设方面

开设网球课是让更多的学生进行情感体验的前提和基础,是培养大学生网球兴趣的重要途径。从相关的调查中发现,各高校往往将网球作为选修课进行开设,因此,这也就在一定程度上限制了网球课的课时及学习内容。一般的网球选修课时只占主修课的 20.1%,最高的也只有 33.3%,[①]这些都严重阻碍了网球运动的学科建设,同时,也对网球运动的发展和普及

---

① 戴婷婷.武汉市高校网球运动开展现状研究[J].湖北体育科技,2011,30(1).

产生不利的影响。

（2）场地设施方面

对于武汉市的高校来说，普遍存在着学校经费投入有限、场地较少、建设速度较慢等问题，这些都在一定程度上对网球运动的发展产生制约甚至阻碍作用。可以说，网球场的数量和质量会对网球运动的活动方式和组织形式产生直接的影响，缺少网球场地，学生参加网球运动的需要就无法得到满足，学生学习的积极性就会受到严重的影响，从而对网球运动的发展产生制约作用，进而对网球运动的发展产生不利的影响。

（3）教师自身素质方面

从当前的形势来看，武汉市能够承担高校网球教学与训练任务的教师（或教练员）非常少，大多数都是通过短期培训或自学获得网球技能，网球运动理论基础和技术水平都有待于进一步提高，网球教学和训练的质量得不到保证，对于学生网球运动兴趣的培养和锻炼习惯的养成也是不利的。

（4）网球课外活动方面

课堂教学的学时和内容都是非常有限的，因此，积极开展高校学生网球课外活动，能够使课堂教学得到有效的延续和补充，因此，能够积极推动对学生技术技能水平的改善和提高，同时，也使学生的知识面得到有效拓展。从相关的调查中可以得知，目前武汉市高校学生开展网球课外活动的形式主要有两种：一种是网球俱乐部，一种是网球协会。网球场地的开放形式主要有三种：一种是完全免费开放，一种是除上课时间外均免费开放，还有一种是分时间段收费开放。但是，由于高校学生的经济能力有限，负担不起这些费用，因此，就会对高校学生网球技术水平的提高产生一定的制约甚至阻碍作用。

（三）西部边远地区高校网球运动的开展情况

西部边远地区经济欠发达，交通不便，这些都制约着高校网球的开展，网球专业毕业的教师也往往不愿意去西部从教，再加上经济的窘迫，网球运动在这一地区的开展是非常困难的。

下面就以西安为例，来对西部边缘地区高校网球运动的开展情况进行分析和阐述。

1. 高校学生对网球运动的认知情况

从图1-1对西安市部分高校在校学生喜爱的运动项目调查中可以发现，在11个体育运动项目中，篮球所占比重最大，达到了51.63%；其次是乒乓球，占总比例的38.04%；第三是羽毛球，其比例为35.32%；网球占到第四位,所占比例为34.23%。

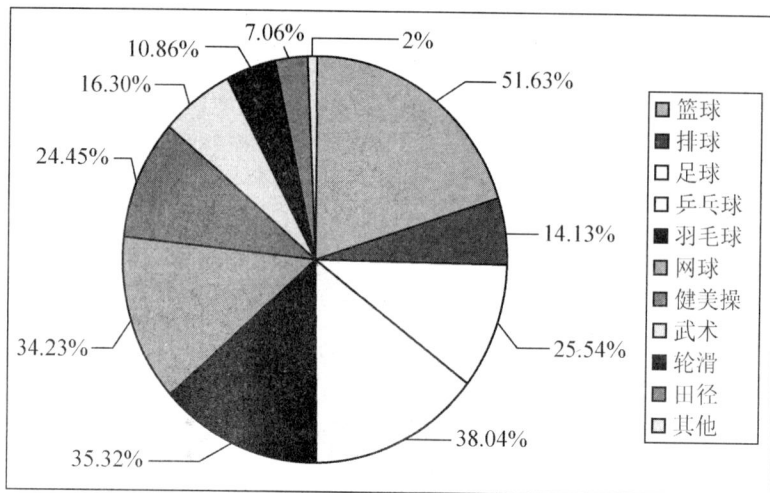

图 1-1

注释:此选项为多项选择,在"其他"选项中将其四舍五入为2%。

从图 1-2 高校学生对网球运动的喜爱程度的调查中发现,喜欢网球运动的人数占了很大比例,达到了57%;有40%的学生对网球持有中立态度;只有3%的学生明确表示不喜欢网球运动。由此可以看出,尽管喜欢网球运动的学生占到半数之多,但是,也有相当一部分学生持无所谓的态度,这就需要教师通过灵活多样的教学手段与方法,来将这部分学生对网球运动的兴趣激发出来,从而进一步增大喜欢网球运动的学生的比例。

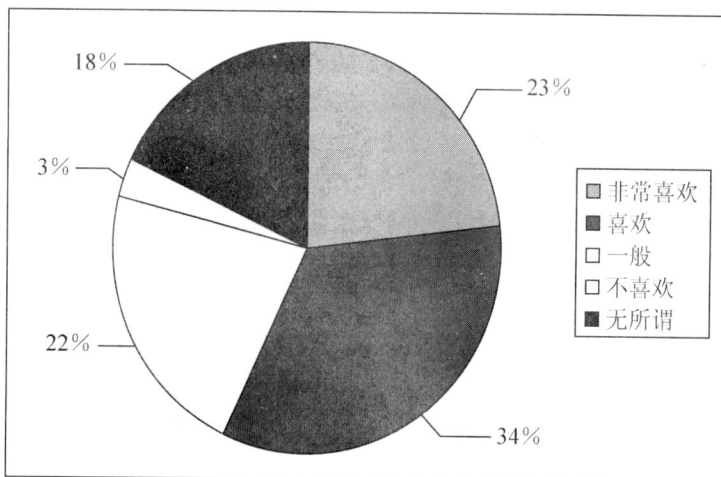

图 1-2

从图 1-3 对学生的动机的调查中可以得知,学生对网球运动的学习动机并不是单一的,而是丰富多彩的、多种多样的,是许多不同的多元化因素组合而成的复合体。具体来说,有过半的学生是因兴趣爱好而选择网球学习的,这充分表明了兴趣的重要性,只有在产生相应兴趣的基础上,才能更好地进行运动技能的学习,进而对学生的终身体育意识进行相应的培养;强身健体这一动机所占比例为 48.91%,居于第二位;然后是社会需求和休闲娱乐。

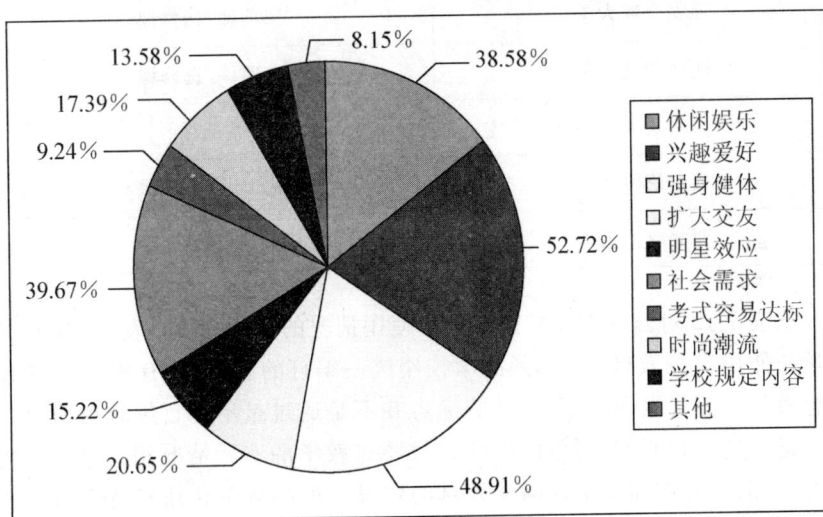

图 1-3

从表 1-8 学生对网球运动相关知识了解程度的调查中可以发现,有过半的学生对网球运动并不了解;基本了解和了解一些所占的比例也都较少,但是,从之前的调查中发现,学生对网球运动是非常感兴趣的,因此,在高校中开展网球运动还是非常有必要的。

表 1-8　学生对网球运动相关知识了解程度(n＝184)

	选择数	百分比(%)
不了解	102	55.43
基本了解	31	16.85
了解一些	51	27.72
总数	184	100

2. 高校网球运动课程设置状况

依据国家相关政策,要大力推行体育选项课。从表 1-9 对西安市 10 所高校的调查中可以看出,目前西安市5所重点本科院校中,以选项课的形式进行网球运动教学的就有3所,而对于一般本科院校来说,选修课的形式是较为常见的,必修课的形式就非常少了。

表 1-9　抽取的 10 所高校中 5 所重点大学的网球教学模式

学校名称	开设情况
西安交通大学	选项课/选修课
陕西师范大学	选项课/选修课
西北大学	选修课
西安建筑科技大学	选项课/必修课
西北政法大学	选修课

从表 1-10 对西安市高校网球教学使用情况的调查中可以发现,有 40% 的学校使用自编教材,有 20% 的学校用统一编订的教材,还有 40% 的学校没有教材。需要强调的是,教材的优劣并不是通过是不是自编教材或者统编教材来进行判断的,而是使用的教材要与教学的实际情况相符合。由此可见,目前西安市高校中在网球教材的建设方面的规范化还有待于进一步提高。

表 1-10　西安市部分高校网球教材使用情况(n=10)

类别	选择数	百分比(%)
学校自编教材	4	40
统编教材	2	20
没有教材	4	40

3. 高校网球运动的场地设施现状

从表 1-11 对西安市高校网球场地情况的调查统计中可以发现,西安市部分高校场地建设情况较差,总体情况不尽人意,在所调查的 10 所高校中,甚至有 2 所没有网球场。由此可以看出,西安市部分高校存在着网球场地不足的问题,只能够基本上勉强满足教学的需要,因此,需要对这方面进一步加强改进工作,从而使学生的需求得到较好的满足。

表 1-11　西安市部分普通高校网球场地情况统计表（n＝10）

学校名称	网球场地的数量	网球场地的类型
西安交通大学	20	塑胶/沥青场地
陕西师范大学	6	沥青场地
西北大学	2	土场地
西安建筑科技大学	12	塑胶/沥青场地
西安石油大学	6	塑胶/沥青场地
西安外国语大学	2	土场地
西北政法大学	4	沥青场地
西安邮电大学	6	塑胶/沥青场地
西安欧亚学院	0	
西安职业技术学院	0	

　　从表 1-12 对西安市 10 所高校网球课开设与器材情况的调查分析中得知,有 6 所高校开设了网球运动课程,而能够提供器材的高校只有 1 所,其他 5 所学校需要学生自备器材。在网球运动教学过程中,发现一些学生自备的球拍往往存在着拍线松动、拍柄磨损、拍面大小不一等问题,这就对技术动作的学习以及最终的课堂效果产生非常不利的影响。尽管也有学校提供器材,但是,往往都是经过长时间的使用了,磨损程度较大,也不利于技术动作的学习和掌握。因此,这就要求相关部门要采取相应的措施,使对体育器材的资金投入进一步增加,适当修建场地、引进器材,从而有效教学条件,促进网球运动的进一步发展。

表 1-12　西安市部分普通高校网球课开设与器材情况（n＝10）

学校名称	开设情况	器材
西安交通大学	开设	学校提供
陕西师范大学	开设	学生自备
西北大学	开设	学生自备
西安建筑科技大学	开设	学校提供
西安石油大学	开设	学生自备
西安外国语大学	没有开设	
西北政法大学	开设	学生自备
西安邮电大学	没有开设	
西安欧亚学院	没有开设	
西安职业技术学院	没有开设	

4. 高校网球运动教师的状况

从表 1-13 对西安市高校网球运动师资年龄情况的调查中发现,有半数的教师在 30—40 岁这个年龄阶段,其次是 40—50 岁年龄段、30 岁以下年龄段,最后是 50 岁以下的年龄段。从总体上来说,中青年教师的比例偏多,但是具有经验和资历的老教师数量仅占少数,可以说,网球运动师资年龄呈现出年轻化的趋势。导致这一现象的主要原因是近年来高校的不断扩招,为了满足教学需要,一些刚毕业的年轻教师便投入到网球运动的教学中,但他们的专业水平和教学经验都较为欠缺,因此,这就要求高校要注重对教师的重点培训和培养,以尽可能地提升他们的专业素养和水平,从而更好地适应社会发展的需求。

表 1-13   西安市部分高校网球师资的年龄情况(n=30)

	30 岁以下	30—40 岁	40—50 岁	50 岁以上
人数	5	15	7	3
百分比(%)	16.6	50	23.3	10

从表 1-14 对西安市高校教师学历层次的调查分析中得知,西安市高校网球专职教师的学历水平相对来说还是较为理想的,其中,大部分为硕士研究生以上学历,只有一少部分的本科学历,可以说,硕士研究生以上学历的教师作为中坚力量,将高学历与多知识有机结合在一起,这种高层次的队伍为网球在西安高校里的发展创造了优越的条件。

表 1-14   西安市部分普通高校教师学历层次(n=30)

	大专	本科	硕士以上
人数	0	7	23
百分比(%)	0	23.3	76.7

5. 高校网球课余活动的开展状况

从表 1-15 对西安市高校学生课余活动中网球运动的开展情况的调查中可以发现,在课余时间打网球的只有 16.3%,导致这一现象的主要原因是场地少,资金消费的成本太高,加上学生自身又没有什么基础。由此可以看出,活动场所是高校网球运动开展的重要制约因素,因此,这就要求增加活动场所,加大对网球场地的建设力度,从而为网球在高校中得到较好的发展创造良好的条件。

表 1-15 西安市部分高校学生课余活动中网球运动的开展情况调查（n＝10）

是否在课余时间打网球	百分比（%）
是	16.3
否	83.7

第二章 大学生体质健康基本概况

大学生的体质健康问题在现代社会中已经逐渐被人们关注,其关注的焦点主要是大学生体质健康状况的不断下滑,而这给祖国未来的各方面建设带来了巨大的阻碍作用。要想缓解大学生体质水平下降的势头,首先对其健康的基本情况进行细致了解是很有必要的。本章就对此问题进行阐述。

第一节 体质概述及影响因素

一、体质概述

(一)体质的概念

人们现在都越发关注自身的体质状况。体质是人的生命活动和劳动能力的物质基础,人体的形态结构、生理功能、心理素质的综合特征。而从狭义的物理学的角度来说,体质还表示人体的质量。

就广义的人体体质来说,可以有如下表述。

首先,体质具有稳定性。这种稳定性的由来主要是在遗传变异的基础上实现的。不过这种稳定性不是绝对的,它在人的后天形成、发展和消亡过程中也会出现差异性和阶段性。

其次,体质在不同的生命过程中,分别表现出从最佳功能状况到严重疾病的功能障碍等各种不同阶段的体质发展水平。

再次,遗传对体质水平有较大的作用,但不是绝对的。天生体质不佳的人如果通过后天的营养改善、生活习惯修正和加强体育锻炼等方式的培养,是可以弥补遗传方面的不足与缺陷。相反,那些获得了良好遗传的体质,如果在后天发展过程中不好好爱惜,则体质水平也会出现大幅度下滑。

最后,体质不仅具备其生物性,同时现代社会从社会需求方面提出了对体质的社会性要求,体质的社会性反映在不同社会对体质的不同需求。

（二）体质的构成

构成体质的内容主要有五个方面，即人体的形态结构、生理机能、身体素质和运动能力（体能）、心理发育（发展）以及机体的适应能力。下面对这五方面构成元素展开详细分析。

1. 形态结构

人体的形态结构主要为多种形态的生理功能，包括体格、体型和身体姿势等状况。

（1）体格是对身体形态发育的总的表述，包括人体的形态、结构，甚至还包括人体生长发育水平。

（2）体型反映身体外在各部分的比例。常见体型评判内容如坐高、身高、腿长、腰围、臀围、胸围、上下身比例等。

（3）身体姿势是由身体各部分相互的位置决定的，它反映各种组织结构间的力学关系。常见的姿势如走姿、站姿、跑姿等。

2. 生理机能

人体生理机能，是指人体各器官、系统的功能以及机体的新陈代谢水平。例如，血压是反映心血管机能的指标，而肺活量是反映呼吸系统技能的指标等。

3. 身体素质与运动能力

身体素质通常包括五类主要的素质类型，具体为力量素质、速度素质、灵敏素质、耐力素质和柔韧素质。这五大素质是体育运动训练中体能训练部分的核心内容。对不同素质进行测试的方法种类很多，这里不做过多赘述。

人的运动能力与身体素质有所区别，它主要描述的是人可以做出的外在形态动作，其中最为基础的动作包括摸、爬、翻、滚、走、跑、跳、投、攀、越、举等。此外，根据动作的需要，将这些动作进行组合或不同范围的变化，可以得到更加复杂的动作，动作越复杂，做得越精确，就表现出一个人的运动能力越强。

4. 心理发育

人的心理发育也是显示一个人健康与否的关键内容。人的心理是非常复杂的，它会受到外界或内在的多方面因素的影响发生变化。由于受不同心理素质水平的影响，面对同样外界刺激后，心理素质好的人的情绪波动较小，而心理素质不好的人情绪波动大。心理发育包括人的感知、情绪以及意志、个性、判断等。现代健康观非常注重人的心理健康，并将其作为体质健康的重要构成加以培养。

5. 机体适应能力

适应能力，是指人体在适应自然环境和社会环境中所表现出来的机能能力，它包括对疾病的抵抗力(免疫力)，对各种应激反应的抵抗能力(包括心理承受力)。

综上所述，体质由五个元素构成，这些元素之间并非相互分割，而是一种相辅相成、互相促进的关系。特别是如身体素质和运动能力的发挥这点，是机体各器官系统的机能能力的重要反映，其必定会在形态结构、生理功能的变化以及身体素质的提高和运动能力的加强的过程中有所影响，并且还会影响其他人体形态结构的变化。

(三)体质的评价指标

体质包含的五要素之间是一种相互依存、相互影响和相互制约的关系。身体形态为其中最重要的物质基础，而生理功能、体能和心理条件是体质的主、客观表现，对内外环境的适应能力是体质的综合反应。

鉴于一定的形态结构必然表现出相应的生理功能，体能又是各器官系统的机能能力在人体运动过程中的客观反映；发展和提高机能的过程，又会相应地引起机体一系列的形态结构、生理功能的变化，而伴随着形态结构、生理功能的变化及体能的发展提高，又会产生一定的心理过程和个性心理特征，从而促进人的心理发展。

因此，根据上述论断可以初步判断，除形态指标一项会更多受到遗传因素的影响外，其他机能指标、素质和运动能力指标以及心理指标都主要依靠后天形成。所以对这两类要素的评价要区别进行，分为外在形态类评价指标和内在机能类评价指标。

二、健康与体质的关系

健康与体质两者之间有着诸多联系，当然也有些许不同之处。对这两方面内容之间的关系有一个深刻的了解有利于体质水平的提高和健康身体状态的保持。

(1)体质的关注点主要在"外"，而健康的关注点在"内"，两者研究的方向不同。

（2）体质是生命活动的最基本要素，也是健康的物质基础。

（3）体质是人体的综合质量（非重量的表述），健康则是体质状况的反应和表现，所以在评价体质和健康状况时，有些指标很难说成是纯属检测体质的指标，另一些指标也很难说成纯属健康检查的指标。

（4）体质和健康的水平都与人体的形态发育、生理机能、运动能力、心理状况及对社会（包括人际关系）的适应能力等方面紧密相关，其中任何一个元素出现问题，都会给人的整体健康状况和体质水平带来不利影响。

人的身体总是围绕生长规律做不断地上下波动发展，期间也许还会遇到一些不可测的意外伤病。然而人体总的生长规律标示着人的生老、病衰是人生的必然的、不可逆的。为此，现代人开始热衷于对自身进行"健康投资"和"健康储蓄"，力求延缓衰老、促进健康，从而为获得高质量的工作和生活提供保障。

三、体质的影响因素

（一）遗传与生物因素

1. 遗传与身体发展

社会在进步，人类在发展，再加上现代信息传播的惊人速度，这一切都使得人们对影响人类生活质量的遗传病有了比较科学的认识。可以肯定的是，生物的遗传因素是影响身体发展的因素，不过这并非完全不可逆转的，通过后天适时的环境调整与正确的行为过程，是可以获得好转的。

研究表明，完全正常的个体如果长时间与高量度的致癌因素接触，其患癌症的风险也大幅度提升，即癌症高危人群通常都具有一定的家族倾向。往小了说，遗传病会影响个人及其所组成的家庭的幸福；往大了说，甚至会影响一个民族的发展。为了尽可能地消除这种生物遗传带来的体质问题，就需要加强对此类疾病的预防、普及科学知识、重视科学婚姻、优生优育，从而促进社会的进步，提高民族的健康水平。

2. 病原微生物与身体发展

病原微生物对人类的危害是极为严重的，历史上曾造成人大范围死亡、较难控制的情况。人类死亡的主要原因是病原微生物引起的各种传染病或感染性疾病。

病原微生物入侵人体的途径大多呈现出多样化的特点,最为常见的传播途径是通过水、空气、食物以及直接接触到病原体等入侵人体。另外,某些遗传和非遗传的内在缺陷虽不是实际意义上的病原体,但其也可导致人体畸形、分泌失调、免疫功能混乱、代谢功能不完善等异常现象,这些异常疾患的病因同属生物性致病的范畴。

(二)环境因素

人体的发展都是要在自然环境(包括室外环境和室内环境)下进行的。除此之外,现代社会的生产方式也决定了社会环境对人体质的影响,且是对人身心两方面的共同影响。下面具体对这几种环境影响因素进行分析。

1. 自然环境与身体发展

自然环境,是指天然形成的水、空气、土壤、阳光等生存系统,它们是人体生存的物质基础。生态的平衡是最利于保持人体健康的环境条件。不过,不同地区的地理、天气、水文等环境存在一定的差异,会发生诸如土壤或水中存在过多或缺少某种元素,使当得地居民体内某种微量元素过多或过少,造成地方病。

在现代,发展成为主流,而发展也带来了对环境承受能力和自然资源被过度开发的阵痛。工业排放、森林破坏、汽车废气及噪音等污染将本来相对稳固的平衡状态打破,破坏了大自然与人体之间的生态平衡,使身体的健康发展受到威胁,甚至引发疾病和死亡。例如,近年来我国北方大部分地区出现的严重雾霾天气,雾霾的主要来源为工业排放和汽车尾气排放,它所形成的 PM2.5 会对人体的呼吸系统造成较大伤害,但由于这种伤害并不会在短期明显发作,因此,并不是所有人都对雾霾的危害有正确的认识。探究雾霾本身的形成,也是一种社会发展的阵痛,是发展必定要经历的阶段,然而这并不能成为我们任由其发展的理由。作为身处环境中的一员,人们更应加强环保意识,爱护一草一木,注意环境卫生,为营造良好的生态环境做出积极贡献。

2. 社会环境与身体发展

社会环境,是指由政治、经济、文化、教育、卫生服务等因素构成的社会系统。

随着经济的发展和科学技术水平的提高,人体生活和学习的条件不断改善,受教育的面与程度不断扩展,物质文化生活越来越丰富,公共性服务与医疗服务也在不断改革、完善,使人们的健康水平大大提高。

良好的社会环境有助于身体的良性发展,并且有延长寿命的作用。

(三)生活行为因素

1. 生活行为与身体发展的关系

人体的健康状况要受潜在的生理和生活方式遗传因素的影响和制约。生理的遗传已被人们熟知,但生活方式的"遗传"往往被人们所忽视。生活方式的"遗传"对人的健康有着潜移默化的影响,这种影响在家庭中一代一代地传承下来。不过,这种生活方式的"遗传"仍旧可以通过严格的自律和遵循科学的生活方式获得转变,由此可以说,遗传并不是最终决定健康状况优劣的不可抗拒的因素。

人体健康的行为是指一切有利于提高身体健康水平,降低损害健康的危险因素的活动和习惯。这种健康行为的类型很多,方式各异,效果均较为良好。其中最为重要的方式就是积极参与体育健身活动、科学膳食、保持充足的睡眠。在摒弃生活陋习方面主要是不吸烟、节制饮酒、不吸毒以及健康合理的性行为等。

通过上述内容可知,人们的健康水平如何在很大程度上是与其选择的生活方式紧密相关的。需要注意的是,许多不正确的生活方式所带来的对身体的伤害不会在短时间内看到,这是一个恶性积累的过程,但在当人步入中老年后才会显现,甚至是在一个时期集中爆发。所以,民间就有"年轻时期人找病,老年时期病找人"的说法。

2. 不良行为对身体发展的影响

(1)吸烟

"吸烟有害健康"的标识语随处可见,不仅在公共场所,而且在各种传媒中也经常看到,甚至连烟盒上也必须注明这个警示语。这是由于吸烟确实对身体健康有巨大的伤害。据研究分析,从香烟烟雾中分离出的有毒物质高达 1 200 余种,主要的有毒物质为尼古丁、烟焦油、亚硝胺、一氧化碳、苯等。其中,尼古丁最具代表性,它是一种剧毒物质,也是一种兴奋剂,但对大脑的作用是先兴奋后抑制,使人体产生慢性中毒,损害脑细胞。尼古丁使气管黏膜受损、纤毛失去活力,易发生感染;刺激中枢神经系统,并使血管收缩,血压上升。吸入尼古丁易成瘾,上瘾后,当吸入量不足平均值时,身体就会产生各种不适感,如烦躁、头痛、头昏脑胀等。烟焦油则是一种具有黏性的棕黄色物质,吸入后黏附在呼吸道黏膜上,有致癌作用。

吸烟的危害在于它的无差别身体伤害。无差别是指受到伤害的不仅是直接的吸烟者,还包括可能吸入二手烟的周边人群。长期大量吸烟以及吸入二手烟会引发各种疾病,有肺癌、支气管炎、肺气肿、局部缺血性心脏病和其他心血管疾病等。

人体吸烟不仅危害身体,而且影响学习成绩。吸烟影响神经和血液系统功能,使记忆力减退,注意力分散,大脑运转速度变慢,智力减退,思维能力下降。因此,对于正处于学习阶段的学生来讲,吸烟对身体的危害更大。然而实际当中,吸烟群体已经开始逐渐向青年化甚至少年化发展,不得不引起各方的关注。

(2)饮酒

过度饮酒、酗酒对身体有害,这已经成为比较公认的健康准则了。然而并非饮酒就对身体有伤害,当人成年后,适时、适当饮酒对心血管系统还有一定的促进作用。但这个先决条件就是,严禁过度、过量。饮酒对身体发展的影响取决于酒精浓度及个人耐受量。身体健康、机能正常的人饮用一些酒精含量较少的酒饮品一般不会造成什么危害。但是,酒精大量进入人体后会使细胞原生质沉淀和脱水,对神经、循环、消化、呼吸系统均产生不良影响,特别是对神经系统和消化系统的伤害最为严重。

酗酒对健康的影响较大,根据危害显现的周期和强度可以分为急性和慢性两种,具体如下。

①急性酒精中毒是酒精对人体神经系统产生的抑制作用,会造成高级神经系统的控制功能减弱,低级功能失控,出现兴奋,多语,反应迟钝,识别力、记忆力、注意力与洞察力降低等现象。

②长期大量饮酒可导致酒精慢性中毒,容易促发酒精性肝硬化。长期酗酒可引起脑血管疾病、恶性肿瘤,特别是酗酒同时大量吸烟,会产生协同致癌作用。

我国法律规定未成年人禁止饮酒。大量饮酒对身体的伤害是人尽皆知的,特别是对处在生长发育关键期的未成年人的伤害就更加严重。它主要体现在未成年酗酒会使生长发育延迟,对记忆力、智力、思维能力都有影响,可谓是既危害健康又影响学业。另外,酒后人的判断能力下降,容易做出错误的决定产生极坏的影响,未成年人所处的青春期阶段正是心理发育不完善的阶段,本来就易表现出冲动、情绪不稳的特点,再加上酒精作用,就更易做出"酒后乱性"之事,造成令人后悔莫及的严重后果。

(3)沉迷于网络

现今早已进入了数字化信息时代,这个时代为人们带来了无限机遇,同时也带来了一些问题。对于大学生来说,沉迷于网络已经是一种非常普遍的现象了,而现代化便携式网络终端设备也为这种沉迷提供了更方便的条件。现代大学生在课余时间集体窝在宿舍打游戏、上网的情况越发多见。长期沉迷网络一方面会使大学生的视力下降、身体机能减退,另一方面还会消磨其意志和竞争力。除此之外,过于沉迷网络还会引发人际交往能力出现问题,形成交际困难,再从精神角度上看,更加过度的沉迷还会让大学生出现恍惚,无法区分虚拟世界与现实世界,造成价值观混乱,严重的还会导致人格分裂。因此,人应当积极参加社会活动,逐步摆脱对网络的依赖,回到现实中来。

（4）吸食毒品

毒品通常是指能使人成瘾并且给身体健康带来破坏的药物。随着化学工业的发展,毒品也已经衍生出了很多种类,我国《关于禁毒的决定》中将毒品定义为"鸦片、海洛因、吗啡、大麻、可卡因以及国务院规定管制的其他能使人形成瘾癖的麻醉药品和精神药品"。

鉴于毒品对人体健康的严重危害,以至于几乎世界所有国家都将打击毒品作为重点刑事案件关注。毒品对人体的身体健康的危害极大,这些危害具体表现在以下几个方面。

①吸毒对消化系统的危害。毒品有抑制食欲的作用,会使身体消瘦,还可以引起某些人体必需的维生素和矿物质缺乏,导致营养不良。

②吸毒对神经系统的危害。吸食拌有掺杂物的海洛因后,会引起一系列的神经系统病变,如惊厥、震颤、麻痹、周围神经炎、弱视,呼吸抑制,脑缺氧。长期吸毒可引起智力减退和个性改变。

③吸毒对心血管系统的危害。吸毒品会引起心律失常、血管痉挛,冠状动脉痉挛导致心肌梗死等。

④吸毒对呼吸系统的危害。经呼吸道滥用毒品对呼吸道有特异性毒性作用;由吸毒引起的营养不良和感染,也可能波及呼吸系统。

（四）营养因素

1. 均衡营养对身体发展的影响

（1）均衡营养是身体健康的基础

营养对于身体机能的正常运转是关键的"动力"。一个人的健康情况如何,很大程度上依赖于他每天所摄入的营养情况。所以说,均衡的营养摄入是身体健康的基础。

（2）均衡营养有利于智力的发展

大脑是人体中机能最复杂、活力最旺盛的器官。人的大脑相当于电脑中的 CPU,在电脑的各种硬件中,CPU 的耗电量是最大的。人的大脑也是如此,它会消耗大量人体能量,如此才能完成协调身体运动和思维运转的正常进行。如果不能保证大脑的各种营养成分的供应,则会导致人的大脑结构及功能异常、智力下降、记忆力退化、注意力分散,甚至精神异常等症状发生。所以,通过供应各种食物来补充不同的营养成分,从而使大脑始终处于最佳状态,这有助于提高与改善人体的智力,同时也能提升思维的敏捷程度。

(3)均衡营养可保持青春的活力

均衡的营养摄入可以带给人更多的活动,这点对于正处于身体发育期的大学生来说更加重要。大学生群体本就应是朝气蓬勃的,为了保持在各种活动中身心愉悦、精力充沛,就必须有足够的营养。如果缺乏营养,就会导致气血不足、身体抗疲劳能力弱、精神萎靡,甚至疾病缠身。由此可见,均衡全面的营养是人体保持旺盛青春活力的基础和保障。

(4)均衡营养可保持健美的体形

大学生的年龄基本都处于青春发育的后期和成年期的初期。在这个阶段,身体的发育并没有达到顶峰,还有一定的发育空间。特别是一些身高、体重、第二性征等外部形态,其发育依旧需要营养的充足供给,只有这样才能使皮肤、肌肉进一步生长发育,并使人体肤色鲜明、富有光泽、毛发黑润。男性身材高大、体格强壮;女性身材匀称、曲线圆润。

2. 不良饮食对身体发展的影响

现代人对于事物的选择更多是从自身爱好出发,特别是大学生群体,他们选择食品很少从营养的角度考虑。他们中大多数偏爱过甜、过咸、过油的食品,而且对摄入量毫不在意,偏食、暴饮暴食现象严重。这种缺乏科学膳食的行为给身体带来了健康隐患。还有一类人则过分对饮食讲究,片面理解一些格言,听信广告,结果顾此失彼,事与愿违,如吃鸡蛋只吃蛋黄、狂吃绿豆、大蒜、木耳等。这两类人群的不良饮食可以被归纳为如下两种,即纵欲式进食和盲目节食。

(1)纵欲式进食

纵欲式进食的主要表现形式有两种,一种为暴饮暴食,另一种为忍饥挨饿。

①暴饮暴食

暴饮暴食主要发生在朋友聚会场合。现代大学生非常注重朋友圈的维系,交际面越发广泛,聚会聚餐就成为他们日常经常参与的场合。然而在聚餐中会摄入大量饭食和饮料,这种摄入量远远超过自身日常的进食标准,经常暴饮暴食会导致消化器官的功能发生紊乱,从而使机体代谢功能失去平衡,产生许多疾病。

②忍饥挨饿

宁可忍饥挨饿也不去吃饭在大学生中发生的情况越来越多。出现这种情况的原因普遍为由于贪睡导致错过了早餐时间,以致不吃早餐便去上课或是参加活动。早餐的重要性早已不言而喻,长此以往对身体的各方面机能都会造成一定的伤害,最显著的伤害就是随着大脑和其他器官机能活动所需能量的消耗,血糖下降,发生低血糖症,严重影响脑组织的机能活动,使全身乏力,注意力分散。

(2)盲目节食

现代人们对美的追求近乎到了极致。大学生对自身的形象更是非常重视,特别是大学女生群体。为此,减肥瘦身就成为他们日常关注的事情。然而,对于减肥瘦身大多数女学生只愿意选择所谓"不累"的方式进行,对运动健身这种最有效的方式避之不及,转而选择以非常不健康的节食方法作为瘦身主要手段。从表面上来看,节食的确可以在一定时期内起到减轻体重的效果,但与此同时,体内的营养物质也会越来越匮乏,势必出现种种功能障碍或疾病,轻则头昏眼花、四肢乏力,重则出现贫血、低血糖、月经失调等情况。事实上,拥有较高文化知识水平的大学生并非不知道这样做的危害,但在极端的追求瘦身上,人的心态出现了失衡,如由于"肥胖恐惧"心理导致的饮食紊乱,其不良后果包括病理性肥胖及危险的体重过低,表现为神经性厌食和饥饿症,这些人对于形体瘦弱表现为一种病理性的需要,她们摄入的热量仅能维持其生存,而不能满足生长发育的需要。

(3)偏爱补品、补药

偏爱补品和补药的心态也是想追求一种"无负荷"的保持健康的方法。这是非常错误的想法,也是不切实际的,是违反人体自然发展规律的。商家为了推广自己的产品,不惜夸大产品功效,甚至是编造谎言或概念,吸引消费者。实际上,这些所谓的补品对于身体健康的促进程度非常有限。有些补品仅能提供一小部分营养素,而且只能对缺乏某些营养素的人起作用,适用面非常狭窄。另外,补药仅能调整提高某些生理功能,它本身并非真正的药品,对于健康的保持只能起到极小的促进作用,而不能绝对的起到治疗疾病的作用。补药不是人人皆宜的强化剂,更不能替代食物。

(4)偏食

一部分人体中片面认定某些食物是高营养食物而长期偏食,导致营养摄取的不平衡和一些营养元素缺乏。

素斋在现代的一些群体中特别流行,大学女生中有许多就在吃素斋。然而这种进食选择从膳食营养平衡的角度来看是有问题的。素食尽管有其自身的特色,但其并不能很好地给身体补充所需的蛋白质和热量。与此相反的是过于偏爱荤食,这种饮食习惯易引起多种维生素和矿物质的缺乏,而且非常容易给健康留下隐患,增加成年后患"三高"(高血脂、高血压、高血脂)的风险。

(五)运动因素

"生命在于运动",人体在运动中才能将生命力完全绽放,才能显示出最美的身体形态。因此,健康与美的获得方法在于科学地进行锻炼,它能够使机体产生一系列正向的、积极有益的变化。

运动对身体发展所起的作用非常纯粹和富有实效,这是其他任何方式都代替不了的。大学生在未来会成为社会主义事业的创造者和继承人,因此必定会承受较大的身心压力,只有忙里偷闲,给身体一定的解放,参与到运动健身中来,才能确保有强健的体魄、良好的心态以应对事业发展的需要。

因此,对人的健康教育要始终以此为基础,重点在于树立正确的健康意识和健康的生活习惯,在此过程中还要遵循自然规律,正确认识自己,如此才能促进个体与社会群体间的平衡关系,这是保证自身健康水平始终向良好方向发展的基础。

第二节 现代健康观及其标准

一、现代健康观的基本内涵

1948 年世界卫生组织成立伊始就曾在当时刚刚颁布的《宪章》中"健康"的定义做出了诠释。当时该组织认为的健康应包含两方面,一个是生理健康,另一个是心理健康。当两种健康同时实现之后,人的机体才能获得一种身体上、心理上和社会适应能力方面的完好状态。这一理念的提出一下就改变了人们过往对健康问题的认识,这种改变主要在于首次将心理问题和社会适应能力也纳入了健康的范畴。

具体来看,这个定义包括以下三个方面。

(1)躯体健康。躯体健康,是指人的躯体结构完好和生理功能正常,展现出躯体与外部环境之间能够保持相对平衡的状态。

(2)心理健康。心理健康,是指人的心理处于完好状态,展现出可以给予自身在各方面的正确定位,能与他人正常交流等。

(3)社会适应能力。社会适应能力,是指个体能够在人们共同生存的社会中获得广泛认可和共融的状态,个体可以承担并能承担好社会中的一种或多种角色,并保持个人行为与社会普世价值观基本一致。

关于"健康"的定义并不是恒定的,而是会根据时代的发展和社会的进步以及人们理念的变化而变化。1989 年,世界卫生组织再度对"健康"的概念进行完善和补充。这次的补充在定义中增添了文明社会中越发注重的道德健康,这一内容的加入就使得过去认为的健康三维观升级到了四维观。具体这四个维度如图 2-1 所示。而在"四维健康观"之后,美国研究机构又提出了一个与之类似的关于健康的定义,该定义认为健康的个体只有在身体、情绪、智力、精神和社会各方面达到完美状态才称得上真正的健康,具体如图 2-2 所示。这个观念的提出再一次丰富了"健康"的定义,拓宽了人们对健康的视阈。

图 2-1

图 2-2

实际上,对于健康概念的完善始终没有停止。在了解了上面的健康五标准后,相关学界还在力求增添健康所涵盖的范畴。例如,近些年学界认为是否应该将生殖健康也列入健康的定义之中。之所以这个问题被提出来,也是因为生殖健康问题是直接影响人类健康发展的问题,并且由于现代通过生殖行为传染的疾病也愈发猖獗,所以这种将生殖健康纳入健康标准中的提议确实是非常有道理的和富有现实意义的。

二、现代健康观中健康的标准

(一)世界卫生组织的健康标准

(1)眼睛清澈明亮,对事物反应敏锐,无黑眼圈,眼睑健康。

(2)头发有光泽,无大量头屑,无明显脱发症状。

(3)精力充沛,有足够的精力应对生活或学习中的问题。

(4)牙齿清洁,无缺损,颜色正常,牙龈无出血现象。

(5)拥有适当的体重,体型保持匀称。

(6)肌肉紧致丰满,皮肤有光泽且富有弹性。

(7)遇事后拥有较为积极正面的思考角度,敢于承认自己的错误,严于律己、宽以待人。

(8)对突发的紧急事件能做到沉着冷静,并能在短时间内做出应对反应。

(9)能够有意识地保证充足的休息时间,做到劳逸结合。

(10)对一般性疾病有一定的抵抗力,且面对疾病有良好的心态。

(二)世界卫生组织的健康新标准

1. 生理健康的"五快"标准

(1)吃得快:吃得快反映出人的胃口较好,不偏食挑食,消化系统机能状态良好。吃得快,被视为生理健康标准中最重要的一项。

(2)便得快:便得快反映出人的大小便通畅,排泄无不适感,排泄次数通常能够达到规定标准,表明机体消化系统机能状态良好。

(3)睡得快:睡得快反映出人入睡快,经常可以达到进入深睡眠的程度,睡醒后身体疲劳感明显下降,精神奕奕,这表明机体中枢神经系统状态良好,机体内无生理性疾病或心理性疾病,且不易受到外在信息对睡眠的干扰。

(4)说得快:说得快反映出人说话流利,逻辑思维活跃,呼吸系统机能状态良好。

(5)走得快:走得快反映出人的步伐轻盈、精力充沛,运动机能状态良好。

2. 心理健康的"三良好"标准

(1)良好的个性:一个人拥有良好的个性主要反映在人拥有积极向上的性格,处世态度较为乐观,能够看到事物积极的一面,并对消极的一面予以尽量消除。它还表现在做事正直无私且在大部分时间内拥有较为稳定的情绪。

(2)良好的处事能力:一个人拥有良好的处事便可以更加客观地观察周边事物,对事情的是非曲直有自主判断,对事情的来临以冷静的情绪应对,做出最恰当的言行反应。

（3）良好的人际关系：一个人拥有良好的人际关系在现代社会的处事原则中是非常重要的。一般情况下，拥有良好人际关系的人具有为人随和和宽容的特点，不过分计较小事，热心给予别人帮助。

（三）医学专家提出的健康自测标准

（1）脉搏保持每分钟 72 次左右。

（2）每日体温波动不超过 1℃。

（3）1 个月内体重增减量在 3 千克之内。

（4）每日进餐量为 1～1.5 千克。每天的进食量超过平常量的 3 倍即被视为暴饮暴食，而少于 1/3 则被视为机体平衡状态被打破，或采用了某种不正确的饮食控制方法。

（5）一天中的大便次数相对固定，通常为 1～2 次。过多或多少均为不正常，长此以往要对身体机能进行一定的调节，或是从饮食方面进行的调节，或是从运动方面进行的调节。

（6）依据年龄的不同保证每晚睡眠在 6～8 小时之间，过多或过少的睡眠均为不正常的，特别是过少的睡眠不能满足机体各方面系统恢复非疲劳状态的需求，久而久之对身体机能具有破坏作用。

（7）晚间睡眠的夜尿量约达 1 500 毫升。若一夜尿过多达 2 500 毫升以上，或夜尿过少低于 500 毫升均为非正常现象。另外，一昼夜起夜排泄次数超过 3 次则高于平均水平，另外这也影响睡眠质量。

三、现代健康观的其他内容

（一）"亚健康"

相关研究者们一直致力于对人的健康标准予以规定，这个标准随着社会的发展和人们对健康概念的认识在不断地做出改变和完善。而与之相比，"亚健康"的概念的提出则晚了很多。它的出现主要在于现代社会的发展形成的新的生产方式，除此之外还有与之相伴随的心理压力等。高压力、竞争激烈的社会生活状态和越发恶化的自然环境状态以及不良的个人行为、生活方式和"文明病"的出现等，都会给人带来许多身心方面的不适感，久而久之导致身体逐渐脱离健康的稳态，机能平衡被打破，机体处于了一种不正常的状态。这种不正常的状态并非绝对表现为疾病，但也不是绝对的健康，而是一种介于两者之间的非健康状态。这就是现代意义上的"亚健康状态"。

近年来对于"亚健康"问题的研究非常普遍,然而由于对"亚健康"的诸如标准界定等许多问题没有明确,使得研究有如盲人摸象,尚存有大量的争议。世界卫生组织曾对世界人口进行了一次关于身体健康状态的层级划分调查,认为现代社会中约有 60% 的人处于"亚健康"状态,而个体对此状态的改善的方法主要为修正个体不良行为,养成健康规律生活的习惯。其中,在改善方法中最为积极有效的方式就是经常性地参与多种形式的体育健身活动。

(二)理想健康

现代人在满足了基本的生存需要和安全需要后,不约而同地将追求的目标瞄向了保持自身良好状态和体质上面。这种更加追求健康的思维意识无疑是社会文明发展到一定阶段的必然趋势。与此同时,世界卫生组织给健康赋予的诸多元素也使得绝大部分人的传统健康观念得到了拓宽,而这也为之前相关领域的研究者打破其原有的健康研究方法和评判体系带来了拓宽"瓶颈"的方式,并且最终创建了新的健康促进终极目标——理想健康。

理想健康,是指个体致力于维持健康状态,并充分发挥自己的最大潜力,以达到"身心合一"的整体完美。根据理想健康的定义可知,这是现代人无不追求的目标。这种所谓的完美健康不仅要求身体生理方面的健康没有问题,其他健康的方面还涉及心理、社会适应力等综合状态。

通过上述对理想健康的论述可知,理想健康包含的内容更加广泛,层次更多,进而对人对健康的追求意义也更加深远,它丰富了健康的本质,强调了人们获得健康的途径。因此,在不远的将来,这将会成为人们判定自身健康与否的标准。

第三节 大学生体质健康的现状分析

一、大学生身体发展情况

大学生的年龄一般在 18—28 岁之间,在这个年龄段人的身体正处在青春发育后期的青年期,是人在生理上走向成熟期的最后阶段,同时也是最为关键阶段。这一阶段的基础一旦没有打牢,会给此后很长时间甚至是一生的健康状况留下隐患。

在这一阶段,大学生的体格、体态、体姿、体力、机能和行为等基本已定型。抓住大学生这个时期的生理特点,就能为顺利开展大学生体育健身打好基础。

(一)身体形态的发展情况

1. 大学生身体形态有明显的性别差异

这一阶段的学生的身体发育基本成熟,男女学生已经表现出了明显的外在体形和性征上的差异。男子表现为上体宽粗、胸呈前后扁平、骨盆窄、下肢细、喉结突出、发音低沉;女子则表现为上体窄细、骨盆宽、乳房突出、臀部增大、肢体柔软而丰满、嗓音尖细。

男女学生第二性征的出现,表明了生理发育逐渐成熟,这标志着他们已经为日后更加繁重的劳动和未来的生殖行为奠定了基础。

2. 大学生身体形态发育明显减慢

大学生基本上已经经历了人生最后一个生长发育的高峰期。在此阶段,绝大多数大学生处在青春发育期的后期。此时,由于性激素作用,肌肉纤维变粗,肌肉纤维横截面加大。肌肉力量和肌肉重量明显增加,也更接近于成年人水平。一般我国女子到17岁,男子到19岁,身高增长的速度日趋缓慢;体重通常是女子到18岁,男子到20岁趋于稳定。

(二)身体机能的发展情况

1. 运动系统

人体的运动系统由骨骼、关节、肌肉三部分组成。大学生阶段身体的总体状态处于上扬阶段,运动系统的状态是比较出色的。

随着年龄的增长,骨骼内质地较柔软的有机物和水分逐渐减少,较坚硬的无机物逐渐增加,骨密质增多,如此才能承受更大的压力。到大学高年级时,骨化基本完成,体长的增加完全停止。

良好的关节柔韧性是保证机体正常运动时不可或缺的素质。由于大学生关节软骨较厚,关节囊韧带伸展性大,关节周围的肌肉细长,所以关节的活动范围较大,但这种结构也导致了关节的牢固性较差,因此在此情况下关节极易受到外力的作用而出现脱位的情况。为此就需要保障运动安全,重视对关节的保护,掌握正确的技术动作,另外还应注重开展专门性的关节柔韧素质的训练。

最后,肌肉发育在30岁左右完成。肌肉中的主要成分是蛋白质,随着年龄的增长,肌肉中水分减少,有机物增多,肌纤维增粗,肌肉重量不断增加,肌力增强。在肌肉素质达到顶峰后便不会再增长,而是会逐渐开始下降,下降的速度取决于原先的身体素质基础以及长期的继续锻炼程度。

2. 心血管系统

心血管系统在人体几大系统中是非常重要的一个系统,然而它却是最晚完成发育的系统。心血管系统中的血管遍布全身各个角落,血管中的血液在体内流动的动力来源于心脏。之所以认为心血管系统是较为重要的系统,主要原因在于它承担着人体大部分循环任务及新陈代谢任务,因此,它的功能好坏直接影响人的全面健康水平。

大学生之前的心脏发育不论是从重量还是从容量上都比成人要小,心肌收缩力较差,这直接导致血液的每搏输出量和每分输出量也较成人少。血管内径宽,长度短,血流阻力小,血液循环一周时间短;毛细血管非常丰富,单位时间内,各组织器官的血流量大,确保了生长发育过程中有充足的氧和营养物质供应。而来到大学生阶段后,心脏功能愈发加强,表现为更加强健有力,进而使得每搏输出量增大,收缩压增高,使血液供应适应机体负荷增大的需要。正因如此,此时的学生身体状态才处于最佳的时期,既可以承受较大的运动负荷,并且在疲劳过后的恢复也较快。

3. 神经系统

人体的神经系统是发育得最早、最快的系统,因此人的神经系统的功能在少年时期就基本完善,可以满足日常的需要。最大的发育不足就在于大脑皮质中兴奋和抑制两个过程不均衡,表现为兴奋过程占优势而抑制过程相对较弱。到大学年龄阶段,随着大脑发育的逐渐成熟,第二信号系统已有相当发展,第一信号(指具体的刺激信号,如声、光、电等)和第二信号系统(指抽象的刺激信号,如语言、文字)的活动相互关系更为完善,分析与综合能力以及神经过程的灵活性均有显著提高,神经系统的机能能力已达成人水平。

另外,神经过程的特点在于它灵活性高,与神经细胞相关的物质的代谢机能较为旺盛,因此此时容易出现疲劳的感觉,也正因代谢较快,这种疲劳感也会较快得到恢复。大学生阶段人体的脑细胞内部的结构和机能的复杂化过程迅速发展,这为发展思维创造了良好的物质基础。这也为高校体育教学多遵循启发性原则以充分利用学生已有的智能和经验自主学习的方式奠定了理论基础。

4．呼吸系统

大学生年龄阶段中的肺部的发展情况为肺脏的横径和纵径得到增加，肺泡体积也随之增加，与女生相比，男生的这种增加幅度更为明显。这种发育带来的变化主要为呼吸肌增强、频率减慢、呼吸的深度加大、肺活量增大。

大学生肺活量的一般水平为男生 3 800～4 400 毫升，女生 2 700～3 100 毫升。不过随着近年来大学生体质的下降，这个数字出现了一定的下滑。因此，在大学时期应适当多参加球类健身运动或跑步、游泳等有氧运动，可增强肺功能。

5．生殖系统

生殖系统是延续人类基因传递的重要器官组合。在青春期的发育中，人的第二性征的发育是其中的"重头戏"。第二性征的发育使得男女性更加表现出各自的性别特征。生殖系统在这一阶段的发育主要表现为生殖器官的形态发育、功能发育，以及第二性征发育等。

男性的性成熟，主要表现在其重要的性器官——睾丸功能的发育与成熟。睾丸是男性产生精子和分泌雄性激素的重要器官。睾丸的发育从 10 岁左右开始，12—16 岁期间迅速增大，17 岁前后达到正常水平。其功能基本发育完成的标志是出现遗精现象，由于遗精现象多出现在夜晚睡眠时间，并伴有梦境的出现，因此也被形象得称为"梦遗"。第二性征发育的表现是男生开始长胡须、体毛增多且越发浓重、喉结增大突出、音调变低变粗，皮下脂肪减少，肌肉粗壮且强健有力。

女性的性成熟，主要表现在其性器官——卵巢功能的发育和成熟。卵巢是女性产生卵子和分泌雌性激素的重要器官。卵巢的发育从 8—10 岁左右开始，而子宫等器官在 10—18 岁期间迅速发育。其功能基本发育完成的标志是出现月经现象。第二性征的发育主要表现在随着乳腺的发育和脂肪的沉积、乳房逐渐隆起、乳头突出、声调变高以及骨盆增宽等。

大学时期，尽管大学生的性发育已经基本成熟，但身体并未完全成熟，特别是此时人的心理发育还有不足。因此，这一阶段容易出现自控力差、情绪化、易激动等特点。鉴于这种心理情况和性成熟的事实，就需要家长、教师及高校工作者加强对学生的性教育，教会学生处理好与异性的关系，树立正确的婚恋观，强调对他人负责的态度，以期促进学生的生殖健康及身心的全面健康发展。

（三）身体素质的发展情况

1. 身体素质的概念

身体素质，是指人体的基本活动能力，是人体各器官系统的机能在肌肉工作中的反映。将身体素质详细分解，可以基本分成五大素质，即力量、速度、耐力、灵敏、柔韧和协调，另外，平衡与耐受也逐渐被认为是身体素质的组成部分。

身体素质是评判一个人的体质强弱的重要标志，也是人们从事学习、工作和体育运动的基础条件之一。良好的身体素质，有利于从事繁重的学习、工作和运动，更有利于延长工作年限、运动年限和寿命。

2. 大学生身体素质特征差异

（1）年龄差异

调查表明，速度、腰腹力量、静力性力量耐力、弹跳和耐久力等指标，男子 19 岁前，女子 13 岁前随年龄的增长而增长。男生各项素质的高峰分别出现在 19—22 岁；女生则出现两个高峰，第一高峰为 11—14 岁，第二高峰为 19—22 岁，第二高峰各项指标均高于第一高峰。男生各项指标的增长高峰，除速度在 7—8 岁出现外，其他素质均在 12—16 岁期间出现；女生大部分素质高峰期都出现在 7—9 岁，而柔韧和耐力素质到 18—19 岁又出现高峰。因此，在大学阶段，学生的身体素质发展尚未完全饱和，仍旧具有一定发育的空间，为此对于自身素质发展还有所追求的学生还是可以抓住最后的阶段加强全面锻炼，以促进身体素质的全面发展。

（2）性别差异

包括大学生在内的不同性别的人的身体素质发展侧重不同。总体来看，男性的各方面身体素质都强于女性，不过就柔韧性和平衡能力来说，女性普遍超过男性。另外，还有一个耐受力不得不提到，这种身体素质能力也是女性略强于男性。

（3）地域差异

通过一些数据分析发现地域差异也成为大学生身体素质不同的因素之一。一般情况下，经济发达、物质条件好的地区的高校，大学生的平均速度、灵敏度、爆发力较好；经济不发达、物质条件差的地区的高校中，大学生的平均力量、耐力较好。出现这种差异的具体原因与不同地区学生的生活方式直接相关。

二、现代大学生体质健康基本情况

大学生阶段是个体从学生向真正的社会人过渡的阶段。而当成为社会人后，生活的重点就变为工作，参与到现代化社会的建设中来。至此，许多没有养成终身体育习惯的学生就很少参与到体育锻炼当中了。因此，大学阶段是学生最后一个巩固身体素质的阶段，应该给予重视。大学生身体素质的好坏在近年来备受关注，尽管通过体质测评获得数据表示大学生身体素质得到了一定程度的发展和改善，但是，现代社会的竞争也在日益加剧，并且环境恶化的速度也超过人们的预期，那么，大学生的体质健康状态回升的效果也就难以显现了。下面就重点分析我国大学生的体质健康状况。

（一）大学生的生理健康状况

为了获得相对准确的大学生生理健康状况的数据，就需要对学生进行系统、科学、客观的体质测试。这里以近年来大学生身体素质改善初期的调研结果（教育部《关于 2010 年全国学生体质与健康调研结果公告》）作为依据对现阶段我国大学生的体质与健康状况的具体表现及其特点进行详细说明。

1. 学生体质与健康状况总体有所改善

（1）形态发育水平继续提高

根据 2005 年的调查结果数据可以看到，从 1985—2005 年的 20 年间，城乡地区的男学生在身高、体重及 BMI 指数都有所增加，但是胸围，肩宽及骨盆宽等数值则有不同程度的减少。到了 2010 年继续对这几项数值的调查结果表明，基本外形的数据，如身高、体重等的发育水平基本延续了之前的状况，而之前发育水平并不理想的胸围值也慢慢出现了增长的趋势。

（2）肺活量水平出现上升拐点。

肺活量是体现人体循环系统机能状态的重要数据。2005 年对大学生进行的该项测试表明与 2000 年的数值相比有了一定的下降，即比同年龄的城市男生、城市女生、乡村男生、乡村女生肺活量水平分别平均下降 160 毫升、238 毫升、161 毫升、225 毫升。而在 2010 年进行的大学生体质测试肺活量一项的数据中显示，之前已经连续 20 年下降的数据，在这次数据的显示中下降的趋势得到了遏制，反而出现了一点上升的势头。四类大学生的数值分别提高 137 毫升、102 毫升、185 毫升、123 毫升。

（3）营养状况继续改善

调查结果显示，现代社会物质生活水平的提高使人们的温饱问题得到基本满足，这也使得学生的营养状况得到了持续改善，中度和重度营养不良的状况基本消失。而在一些大城市中，不仅每天摄入的营养可以满足学生所需，有些甚至表现出营养过剩的情况。根据调查分析，城市男生、城市女生、乡村男生、乡村女生 7—22 岁年龄组轻度营养不良检出率分别为 2.87%、5.81%、2.69%、5.45%，比 2005 年分别降低 0.02、0.21、0.27、0.27 个百分点；低体重检出率分别为 17.32%、25.94%、20.03%、27.08%，比 2005 年分别降低 1.40、0.78、2.80、1.35 个百分点。

2. 学生体质与健康存在的主要问题

（1）体质状况缓慢下降，但幅度明显减小

2010 年的调查结果显示，学生的身体素质状况逐渐得到了改善，并且有了一定程度的提高。

调研结果显示，19—22 岁年龄组除坐位体前屈指标外，爆发力、力量、耐力等身体素质水平进一步下降，但与 2005 年的调查结果相比，下降幅度明显减小。

与 2005 年相比，19—22 岁城市男生、乡村男生立定跳远成绩分别平均下降 1.29 厘米、0.23 厘米，引体向上成绩分别平均下降 1.44 次、1.45 次，1 000 米跑成绩分别平均下降 3.37 秒、3.09 秒。城市女生、乡村女生立定跳远成绩分别平均下降 2.72 厘米、0.92 厘米，仰卧起坐成绩分别平均下降 3.02 次/分钟、2.48 次/分钟，800 米跑成绩分别平均下降 3.17 秒、1.87 秒。另外，城市男生、城市女生握力分别平均下降 0.18 千克、0.35 千克；城市男生、城市女生、乡村女生 50 米跑成绩分别平均下降 0.06 秒、0.10 秒、0.05 秒。

（2）视力问题突出，并出现低龄化倾向

2010 年的调查结果显示，我国学生的视力不良率仍然居高不下。这种情况在大学阶段已经被固定下来，而导致学生近视普遍发生的阶段主要是其在小学和中学阶段。数据统计可知，2010 年测量的小学生和初中生的视力不良率相比于 2005 年增加了约 9 个百分点；高中生的视力不良率与 2005 年相比也增加了约 3 个百分点。与之相比，19—22 岁大学生的视力不良率增长相对较为缓慢，这主要与视力的发育阶段有关，在大学阶段，基本人的视力发育已经完成，所以大学阶段视力不良率的增长水平缓慢并不能说明学生对视力的保护和用眼卫生等做得更加周到。

（3）肥胖检出率继续增加

近年来,随着我国人民物质生活水平的不断改善,学生的非常率也呈现出连年增加的态势。2010 年,7—22 岁城市男生、城市女生、乡村男生、乡村女生肥胖检出率分别为 13.33％、5.64％、7.83％、3.78％,与 2005 年的调查结果相比,分别增加 1.94、0.63、2.76、1.15 个百分点;超重检出率分别为 14.81％、9.92％、10.79％、8.03％,比 2005 年分别增加 1.56、1.20、2.59、3.42 个百分点。

（二）大学生的心理健康状况

现代社会的竞争日益加剧,在大学时代,特别是进入到大四年级后,就业压力直面而来。为了避免毕业即失业的窘境,大学生们想尽一切方式化解成为社会人后的第一个"危机"。然而,面对较大的压力,有些学生就出现了一定的心理问题。

大学生心理问题造成的一些恶性事件在近年来屡见不鲜,这从一个侧面表现出了心理健康对大学生发展的重要性。最主要的是,心理问题的存在隐藏性较高,并且当心理问题出现时,学生本身并没有足够的意识,即便有所意识,也不会给予足够的重视。从这也能看出目前我国对各方面的心理辅导工作的开展尚有不足之处。大学生出现的主要心理方面的问题有:焦虑、神经衰弱、人际敏感、适应不良等。为了有效抑制这一阶段大学生可能出现的这些心理问题,就需要学校有关部门及时做出反应,安排专业心理辅导教师和就业指导教师对大学生进行指导。

对大学生展开的相关心理学研究认为,目前大学生心理卫生的现状主要表现为以下几个方面。

（1）大学生心理健康状况不良者比例较高。

（2）在大学生因病休学、退学的人数比例中,心理和精神疾病已经超过传染病居第一位,而且这个比例高达约占 50％。

（3）由于受困于严重心理问题而导致的大学生自杀或造成对社会的恶性事件的发生率也呈逐步上升的趋势。

（三）影响大学生体质健康发展的重要因素

影响大学生体质发展的因素众多,不同因素的影响程度不同,影响的方面也不同。通过调查问卷的方式对这一体质健康发展的影响因素进行分析,总结出了以下四点问题。

1. 烟酒嗜好

现代大学生,特别是男生对于吸烟和饮酒并没有抵触心理,相反众多影视剧作品和大人的价值观潜移默化地让他们认为吸烟和饮酒是男性成熟的重要标志之一，甚至是一种男性魅力的体现。相关的调查结果显示，我国大学生中，抽烟的人数比例为35%以上，而每天抽烟的人数更是接近一半，并且主要为男生。而目前，也有一小部分大学女生加入到吸烟的行列中，这被她们看作是随性和解放自我的表现。经常或有时喝酒者占调查总数的70%，其中也是男生居多。包括大学生在内的各级学生，他们对烟酒的嗜好始于某种价值观。但不论怎样，大学生的烟酒嗜好已经成为影响他们身体健康的重要隐患。

2. 体育锻炼不足

现代我国高校中都设有体育课程，课程内容所涉及的项目众多，基本能够满足学生的体育学习所需。然而，现代有意愿能够主动经常性参与健身锻炼的大学生数量日渐稀少，特别是女学生，她们很少进行体育锻炼。体育锻炼的不足将严重影响大学生体质的健康发展。为此，学校应该对此给予一定的重视，从宣传和提供运动便利条件两方面入手解决这一问题。

3. 饮食与营养问题

在大学生群体中有将近四成的学生普遍有饮食不规律的情况。造成饮食不规律的原因并非正常的上课与兼职劳动，而是由一些不健康的生活规律和痴迷网络造成的。具体来说，饮食不规律主要表现在不吃早餐，目的在于能够多睡一会儿，或是认为没有必要；进餐时间不相对固定，以饥饿程度决定进餐时间；暴饮暴食或零食不停。这些不良的饮食习惯恶化饮食方式对人体的健康状况具有一定的威胁，影响体质健康的发展。

4. 网络成瘾问题

现代电脑游戏的发展可以说是娱乐产业中的支柱，电脑游戏对于大学生群体来说吸引力是非常高的。特别是在大学阶段，闲暇的时间比过往要多，所以许多学生选择在业余时间在宿舍打游戏消磨时光。然而电脑游戏这类事物，适量益智，多玩伤身，易成瘾。如果当学生逐渐沉迷于此时，便会混淆现实与虚拟两重世界的界定，并且这种久坐不动的娱乐形式也会给学生的身体健康带来较大负面影响，如忽视进餐时间和熬夜等。

对待这些问题，众多高校对此也进行了经常性的健康教育。然而面对学生已经相对固着的生活习惯，使得这些教育收效甚微。但尽管如此，这些教育和宣传活动仍然需要继续下去。

第三章 高校网球运动与大学生身体成长

大学生多处于青春期后期,身体各方面已接近发育完善,通过进行网球运动锻炼,能够促进大学生运动素质的发展,推动大学生体质健康状况的增强。本章对大学生的身体发展特点进行分析,对网球运动开展的生理学原理进行了阐述,并对网球运动给大学生生理健康带来的促进作用进行了探讨。

第一节 大学生身体发展特点分析

一、大学生身体发展的现状

(一)学生体质与健康状况总体有所改善

2014 年,我国对体质健康状况进行了调查,其后发布了《2014 年国民体质监测公报》。青少年的各项体质指标平均数见表 3-1。

表 3-1 2014 年全国 18—19 岁青少年各项体质指标平均数

男			女		
年龄/岁	18	19	年龄/岁	18	19
身高/厘米	172.0	172.4	身高/厘米	159.4	160.2
体重/千克	63.5	63.5	体重/千克	52.6	52.4
胸围/厘米	85.3	85.8	胸围/厘米	80.6	80.8
安静脉搏/(次/分钟)	79.2	78.1	安静脉搏/(次/分钟)	81.0	79.6
收缩压/毫米汞柱	116.3	115.7	收缩压/毫米汞柱	107.5	105.9
舒张压/毫米汞柱	72.1	72.4	舒张压/毫米汞柱	68.5	68.1
肺活量/毫升	3 772.3	3 924.6	肺活量/毫升	2 431.3	2 574.0
50 米跑/秒	7.7	7.6	50 米跑/秒	9.8	9.6

男			女		
握力/千克	43.0	42.6	握力/千克	25.9	26.1
立定跳远/厘米	225.8	222.8	立定跳远/厘米	166.2	165.5
引体向上/次	4.5	4.8	1分钟仰卧起坐/次	30.7	30.1
1 000米跑/秒	263.7	260.5	800米跑/秒	261.3	253.1
坐位体前屈/厘米	11.0	11.6	坐位体前屈/厘米	13.6	14.6

1. 形态发育水平继续提高

2010年的调研结果显示,我国学生的身高、体重等生长发育水平延续了以前的发展状态,继续呈现增长的趋势。学生的胸围也呈现出增长的趋势。具体而言,与2005年的数据进行对比,19—22岁年龄组城市男生、城市女生、乡村男生、乡村女生身高都得到了一定的增长,尤以乡村男生增长最多,达到了1.34厘米;在体重方面各分组也都出现了一定的增长,同样是乡村男生最多,达到了2.07千克。2014年调查结果显示,我国城乡学生身体形态发育水平继续提高。

2. 肺活量水平出现上升拐点

2005年进行的调查结果显示,与2000年相比,19—22岁城市男生、城市女生、乡村男生、乡村女生肺活量水平分别平均都出现了一定程度的下降。2010年调研结果显示,大学生肺活量连续20年下降的情况得到了改变。各组学生的肺活量水平都得到了一定的提升,这其中,尤以19—22岁年龄组乡村男生提升幅度最大,提升了185毫升左右。2014年调查显示,城乡学生的肺活量水平继续呈现上升趋势。

3. 营养状况继续改善

近年来,我国的经济社会各方面快速发展,人们的生活水平不断提高,这使得大学生的营养状况也在不断改善。2014年调查结果显示,城乡7—22岁年龄组轻度营养不良检出率和低体重检出率持续下降,大学生已基本没有重、中度营养不良状况。

(二)学生体质与健康存在的主要问题

1. 大学生身体素质继续呈现缓慢下降

2014年的调查结果显示,我国的中小学生的身体素质状况得到了一定程度的改善,但是大学生的身体素质水平却令人堪忧,大学生的身体素质状况仍然呈现缓慢下降的趋势。

2. 视力不良检出率居高不下

2010 年的调查结果显示,我国学生的视力不良率仍然居高不下。19—22 岁大学生的视力不良率增长相对较为缓慢,为 84.72%(其中城市为 84.14%,农村为 85.30%),比 2005 年增加 2.04 个百分点。2014 年的调查结果显示,视力不良检出率仍居高不下,并且仍呈现低龄化的趋势。

3. 肥胖检出率继续增加

近年来,随着我国人民物质生活水平的不断改善,学生的肥胖率也呈现出连年增加的态势。2010 年,7—22 岁城市男生、城市女生、乡村男生、乡村女生肥胖检出率和超重检出率都出现了一定的增长。

二、大学生身体外形的变化特点

人们认为,11—17 岁为青春期,而 18—24 岁为青春后期,广义上的青春期包括青春后期。我国大学生基本上都处于青春后期阶段,在这一时期,其生长发育速度变缓,体格、机能、素质和适应能力等方面都发展到了一个较高的水平,具有了明显的青年特征。

青春期发育标志着人体的全面成熟,这一阶段人生中的重要的发育阶段。青春期已具有发育的雏形,青春后期则这一发育更加成熟和完善。一般认为,人体的生长发育是有一定的起伏的,人的生长发育的高峰有两次,其一为胎儿出生至其 1 岁这一阶段,其二则是青春期。在青春期不仅人体的体重、身高发生了迅速增强,机体也发生了质的变化。

(一)身高、体重

1. 身高

在青春期人的身高不断增长,青春期以前,平均每年长高 3～5 厘米,在青春期,平均每年长高 6～8 厘米,有些人甚至会达到 10 厘米。人的身高到一定年龄时就会不再增长,男性终止生长的年龄为 23—26 岁,女性则为 19—23 岁。而大学生所处的阶段,其身高长势是相对较为迟缓的。

对人体身高起作用的骨骼为下肢骨和脊椎骨。下肢骨在 7 岁之前生长速度与上肢骨相同,但是 7 岁之后,其生长速度超过胳膊的生长速度。青春期下肢骨的增强更快,是决定身体高矮的关键因素。青春期结束之后,下肢骨终止生长。脊椎骨的增长速度没有下肢骨快,但是其长势相对更加持久,其到青春期后期才逐渐停止生长。人体身高的增长在十七八岁之前主要依赖于下肢骨的生长,其后则主要依赖脊椎骨的生长。

2. 体重

体脂肪是指能够用乙醚提取的纯脂肪,这一部分是人体中易变的部分。在青春期,男女的体脂变化完全不同。男性的脂肪在不断减少。女性在突增的高峰期,脂肪数量仍然在缓慢增加,只是速度较慢;在高峰期之后,在雌性激素的作用下,女性腰、腿、臀等部位不断堆积脂肪,脂肪增加的速度重新加快。

瘦体重即为去脂体重,其是除去脂肪厚身体其他成分的重量。在青春期,男性的瘦体重迅速增长,幅度加大,持续时间较长,这一增长变化会一直持续到 30 岁左右;女性的瘦体重增强较为缓慢,并且时序时间相对较短,一般在 18 岁左右就会不再增长。随着年龄的增长,男女的瘦体重差别越来越明显。

一般而言,青少年的体重会随着年龄的增加而增加,在成年之后还会继续增长。在青春期,身高的发育先于体重的发育。女性的体重增长时间比身高的增长时间长,增长的幅度也较大。男性在睾丸酮的作用下肌肉不断增长,在 30 岁时达到高峰;女性则在 18 岁左右其肌肉发育就不再进行。

3. 身高标准体重

身高标准体重是学生体质健康测定的重要指标,在 2014 年之前广泛应用于大学生体质健康测评中。通过对我国学生的整体状况进行分析和研究,从而形成了相应的标准。对其相应的指标进行分析(表 3-2、表 3-3),能够在一定程度上了解我国大学生的整体体质健康状况。

表 3-2　高校男生身高标准体重(体重单位:千克)(部分)

身高段 (厘米)	营养不良	较低体重	正常体重	超重	肥胖
	50 分	60 分	100 分	60 分	50 分
155.0～155.9	<45.2	45.2～51.1	51.2～58.0	58.1～60.7	≥60.8
156.0～156.9	<45.6	45.6～51.6	51.7～58.7	58.8～61.0	≥61.1
157.0～157.9	<46.1	46.1～52.1	52.2～59.2	59.3～61.5	≥61.6

身高段 （厘米）	营养不良	较低体重	正常体重	超重	肥胖
	50 分	60 分	100 分	60 分	50 分
158.0～158.9	＜46.6	46.6～52.6	52.7～59.8	59.9～62.2	≥62.3
159.0～159.9	＜46.9	46.9～53.1	53.2～60.3	60.4～62.7	≥62.8
160.0～160.9	＜47.4	47.4～53.6	53.7～60.9	61.0～63.4	≥63.5
161.0～161.9	＜48.1	48.1～54.3	54.4～61.6	61.7～64.1	≥64.2
162.0～162.9	＜48.5	48.5～54.8	54.9～62.2	62.3～64.8	≥64.9
163.0～163.9	＜49.0	49.0～55.3	55.4～62.8	62.9～65.3	≥65.4
164.0～164.9	＜49.5	49.5～55.9	56.0～63.4	63.5～65.9	≥66.0
165.0～165.9	＜49.9	49.9～56.4	56.5～64.1	64.2～66.6	≥66.7
166.0～166.9	＜50.4	50.4～56.9	57.0～64.6	64.7～67.0	≥67.1
167.0～167.9	＜50.8	50.8～57.3	57.4～65.0	65.1～67.5	≥67.6
168.0～168.9	＜51.1	51.1～57.7	57.8～65.5	65.6～68.1	≥68.2
169.0～169.9	＜51.6	51.6～58.2	58.3～66.0	66.1～68.6	≥68.7
170.0～170.9	＜52.1	52.1～58.7	58.8～66.5	66.6～69.1	≥69.2
171.0～171.9	＜52.5	52.5～59.2	59.3～67.2	67.3～69.8	≥69.9
172.0～172.9	＜53.0	53.0～59.8	59.9～67.8	67.9～70.4	≥70.5
173.0～173.9	＜53.5	53.5～60.3	60.4～68.4	68.5～71.1	≥71.2
174.0～174.9	＜53.8	53.8～61.0	61.1～69.3	69.4～72.0	≥72.1
175.0～175.9	＜54.5	54.5～61.5	51.6～69.9	70.0～72.7	≥72.8
176.0～176.9	＜55.3	55.3～62.2	62.3～70.9	71.0～73.8	≥73.9
177.0～177.9	＜55.8	55.8～62.7	62.8～71.6	71.7～74.5	≥74.6
178.0～178.9	＜56.2	56.2～63.3	63.4～72.3	72.4～75.3	≥75.4
179.0～179.9	＜56.7	56.7～63.8	63.9～72.8	72.9～75.8	≥75.9
180.0～180.9	＜57.1	57.1～64.3	64.4～73.5	73.5～76.5	≥76.6

注：身高低于表中所列出的最低身高段的下限值时，身高每低 1 厘米，实测体重需加上 0.5 千克，实测身高需加上 1 厘米，再查表确定分值。身高高于表中所列的最高身高段时，身高每高 1 厘米，实测体重需减去 0.9 千克，实测身高需减去 1 厘米，再查表确定分值。

表 3-3　高校女生身高标准体重(体重单位:千克)(部分)

身高段 (厘米)	营养不良 50 分	较低体重 60 分	正常体重 100 分	超重 60 分	肥胖 50 分
145.0～145.9	＜37.5	37.5～44.0	44.1～53.1	53.4～56.1	≥56.2
146.0～146.9	＜37.9	37.9～44.4	44.5～53.7	53.8～56.7	≥56.8
147.0～147.9	＜38.5	38.5～45.0	45.1～54.3	54.4～57.3	≥57.4
148.0～148.9	＜39.1	39.1～45.7	45.8～55.0	55.1～58.0	≥58.1
149.0～149.9	＜39.5	39.5～46.2	46.3～55.6	55.7～58.7	≥58.8
150.0～150.9	＜39.9	39.9～46.6	46.7～56.2	56.3～59.3	≥59.4
151.0～151.9	＜40.3	40.3～47.1	47.2～56.7	56.8～59.8	≥59.9
152.0～152.9	＜40.8	40.8～47.6	47.7～57.4	57.5～60.5	≥60.6
153.0～153.9	＜41.4	41.4～48.2	48.3～57.9	58.0～61.1	≥61.2
154.0～154.9	＜41.9	41.9～48.8	48.9～58.6	58.7～61.9	≥62.0
155.0～155.9	＜42.3	42.3～49.1	49.2～59.1	59.2～62.4	≥62.5
156.0～156.9	＜42.9	42.9～49.7	49.8～59.7	59.8～63.0	≥63.1
157.0～157.9	＜43.5	43.5～50.3	50.4～60.4	60.5～63.6	≥63.7
158.0～158.9	＜44.0	44.0～50.8	50.9～61.2	61.3～64.5	≥64.6
159.0～159.9	＜44.5	44.5～51.4	51.5～61.7	61.8～65.1	≥65.2
160.0～160.9	＜45.0	45.0～52.1	52.2～62.3	62.4～65.6	≥65.7
161.0～161.9	＜45.4	45.4～52.5	52.6～62.8	62.9～66.2	≥66.3
162.0～162.9	＜45.9	45.9～53.1	53.2～63.4	63.5～66.8	≥66.9
163.0～163.9	＜46.4	46.4～53.6	53.7～63.9	64.0～67.3	≥67.4
164.0～164.9	＜46.8	46.8～54.2	54.3～64.5	64.6～67.9	≥68.0
165.0～165.9	＜47.4	47.4～54.8	54.9～65.0	65.1～68.3	≥68.4
166.0～166.9	＜48.0	48.0～55.4	55.5～65.5	65.6～68.9	≥69.0
167.0～167.9	＜48.5	48.5～56.0	56.1～66.2	66.3～69.5	≥69.6
168.0～168.9	＜49.0	49.0～56.4	56.5～66.7	66.8～70.1	≥70.2
169.0～169.9	＜49.4	49.4～56.8	56.9～67.3	67.4～70.7	≥70.8
170.0～170.9	＜49.9	49.9～57.3	57.4～67.9	68.0～71.4	≥71.5
171.0～171.9	＜50.2	50.2～57.8	57.9～68.5	68.6～72.1	≥72.2

续表

身高段 （厘米）	营养不良	较低体重	正常体重	超重	肥胖
	50 分	60 分	100 分	60 分	50 分
172.0～172.9	＜50.7	50.7～58.4	58.5～69.1	69.2～72.7	≥72.8
173.0～173.9	＜51.0	51.0～58.8	58.9～69.6	69.7～73.1	≥73.2
174.0～174.9	＜51.3	51.3～59.3	59.4～70.2	70.3～73.6	≥73.7
175.0～175.9	＜51.9	51.9～59.9	60.0～70.8	70.9～74.4	≥74.5
176.0～176.9	＜52.4	52.4～60.4	60.5～71.5	71.6～75.1	≥75.2
177.0～177.9	＜52.8	52.8～61.0	61.1～72.1	72.2～75.7	≥75.8
178.0～178.9	＜53.2	53.2～61.5	61.6～72.6	72.7～76.2	≥76.3
179.0～179.9	＜53.6	53.6～62.0	62.1～73.2	73.3～76.7	≥76.8
180.0～180.9	＜54.1	54.1～62.5	62.6～73.7	73.8～77.0	≥77.1

4. 体重指数

在 2014 年之后,学生体质健康测量增加了体重指数指标。身体质量指数是将身高和体重综合起来,以每厘米身高的体重分布,评定学生的体形匀称度,以营养不良、正常体重,超重或肥胖四个等级,评价学生生长发育及营养状况。体重指数（BMI）＝体重（千克）/身高（米）^{2}。例如,一名女性大学生身高 1.55 米,体重 50 千克,则其 BMI＝50÷1.55^2≈20.8。《国家学生体质健康标准》中规定,体重指数指标是大学生体质测评的重要方面。大学生的体重指数标准见表 3-4。

表 3-4　大学生体重指数（BMI）单项评分表

等级	单项得分	男生	女生
正常	100	17.9～23.9	17.2～23.9
低体重	80	≤17.8	≤17.1
超重		24.0～27.9	24.0～27.9
肥胖	60	≥28.0	≥28.0

（二）第二性征

人体的第一性征即为生殖系统的性区别,第二性征则是指青春期逐渐发育成熟之后的身体差异。男女之间的第二性征差异较为明显,具体如下。

1. 男性第二性征

男性大学生表现为身材魁梧,肌肉发展,肩部增宽,胸廓呈前后扁平,具有突出的喉结,声带增宽,发音较为低沉,面部须毛丛生。

2. 女性第二性征

女性大学生一般细巧、窈窕,身材丰满;肩膀较窄而盆骨较大,呈正三角形。女性声音尖细,不长喉结;汗毛细小,皮肤细腻,乳房发育隆起。

三、内脏器官的变化特点

大学生处于青春期后期,身体形态发育的同时,各器官的生理功能也发生了相应的变化,心血管系统、呼吸系统、神经系统和生殖系统等都会出现不同程度的变化,机体发育成熟。

(一)各大生理系统的发育

1. 心血管系统

(1)心脏

在青春期,心脏的重量迅速增加,青春期后期,心脏的重量可达到出生时的12~14倍,基本上达到了成人的水平。在青春期,心脏的容积也在不断增加,一般青春期开始时心脏的容积为140毫升左右,18—20岁时,心脏的容积达到了240~250毫升。在心率方面,其会随着年龄的增长而逐步减慢,一般在16岁时人的心率在57次/分钟左右。大学生的心容量、心率和心输出量等方面的指标已接近成人水平。

(2)血压

人体的血压在年龄较小时较低,随年龄增加而上升,在18岁时,男性的平均血压为14.9/9.2千帕(112/69毫米汞柱),女性的血压为14.7/9.4千帕(110/71毫米汞柱)。18岁之后,血压基本接近成年人。

2. 呼吸系统

在青春后期,呼吸系统的功能增强,达到成人水平,呼吸频率也达到成人水平。一般男大学生的肺活量在3 500毫升以上,女大学生的肺活量则在2 500毫升以上。我国对大学生的肺活量进行调查研究的基础上制定了《国家学生体质健康标准》,从中能够对我国大学生的肺活量状况有所了解(表3-5)。

表 3-5 大学生肺活量单项评分表(单位:毫升)

等级	单项得分	男生		女生	
		大一大二	大三大四	大一大二	大三大四
优秀	100	5 040	5 140	3 400	3 450
	95	4 920	5 020	3 350	3 400
	90	4 800	4 900	3 300	3 350
良好	85	4 550	4 650	3 150	3 200
	80	4 300	4 400	3 000	3 050
及格	78	4 180	4 280	2 900	2 950
	76	4 060	4 160	2 800	2 850
	74	3 940	4 040	2 700	2 750
	72	3 820	3 920	2 600	2 650
	70	3 700	3 800	2 500	2 550
	68	3 580	3 680	2 400	2 450
	66	3 460	3 560	2 300	2 350
	64	3 340	3 440	2 200	2 250
	62	3 220	3 320	2 100	2 150
	60	3 100	3 200	2 000	2 050
不及格	50	2 940	3 030	1 960	2 010
	40	2 780	2 860	1 920	1 970
	30	2 620	2 690	1 880	1 930
	20	2 460	2 520	1 840	1 890
	10	2 300	2 350	1 800	1 850

3. 神经系统

神经系统是机体内起主导作用的系统。大学生的大脑及神经系统基本发育成熟,脑的重量接近成人,约为1 500克。大学生大脑表面沟回组织已完善和分明,神经纤维的髓鞘化、增长和分支已基本接近完成。大学生的脑细胞活动增加,兴奋和意志过程有较好的平衡,联络纤维活动增强,大脑皮层的发育呈现飞跃的状态,为思维的发展创造了良好的物质基础。

大学生的逻辑思维、认知能力、理解能力和语言能力达到较高水平。但是,神经系统不够稳定,容易疲劳,情绪易激动,表现意识和思维能力薄弱。

4. 生殖系统

大学生的生殖系统已经发育完整,第二性征更趋成熟。

(二)能量代谢特点

青春期后期的大学生已经过了第二次生长发育的高峰期,生长速度相对较为缓慢,能量消耗也低于青春期,并且有一定的性别差异。这一时期是发展体力潜在力的最佳时期,可接受大强度的运动训练,并能够短时间内恢复体力,这是儿童和老年人所达不到的。

第二节　高校网球运动的生理学原理

一、人体的物质代谢

(一)糖代谢

1. 糖对人体的作用

人类的生存和发展依赖各种营养素。糖类是人体不可或缺的重要营养素,其是人体组织细胞的重要组成部分,也是人体能量的重要来源。生理学研究认为,人体每天所需要的能量的 70% 都是由食物中的糖提供的。

食物中的葡萄糖经消化吸收后,汇集于门静脉,经肝进入血液循环,其中大部分运到各组织合成为糖原和含糖化合物,其中最主要的是到肝中合成肝糖原储存。一部分转变为脂肪和氨基酸,血液中保留的一部分糖称为"血糖",另一部分直接供组织氧化利用放出能量,同时产生二氧化碳和水并将其排出体外。

糖类在氧化供能时,其所需要的氧气和蛋白质相对较少,其是人体最经济的供能物质,是大脑和肌肉活动所需能源的首选。人的大脑在通常的生理情况下所消耗的能源均来自糖的有氧氧化,因此大脑对于缺氧非常敏感;

脑组织细胞中糖原储存量极少,代谢消耗的糖主要通过摄取血糖来供给,因此其对于血糖水平具有较大的依赖性。人体中的糖类除了供应能量之外,还有一些转化为蛋白质和脂肪。

2. 糖在体内的代谢过程(图 3-1)

人们在参与体育运动时,首先会动用肌糖原来供能,当肌糖原耗尽时,血糖开始下降,这时肝糖原会被动员,分解进入血液。人体糖原贮备与动员供能的关系为:肌糖原贮备最多,为 350～400 克;肝糖原贮备与血糖关系密切,为 75～90 克。

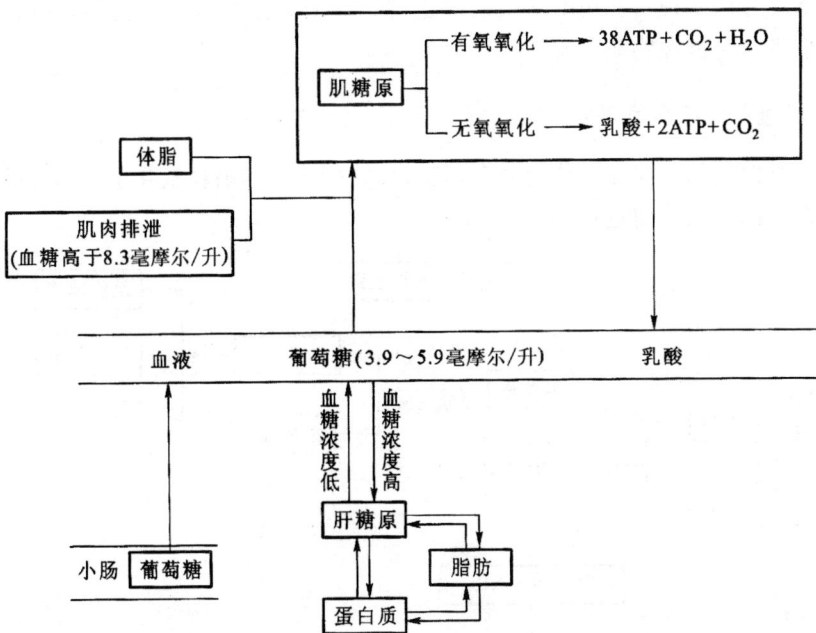

图 3-1

3. 运动时人体血糖的变化

正常人在安静状态下血糖浓度的变化范围在 3.9～5.9 毫摩尔/升,经常进行运动锻炼的人其血糖浓度也是如此。但是,长时间的运动训练可引起血糖水平的暂时下降,从而使得运动者出现运动能力下降的现象。研究发现,在不同类别的训练中,血糖浓度的变化趋势是不一样的。

产生不同血糖浓度变化主要是由于训练内容、训练强度的不同,以及由此而引起的神经系统兴奋性的不同所造成的。强度较大,内容较为丰富的体育运动项目所引起的神经系统兴奋性高,促进了肝糖原的分解进入血液,因此血糖水平比运动前有所升高。强度较大的体育运动训练所消耗的糖量较多,同时也大于糖原转化为葡萄糖的量,其结果表现为血糖下降。

(二)蛋白质代谢

1. 蛋白质对人体的作用

蛋白质有着多方面的作用,其是肌肉组织的主要组成成分,没有蛋白质就没有生命。蛋白质由氨基酸构成,而氨基酸主要用于建造、修补和再合成细胞成分以实现自我更新。蛋白质也可合成酶和激素等活性物质,在必要时也可作为能源物质。

2. 蛋白质在体内的代谢过程

蛋白质并不能在人体内储存,其每日的摄入量和消耗量几乎是相等的。其在人体中的代谢过程如图 3-2 所示。

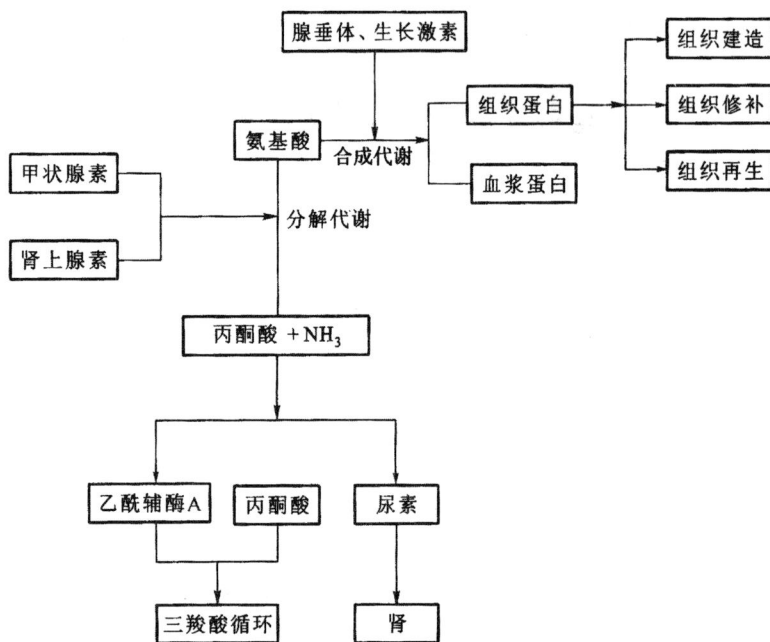

图 3-2

人们在参与体育运动时,蛋白质分解和合成代谢加快,在运动训练过程中,一部分蛋白质被消耗,从而使得加白质的修补和再生过程加强。因此,运动训练者必须要有针对性地增加一些蛋白质的补充,以保证运动训练的效果和运动者的肌肉质量。

蛋白质是人体骨骼肌纤维的主要成分,不同的氨基酸组成不同种类的蛋白质。目前已知的氨基酸约有 30 种,其中有 8 种为必需氨基酸(包括赖氨酸、苯丙氨酸、亮氨酸、异亮氨酸、苏氨酸、蛋氨酸、缬氨酸、色氨酸)和 3 种半必需氨基酸(包括组氨酸、精氨酸、胱氨酸)。

必需氨基酸在体内不能合成或其合成的速度不能满足代谢的需要,必须由膳食供给。在进行运动训练时,如果人体缺乏任何一种必需氨基酸,都会造成机体出现疲劳,它的缺乏还可导致其他氨基酸不能被利用。因此,在运动锻炼时,应注重蛋白质的补充。实验研究表明,比例为 2∶1∶1 的亮氨酸、异亮氨酸和缬氨酸 3 种氨基酸的混合物,可以更好地满足大强度运动时对机体对蛋白质的需求。因此,这一混合物经常被作为大强度运动训练之后的营养补充剂。

半必需氨基酸在某些情况下,如代谢障碍时,内源性合成不足,这时就需要通过膳食来摄入。半必需氨基酸的存在可减少必需氨基酸的需要量。另外,精氨酸又是体内合成肌酸的前提,它在体内含量的高低在一定范围内影响到体内肌酸的含量,而肌酸是大强度运动训练所需的重要能量物质,因此,它们的含量直接影响到大强度训练的质量(图 3-3)。

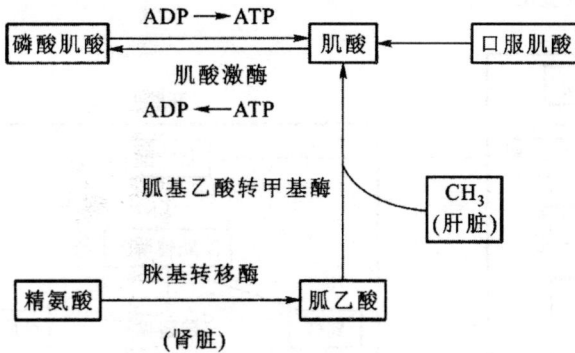

图 3-3

机体可利用谷氨酸、缬氨酸和异亮氨酸合成出谷氨酰胺,谷氨酰胺并不是必需氨基酸,但却是肌纤维扩容不可缺的分子底物。在合成肌肉蛋白的所有氨基酸中谷氨酰胺占了 60%,谷氨酰胺充足,运动员才能有效发挥肌肉力量。在运动训练中,积极补充谷氨酰胺能够提高训练的强度和质量。在运动训练之后,肌肉中的谷氨酰胺会丢失 40%以上,运动之后积极补充谷氨酰胺能够更好地促进人体的康复。

蛋白质在代谢过程中受到激素的调节。甲状腺激素能够促进蛋白质的分解,当甲亢时,甲状腺激素分泌增加,从而使得蛋白质分解增加,人体消瘦;生长激素促进蛋白质的合成,当生长激素分泌增加时,使得人体肌肉健壮。

(三)脂肪代谢

1. 脂肪对人体的作用

脂肪大部分贮存在皮下结缔组织、内脏器官周围、肠系膜等处,人体内贮存的脂肪是不断地进行更新的。一般脂肪约占体重的 $10\%\sim20\%$,肥胖的人可达到 $40\%\sim50\%$。人体内的脂肪不仅是从食物中获得的,也有一些是由糖和蛋白质转变而成的。

2. 脂肪在体内代谢的过程(图 3-4)

人体的肌肉组织中储存着少量的脂肪,当人体运动时,这些脂肪氧化产生一定的能量;当人体需要的能量增加时,血浆中的游离脂肪酸即透过肌细胞膜进入肌细胞被氧化,而脂肪组织则水解成甘油和脂肪酸进入血浆中,以补充被消耗的游离脂肪酸。因此,脂肪首先是在酶作用下水解成脂肪酸和甘油来释放能量的。

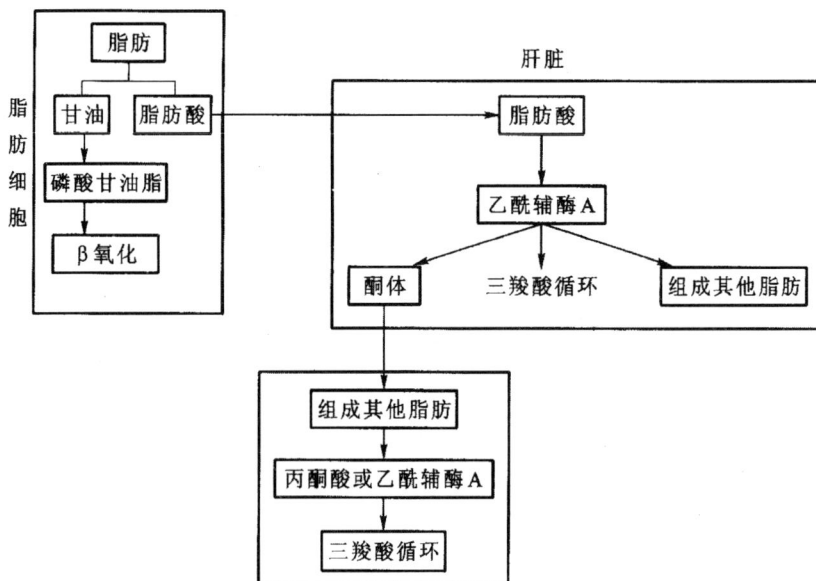

图 3-4

甘油的氧化:脂肪水解形成甘油,这种物质能够混溶于血浆中,通过血液的循环输送到其他人体组织而被利用。

脂肪酸的氧化:脂肪酸的氧化过程,包括脂肪酸的活化和 β 氧化,使长链脂肪酸逐步降解成许多乙酰辅酶 A,然后进入三羧酸循环氧化成二氧化碳和水并释放能量。

3. 运动中脂肪代谢

一般认为,只有进行长时间的有氧运动时,才能更多地动员脂肪供能,随着运动时间的延长,脂肪供能的比例也会逐渐增加。人们通过参与有氧运动锻炼,能够提高机体利用脂肪酸供能的能力。人们在长期运动锻炼过程中,减少了体脂的积累,还能够降低血浆中 LDL(低密度脂蛋白),增加血浆中 HDL(高密度脂蛋白)含量。

(四)糖、脂肪、蛋白质代谢的关系

人体在运动过程中,三大能源物质不仅提供能量,还参与相应的生理活动。这三类能源物质相互依存,共同受到神经系统和激素的调节。这种关系在它们的代谢反应中明显地反映出来。这些物质的代谢过程包括很多化学反应步骤,其中有些代谢中间产物,如丙酮酸、乙酰辅酶 A 等就是糖、蛋白质、脂肪相互转化的交叉点(图 3-5)。

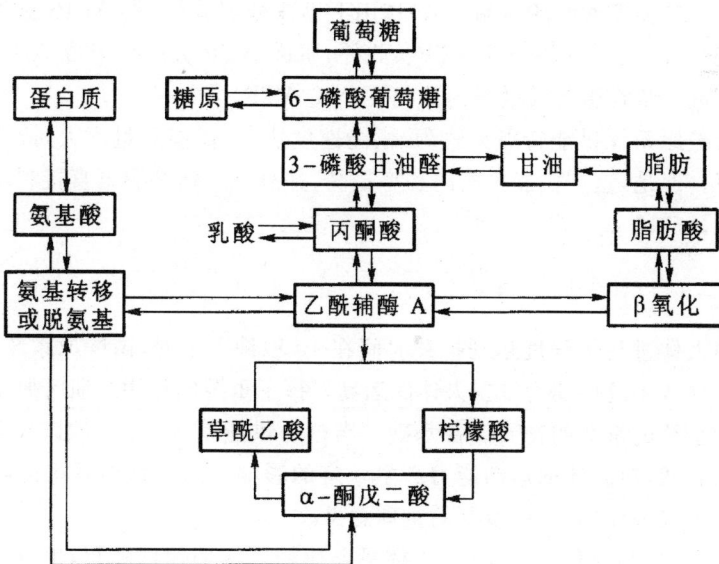

图 3-5

二、人体的三大供能系统

(一)磷酸原系统供能

磷酸原即为人体中含有高能磷酸基团的物质,其包括 ATP(三磷酸腺苷)、CP(磷酸肌酸)等。人体中的 ATP、CP 通过高能磷酸基团的转移或水解来释放能量,一般人们将 ATP、CP 分解释放能量和再合成的过程称为 ATP—CP 供能,又称为"磷酸原"供能。

ATP 是人体内瞬时能量的供体,而不是能量的贮存形式。运动时,肌肉内 ATP 分解直接供能,这是人体内能量代谢的中心环节。ATP 水解的放能反应可以为各种需要能量的生命过程供能,完成各种生理功能。ATP 是机体唯一的直接能源物质,但是它在肌肉中的储量很少。人体生命活动之所以能够正常进行,是因为 ATP 在消耗的同时能不断被再合成,人体可利用的 ATP 的总量非常大。ATP 再合成的过程为:

$$ADP+Pi \rightarrow ATP+H_2O$$

CP 是贮存肌组织中的另外一种高能化合物,它由一分子的磷酸和一分子的肌酸组成。CP 的分解虽不直接为肌肉供能,但可通过肌酸激酶反应将能量转移给 ADP 形成 ATP。当进行大强度的运动锻炼时,ATP 迅速供能,CP 在磷酸肌酸激酶(CK)作用下迅速分解放能,供 ADP(腺苷二磷酸)与 Pi(无机磷)重新合成 ATP。此外,肌肉 ATP 分解后形成 ADP 分子还可以进一步在腺苷酸激酶的催化下合成 ATP。

磷酸原系统供能特点大致为:供能速度快速,供能总量不大,持续时间也较短。但是,这一供能方式的功率最高,并且是人体细胞可直接利用的能量来源。

(二)糖酵解系统供能

当人体进行大强度运动持续时间在 10 秒钟以上时,磷酸原系统耗竭,这时糖酵解系统供能为维持人体的运动发挥了重要的作用。肌糖原是糖酵解供能系统的重要的物质储备基础。当这一供能系统发挥作用时,会产生一定的乳酸,对人体的运动能力产生一定的影响。这一供能系统能够在缺氧情况下发挥作用,具有重要的生理意义。

运动中,当氧供应不足时,人体骨骼肌糖原或葡萄糖酵解,生成乳酸并释放出能量合成 ATP,从而使运动中消耗的 ATP 得到有效的补充,维持运动的继续进行。这种糖经过一系列代谢反应生成乳酸,并释放能量的过程,就是所谓的糖酵解途径或糖酵解供能系统。其化学反应可简单表示为：

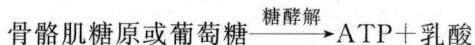

$$骨骼肌糖原或葡萄糖 \xrightarrow{糖酵解} ATP+乳酸$$

在短时间大强度运动中，随着 ATP、CP 迅速消耗，糖酵解供能过程在数秒内即可被激活，当运动持续 30 秒钟左右时其供能达最大速率，可维持1～2 分钟，随后供能速率下降。

（三）有氧氧化系统供能

当人体进行长时间运动时，人体运动所需要的能量主要由糖、脂肪的有氧氧化来提供。糖和脂肪在人体中储备量丰富，有氧氧化系统能够提供大量的能量。一般肌糖原的有氧氧化的能量输出功率是脂肪有氧氧化的两倍左右。

（1）糖的有氧代谢：运动期间，当氧供应充足时，肌糖原或葡萄糖可被彻底氧化分解成 H_2O 和 CO_2，并释放大量能量，这称为糖有氧代谢。可以用公式简单表示为：

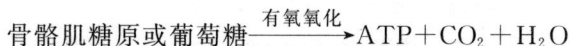

$$骨骼肌糖原或葡萄糖 \xrightarrow{有氧氧化} ATP+CO_2+H_2O$$

（2）脂肪的有氧代谢：作为细胞燃料，在人体安静状态下或进行低强度的运动时，其是主要的供能基质。人体内贮存的脂肪作为细胞燃料参与供能只能通过有氧代谢途径，脂肪的有氧氧化过程可简单表示为：

$$脂肪 \xrightarrow{有氧氧化} ATP+CO_2+H_2O$$

（3）蛋白质的有氧代谢：在长时间大强度运动中，人体内存在蛋白质降解和氨基酸参与供能的情况。但即使当食物中供糖不足或糖被大量消耗后，蛋白质供能也很少。蛋白质供能代谢不是人体运动所需能量的主要来源。

进行长时间运动时，有氧氧化系统发挥了重要的作用，因此有氧氧化系统对于人体的耐力素质具有重要的影响。

三、运动技能形成的理论

（一）运动技能的本质

1. 人体的信息处理

人体的信息处理即为人对外界环境刺激发生相应的反应的过程。人本身就是信息处理器，人体对于外界环境的刺激反应过程就是信息处理的过程。而人体在运动训练过程中,在外界信息和体内信息的双重刺激下,人体最终学习和掌握相应的运动技能。

在运动过程中,体外信息源主要是教师、教练员、学生等发出的相应的信息,通过各种手段来传输给学生,如讲解、录像、动作示范等。在这一过程中,学生通过感觉器官接收相应的信息,并将这些信息传输给大脑,从而对其形成初步的概念。

大脑的一般解释区由躯体感觉、视觉和听觉的联合区组成。一般解释区是视觉、动觉、听觉的汇合区,具有各种不同的感觉体验和分析能力,信号是由这里转移到脑的运动部位以控制人体具体的运动。

2. 运动技能的本质

运动技能,即为人体在运动中掌握和有效地完成专门动作的能力。这种能力的获得,需要大脑皮层主导下不同肌肉之间的相互协调。随着大脑皮层对于肌肉收缩的精确支配能力的逐渐提高,其运动的掌握程度也在不断提高。

一般可将运动技能分为两类,即为闭式技能和开式技能。闭式技能,主要依靠人体的感受器来实现各种运动信息的反馈调节,不因外界环境的变化而改变运动动作,这一技能多为重复性的动作,如骑自行车、跑步、游泳等运动技能。开式技能的完成则主要依赖于周围环境提供的信息,人体通过感知周围的环境因素实现运动的调节,在运动时人体的多种分析器参与工作,这一运动技能包括球类、击剑、散打等运动技能。

随意运动的生理机制为,大脑皮层动觉细胞可与皮质所有其他中枢建立暂时性神经联系。因此,学习与掌握相应的运动技能,其生理本质就是建立条件反射的过程。通过多次练习,再加上感觉器官的参与,能够使得人体形成简单的运动条件反射,在大脑中,与条件反射相关的中枢之间建立起了暂时的神经联系。[①] 与一般运动条件反射相比,运动技能条件反射是复杂、连锁、本体感受性的。人体在掌握相应的运动技能时,大脑皮质中枢内支配的部分肌肉活动的神经元在机能上进行排列组合,使得兴奋和抑制能够在运动中枢内有序、有规律、有严格时间间隔地交替进行,从而使得条件反射系统化,这也即为动力定型。从严格意义上来说,运动技能的建立也即为建立动力定型的结果。一般,运动技能形成的过程要经过泛化、分化、巩固和自动化四个发展阶段。

---

① 封飞虎,凌波. 运动生理学[M]. 武汉:华中科技大学出版社,2014.

3. 运动技能形成的阶段

(1)泛化阶段

在刚开始学习一些运动技能时,人体通过感受器感受相应的运动刺激,之后神经大脑皮质会产生一定的兴奋,由于大脑皮质内抑制尚未确立,所以大脑皮质中的兴奋与抑制都呈现扩散状态,这一阶段的条件反射机制并不稳定,出现泛化现象。在做动作时,经常容易出错。

(2)分化阶段

经过一段时间的学习,中枢神经的抑制过程得到加强,大脑皮质的活动由泛化阶段进入了分化阶段,因此运动员能比较顺利、连贯地完成完整动作技术。这一阶段是初步建立的动力定型,但是,由于动力定型尚未巩固,动作经常不协调、僵硬,动作的时机把握不准,节奏也较为紊乱。

(3)巩固阶段

经过一段时间的练习,运动技能逐渐熟练,动作准确、协调、省力。某些环节还可不需要意志支配就能做出动作,在环境条件变化时,动作技术也不易受破坏。这一阶段初步新城了动力定型,但是还不够稳定,在强烈的干扰下,动作也会出错。

运动者的动作技能的掌握与其自身的运动水平具有重要的关系,训练水平较高,则学习新的运动技能时,其所用的时间相对较短。

(4)动作自动化发展

动作自动化发展是在不断练习过程中,动力定型逐渐巩固,大脑皮质内兴奋与意志过程更加集中,练习某一套动作时,可以在无意识的条件下完成的一种行为。

(二)运动技能形成的相关原理

1. 运动负荷原理

人体在运动训练过程中,承受一定的训练负荷,这是人体掌握相应的运动技能的重要基础。运动负荷原理认为,人体在运动训练过程中,承受一定的负荷量会引起人体在形态结构和生理机能等方面的生物适应。在运动训练过程中,随着机体对于运动训练负荷的不断适应,通过不断增加相应的负荷量,从而使得人体的各方面的机能水平得到相应的提高。如果运动训练过程中,人体所受到的负荷相对较低,则其训练的效果将会较低。运动负荷原理要求在进行运动训练时应注意以下两方面。

其一,在运动技能训练的开始阶段,运动者为了尽快进入运动状态,可通过增加负荷量来使得机体逐步适应训练;在专项技能训练和提高阶段,为了提高训练的效果,可通过增强运动负荷强度来实现目的。

其二,在运动训练时,应根据运动者的具体情况来有针对性地进行训练。在运动训练的不同阶段,应采用不同的训练负荷和训练方法。不同的负荷形式能够取得不同的训练效果,如通过长时间中低强度的运动运动训练,能够促进运动者有氧耐力素质的提高,通过进行短时间大强度训练,能够促进运动者最大力量和速度素质的提高。

2. 机体适应原理

人体科学研究认为,人体对外界环境具有一定的适应能力,处在相应的外界环境之中,人体会反映出一定的环境特点。在运动训练时,人体为了适应运动需求,相应的部位会发生适应性改变。例如,如果运动者长期进行力量型运动,其各方面的力量素质会得到相应的增强。

人体的各种适应性变化与相应的刺激具有密切的关系,如运动刺激的时间、强度等。在人体运动过程中,不同的运动会对人体产生不同的影响。例如,长跑运动会使得人体的运动耐力得到有效的发展;跳跃类运动能够促进运动者弹跳的发展。

运动技能训练过程中,人体对于训练的适应是一个长期的过程,其主要表现为如下几方面。

(1)在运动训练的初期,是对于人体的刺激阶段。这一时期,人体的运动水平相对较低,身体素质也较弱。通过进行相应的运动训练,人体不能适应,从而表现出各种不适应。

(2)在运动训练一段时间之后,人体进入应答反应阶段。通过进行一定的运动刺激,运动者的器官系统出现一定的功能兴奋,从而使得人体对于运动产生一定的适应性提高。

(3)经过一段时间的训练,人体会出现一定的暂时性适应。所谓暂时性适应,即为随着运动者的各器官持续接受运动负荷的刺激,人体不断对运动负荷刺激做出刺激反应,经过一段时间之后,人体的生理机能水平会适应运动,而各项生理指标表现出一定的稳定状态,运动者在进行之前相同强度的运动时,能够更加从容应对。

(4)在建立短暂性适应之后,在经过一段时间的运动巩固,人体会进行长久适应阶段。在这一阶段,运动者的各项运动素质和运动水平会得到明显的提高。不仅是人体生理功能的改善,人体的身体结构也会出现一定的改造,从而使得人体机能出现长久适应。

(5)在运动中,人体的适应是有一定的限度的,当运动超过了这一生理限度,就会使得人体某些机能出现衰竭,不利于人体的健康发展。另外,人体长久适应并不是一直保持不变的,长时间不进行运动之后,机体的适应性变化会出现一定的衰退。

3. 超量恢复原理

超量恢复原理是运动训练的重要理论依据。这一原理认为,人体在运动训练之后,人体消耗的能量以及运动器官的疲劳不仅会恢复到运动之前的水平,而且会在一定程度上超过运动之前的水平。人们将这一机能状态反应称为"超量恢复"。运动训练实践表明,当人体的运动训练保持在一定的区间内时,随着运动负荷量的增加,人体获得的超量恢复也会越明显。因此,大强度的运动训练往往会收到更好的训练效果。

在运动训练过程中,人体内的能源物质代谢以分解代谢和消耗为主,而恢复过程相对较为缓慢,处于次要的地位。在运动过程中,机体对能源物质消耗要大于能源物质的恢复,使得体内的能源物质水平随运动时间的增加而逐渐减少。在运动训练结束之后,人体处于恢复期,这一阶段,机体停止剧烈的生理活动,能源物质的消耗大幅度减小,从而使得能源物质的恢复成为主要方面。在运动训练之后,运动者如果能够积极进行能源物质的补充,能够使得人体更快地恢复到甚至超过运动之前的水平。

超量恢复是现代运动训练的重要理论基础,在运动训练过程中,当人们逐渐适应了一定强度的运动训练量之后,在运动训练之后,人体的能量和体能消耗会快速恢复到正常的状态,但是由于机体对运动负荷量产生了一定的适应,因而超量恢复的效果会明显。但人体进行较大强度的运动,并且机体消耗较大时,恢复的时间会增加,这时超量恢复的效果会更加明显。因此,运动员为了提高自身的水平,会不断增加运动负荷,以便获得更多的超量恢复效果。运动训练实践表明,超量恢复并不会保持很长的时间,其具有一定的暂时性特点。人体获得的超量恢复效果如果不能通过运动训练得到巩固,其效果会逐渐消失。不断进行运动训练才能够使得运动训练获得的超量恢复效果保持住。

超量恢复效果与训练的内容、手段和负荷量等具有重要的关系。在运动训练过程中,为了起到良好的训练效果,应积极通过多种手段来延缓疲劳的产生,促进疲劳的消除,通过这种方式来获得更多的超量恢复,使得运动技能水平能够更快提高。

四、运动疲劳产生与消除

(一)运动疲劳产生的学说

运动过程中,人体的能量主要来源于糖、脂肪、蛋白质的有氧代谢或无氧代谢。在进行大运动量运动时,其能源物质消耗增多,使体内维生素含量下降,无机盐、水分等也会减少,从而引起机体内环境物质代谢功能失调,机体不能继续胜任工作而产生疲劳。另外,在运动过程中,人体会发生相应的生理生化反应,在这一过程中,会产生一定量的代谢产物,这些代谢产物不能及时排出体外,也会使得人体出现一定的疲劳状况。这些代谢产物不仅会影响人体的肌肉工作,还会影响生理生化反应的进行,对于神经系统的兴奋性也会产生不良的影响。

疲劳是人们都经历过的一种生理现象。它使人体的工作能力及身体机能下降,经过一段时间休息和及时采取消除疲劳的有效措施,人体的工作能力及身体机能就能很快得到恢复。运动性疲劳出现后,只要不使疲劳积累而产生过度疲劳,它并不会损害人体的身体健康和影响运动训练,反而通过疲劳的产生及恢复和不断强化的训练,使人体的身体机能及运动能力达到超量恢复,更有利于运动员训练水平和运动成绩的不断提高。疲劳在日常生活中较为常见,经过休息和调整可以自行消除。因此,机体出现疲劳后,应及时进行休息和调整,以防过度疲劳。

运动疲劳经过一段时间的恢复之后会逐渐消失,而通过相应的恢复手段能够有效促进人体疲劳的恢复。在运动训练过程中,不同的运动形式、运动强度和运动时间所产生的运动疲劳的机制是不同的。目前,仍未能完全解释运动性疲劳发生、发展的机理,其大都是从某一方面对疲劳进行尝试,其相关的学说包括"衰竭学""堵塞学说""保护性抑制学说"等。

1. 能源衰竭学说

能源耗竭学所认为,人体在运动过程中能源物质大量消耗,如果得不到及时补充,就会造成疲劳。能源物质消耗过多与运动疲劳密切相关,并且不同的运动形式和运动强度下,消耗的能源物质也会不同。

人体在进行短时大强度运动时,主要能源为 ATP 和 CP,这两种高能化合物在肌肉中含量很低,仅能供应 10 秒以内的大强度运动;在中等强度的运动中,机体主要以糖酵解和有氧氧化混合供能为主,人体肌肉中糖原含量约 200~400 克,以酵解方式供能仅能维持 1 分钟;而在长时间运动中,机体主要以糖和脂肪的有氧氧化供能为主。当疲劳时 ATP 只略微下降,而 CP

下降十分明显,表明 CP 的消耗对疲劳的发生更为重要。CP 的下降程度取决于运动强度,工作负荷越大,CP 下降也越多。

2."堵塞"学说

"堵塞"学说认为,在人体运动过程中,由于代谢产物在肌细胞中不断堆积,影响体内的正常代谢,造成运动能力的下降,出现运动疲劳。运动时,人体的主要代谢产物有 ATP、CP 的分解产物 ADP、AMP、Pi 以及糖酵解所产生的乳酸和 H^+。这些物质在肌细胞中堆积,从而使得人体肌细胞发生一系列不利于运动的生理生化反应。

3. 内环境稳定状态失调学说

该学说认为,机体内环境的相对稳定是组织器官保持最佳动能状态的基础和前提。人类机体的内环境动态平衡通常是通过神经、内分泌、呼吸、血液循环和泌尿等系统的调节实现的。但是,长时间剧烈运动训练之后,人体组织器官某些代谢物将堆积,导致体内代谢性酸中毒。引起疲劳的诱因有血液 pH 下降、高渗性脱水、血压、渗透改变等,而这些诱因都是内环境状态失调的具体表现。因此,有学者认为,机体内环境稳定状态的失调是造成运动性疲劳的原因。

4. 保护性抑制学说

保护性抑制学说认为,人的疲劳是大脑皮质保护性抑制发展的结果。在运动或进行脑力劳动时,大量神经细胞长期兴奋导致"消耗"增加,人体为了避免进一步消耗,所以在消耗到一定的程度之后便产生保护性抑制。

当身体疲劳达到一定程度时,往往主观上会出现疲劳感觉,这种疲劳感也可以说是疲劳的主观信号。而运动中人体各器官、系统的活动都是在神经系统指挥下完成的,神经系统功能的降低,神经细胞抑制过程的加强都会使疲劳加深。通常情况下,人体在感到疲劳时,机体尚有很大功能潜力,能源物质远未耗尽,良好的情绪意志因素可起到动员机体潜力的作用。因此,进行运动训练时,应该保持积极高涨的运动情绪。

(二)运动疲劳的积极消除

1. 放松与整理活动

通常人们认为,放松与整理活动是人体消除疲劳、促进恢复的重要手段。在运动训练结束之后进行相应的放松与整理活动,能够使得运动身体的各器官和系统逐渐由剧烈运动过渡到安静状态,避免由于骤然停止相应的运动而造成运动性休克。通过进行相应的放松与整理活动,能够还使得人体的肌肉紧张状态得到一定的缓解,促进肌肉疲劳的消除。

2. 睡眠

通过进行睡眠,人体能够得到有效的休息,而睡眠也是消除疲劳的一种有效方法。在运动之后,如果能够得到有效的睡眠,能够使得体力得到有效的恢复。在睡眠状态下,人体的各器官和系统的生理功能维持在较低的水平,物质代谢减弱,而合成代谢得到了一定的加强,这更加有助于促进能源物质的恢复。人体在进行睡眠时,大脑得到了一定程度的休息,休息之后使得神经系统保持良好的兴奋性。应保证睡眠的时间和睡眠的质量,养成良好的睡眠习惯。

3. 补充营养

营养补充是消除运动疲劳的重要手段。我们知道,在运动训练之后,人体的能源物质消耗巨大。而通过进行相应的营养物质的合理补充,能够有效促进能源物质的恢复,从而使得人体的疲劳恢复更快。另外,一些营养补剂对于疲劳的消除效果也很显著。职业运动员在进行运动训练时,经常会摄入相应的营养补剂,促进更好的恢复。

4. 按摩

按摩对神经系统可起兴奋或抑制作用,通过神经反射影响各器官的功能。按摩可以改善皮肤的呼吸,改善皮肤的营养,使皮肤润泽富有弹性。按摩可以使周围血管扩张,降低大循环中的阻力,加速静脉回流,加强局部血供,有助于消除疲劳,提高肌肉的工作能力。按摩还可以调节呼吸和改善消化机能。按摩的方向一般是按淋巴流动的方向进行。淋巴结所在的部位不宜按摩。按摩用力应由轻到重,再逐渐减轻结束。速度应由慢到快,再逐渐慢后结束。

5. 药物疗法

药物疗法,主要指的是通过天氡氨酸盐和人参、灵芝、枸杞等中草药进行的治疗方法。

6. 心理疗法

情绪、心理等方面的因素对于疲劳的恢复也具有重要的影响。一般而言,保持积极健康的心态和乐观的情绪状态能够有助于疲劳的消除。通过进行相应的心理疗法,能够在一定程度上促进紧张情绪的缓解,促进肌肉的放松,从而达到消除疲劳的效果。

练习或比赛后,采用心理调整、自我暗示、放松练习和气功等心理恢复手段,以及适时地谈心、开小结会都是行之有效的帮助放松、消除疲劳的办法。心理疗法包括心理调整、自我调整、放松练习和气功等手段。心理疗法作为一种辅助方法,可以配合其他消除疲劳的方法,增强疲劳恢复的效果。通过诱导性的语言使运动者由意念来调动肢体,通过对高级中枢的暗示使肌肉放松,改善呼吸和循环系统,使机体的疲劳尽快消除。

另外,精心挑选的音乐可以降低不必要的兴奋性,或使人从忧郁状态转到良好的心境中,这是运动员消除心理疲劳的有效手段之一。音乐可以缓解中枢神经系统的疲劳,调节呼吸、循环系统和肌肉的功能,音乐还有镇静、镇痛、改善注意力的作用。

五、身体素质的生理学影响因素

人体的身体素质包括五方面的内容,分别为力量、速度、耐力、灵敏、柔韧,人体的生理因素对各方面的身体素质都有一定的影响,具体内容如下。

(一)力量素质的生理学影响因素

影响人体力量素质的最为重要的生理因素为肌肉因素,同时,肌肉活动又受到神经系统的影响。另外,人的年龄和性别也对人体的力量具有重要影响。

1. 肌肉因素

肌肉具有一定的弹性,当肌肉被拉长时,其在收缩时所产生的力量就会增大。这是因为肌肉被拉长时,其对抗力会相应得到提高,使得回缩的力量增强。肌肉的初长度与力量素质具有重要的关系。另外,最大肌肉横截面积也是影响力量素质的重要因素。最大横断面积即为横切肌肉的所有肌纤维所获得的横断面积,其横断面积越大,则力量也越大。

以上因素都可以通过相应的训练得到增强,肌纤维的构成比例也是影响力量素质的重要因素之一,但是其是先天获得的。肌纤维有两种,即为白肌纤维和红肌纤维,不同的肌纤维会有不同的性质和功能。一般而言,白肌纤维能够产生更大的爆发力,而且具有相对较好的耐力。

2. 神经因素

人体的各项运动都受到神经系统的调节和控制。当人体从事体育运动时,并不是所有的肌肉纤维都会参与运动,肌肉纤维参与的多少决定了力量的大小,而肌肉纤维的动员和参与受到神经系统的影响。同时,当神经系统处于兴奋状态时,其会分泌出一定的激素,从而使得肌肉力量相对增强。另外,运动时,需要各肌肉组织协调配合、共同协作,神经中枢对肌肉工作的协调及控制能力较强时,能够更好地协调各肌肉之间的配合,使其力量最大化。

3. 性别和年龄因素

人体力量的差异性受性别因素的影响,不同的性别之间,力量素质具有明显的差异性,具体表现为女性的肌肉力量相对较弱,男性力量相对较强。另外,人体的力量素质还与年龄具有重要的关系,一般而言,40 岁之前,人体的肌肉力量会随着年龄的增长而增强;40 岁之后,人体的肌肉力量会逐渐呈衰退趋势。而且,人体年龄因素对肌肉力量的影响表现出一定的性别差异,具体来说,就是女性的力量随年龄增长的趋势相对较为缓慢,并且在20 岁左右达到最大肌肉力量,而男性一般在 20—30 岁时达到最大肌肉力量。

(二)速度素质的生理学影响因素

1. 影响反应速度的生理学因素

(1)中枢神经的兴奋状态

中枢神经负责人体各种信息的收集和处理分析,并做出相应的运动性传出。另外,中枢神经还负责各种信息的记忆和认知,人体的各种思维活动也是中枢神经系统的重要功能。中枢神经的兴奋性决定了人的反应速度的快慢。

(2)刺激反应的复杂程度

人体接收信息到做出相应的反应是一系列条件反射过程,条件反射的复杂程度也在很大程度上决定了人的反应速度。如果刺激相对较为简单,人体中枢神经对其进行分析和处理的时间也就会相对较短,从而能够使人做出更快的反应。另外,如果经过相应的运动训练,能够使人建立相应的条件反射机制,从而使人的反应速度增加。

除了上述因素之外,人的主观意识也对人的反应速度具有重要的影响,当人注意力集中时,能够做出更快的反应;当人情绪高涨、充满激情时,其反应速度也会有所加快。

2. 影响位移速度的生理学因素

(1)身体形态和发育因素

人的身体形态和发育状态特点对人的动作和位移速度具有重要的影响。具体来说,人体的高矮、胖瘦、四肢的长度等,都对位移和动作速度有重要的影响。人体的运动是通过四肢绕关节的活动实现的,因此,人体四肢较长,则其速度也会比较快。人体过胖,则人体中的脂肪会影响动作速度的发挥,另外,过于肥胖还会使得人体在运动时能量消耗加剧,从而不利于位移速度的保持。

(2)肌肉力量因素

肌肉力量对人的位移和动作速度具有重要的影响,这是因为人的身体运动过程实质上就是肌肉克服相应的阻力做功的运动,因此,肌肉力量越大,其相应的加速度也就会越大,外在表现为爆发力较强,动作速度较快。另外,人体的肌肉纤维的构成也对速度具有一定的影响。

(3)能量供应因素

人体在进行运动时,需要相应的供能系统提供必要的能量支持,因此,人体的供能能力也是影响位移速度快慢的重要因素。运动锻炼过程中,不仅能够使得人体的运动系统得到相应的锻炼,还能够使得人体供能系统的供能能力得到提高,为其进行相应的运动提供充足的能量。

(4)神经系统因素

神经系统是人体运动的指挥系统,因此,它的机能状况对人体的速度具有重要的影响。当人体神经系统的机能状况良好时,其对肌肉的协调能力较好,从而使得肌肉活动的效率提高,表现出更快的动作速度。

(三)耐力素质的生理学影响因素

1. 有氧耐力的生理学影响因素

(1)氧运输系统因素

人体通过呼吸系统实现人体与外界环境的气体交换,通过氧运输系统将人体需要的氧气运输到各器官,从而能够保证人体的各项生理活动的正常进行。人体肺通气量越大,吸入体内的氧气量就越多,从而有效保证人体的生理活动的正常进行。

人体的氧运输系统包括呼吸、血液和循环系统,其中心脏的泵血能力和血液的载氧能力对人体的氧运输具有重要的作用。心脏的泵血能力较强，则有氧耐力也相对较强；血液中的血红蛋白浓度越高，则血液的载氧量也相对较强。另外，人体的肌肉系统氧气的获取是通过肌肉中的毛细血管实现的，当毛细血管分布密度较多时，则其有氧耐力也会相对较强。

（2）能量供应因素

有氧耐力即为长时间持续进行有氧供能的能力，因此，人体的能量供应系统的工作能力对耐力素质具有重要的影响。在进行有氧耐力运动时，人体的主要供能方式为糖和脂肪的有氧氧化，因此，人体的肌糖原和脂肪的利用率对人体的耐力素质具有重要的影响。

（3）年龄与性别因素

年龄和性别因素也是影响人体有氧耐力的重要影响因素。一般将在最大输氧能力下人体单位时间内所能摄取的氧量称为最大吸氧量（VO_2max），研究表明，男子在 16 岁时 VO_2max 达到最大值，女子则在 14 岁达到最大值。一般人在 25 岁之后，VO_2max 会呈递减的趋势。

2. 无氧耐力的生理学影响因素

（1）人体对酸性物质的耐受能力

在上文中提到，在无氧糖酵解在为人体提供能量的同时，也会产生相应的酸性物质。如果运动量过大，则酸性物质在短时间内急剧增多，而人体的自我调节系统并不能短时间内实现酸碱的平衡，从而导致人体的疲劳。这时，就要人体具有良好的耐酸能力，这样才能够保证机体运动的正常进行。另外，酸性物质对人体的神经系统也具有一定的刺激作用，在酸性物质的影响下，神经系统的功能受到一定的限制，从而影响人体肌肉的协调工作能力。因此，提高人体肌肉和神经系统的酸性物质耐受能力对于提高人体的无氧耐力素质具有重要的作用。

（2）糖无氧酵解供能能力

无氧运动时，人体的供能方式主要为糖的无氧酵解，因此，无氧糖酵解系统的工作能力对人体的无氧耐力的影响尤为重要。肌糖原是无氧糖酵解系统最为重要的能源物质，它的酵解能量所产生的能量是人体无氧耐力运动最为重要的能量来源。

（四）灵敏和柔韧素质的生理学影响因素

1. 神经系统因素

大脑皮质对刺激信息的分析、综合和反应能力对灵敏素质具有重要的影响。通过相应的运动锻炼,能够建立相应的神经联系,使得大脑的兴奋和抑制的转换能力加强,从而使得人体表现出更好的灵敏素质。

2. 运动分析器因素

人体的运动分析器将人体在运动时的各种信息传入神经中枢系统,在视、听、触等分析器的综合综合作用下,实现人体对空间方位的感知。人体的运动分析器主要是肌肉中的肌梭和腱梭,因此,它们的功能能力状况对人体的灵敏素质具有重要的影响。

3. 前庭器官因素

前庭器官是对自身运动状态和头在空间位置的感受器,人体在旋转和变速时,都会对前庭器官形成一定的刺激,从而使得人体做出相应的适应性调整。前庭器官是人体保持机体平衡和进行定向的重要器官。

4. 肌肉、韧带和关节因素

肌肉和韧带的弹性是决定柔韧素质的重要因素,当它们具有较好的弹性和伸展能力时,人体会表现出更好的柔韧性。另外,关节的活动幅度大小是柔韧素质的重要方面,关节的活动幅度较大,则其柔韧性较强。影响关节活动幅度的因素主要有关节周围的肌肉、皮肤和韧带等。

5. 年龄和性别因素

随着年龄变化,人体的柔韧性也会表现出不同的阶段性特点。一般而言,随着年龄的增长,人体的柔韧性会逐渐退化,这是人体生长发育的生理特点。另外,性别也对柔韧素质具有重要的影响,一般而言,女性的柔韧素质要好于男性素质,这是由人体的骨骼和肌肉特点所决定的。

第三节　网球运动促进大学生生理健康的价值研究

一、网球运动对神经系统的影响

经常参加网球运动,能使大脑细胞工作能力提高,神经系统的兴奋性和灵活性得到改善,对外界刺激的反应更快、更准。同时,网球运动可以促使血液循环加快,在单位时间内流经脑细胞的血液增多,不仅能够使脑细胞得到更多的养料和氧气,还能够促进代谢产物更快地排出,有利于消除疲劳,提高大脑利用的效率。另外,参与网球运动锻炼会使得大脑的兴奋和抑制功能得到平衡,有效预防学习压力导致的神经衰弱的出现。

二、网球运动对心肺系统的影响

网球运动锻炼对于人的呼吸系统和心血管系统具有良好的促进作用。心肺系统对人体的健康具有极为重要的影响,在维持人体生命活动方面发挥着重要的作用。呼吸系统满足了人体与外界的气体交换,而心血管系统则将实现人体内部气体和营养物质的转运。

(一)网球运动对心血管系统功能的改善

经常参加网球运动锻炼,能使运动者的心血管系统的机能得到明显增强,使血管弹性增加、心肌变得肥厚、心动徐缓和血压降低。另外,网球运动锻炼还能够改善人体的微循环。人体的毛细血管在安静状态下仅有20%～25%开放,在网球运动锻炼过程中,则细血管开放数量增加至70%以上,改善了毛细血管中物质的交换,改善人体由于微循环障碍造成的疾病,如脱发、早衰等。

(二)网球运动对于呼吸系统功能的改善

1. 增加肺活量

人体的肺活量是体质健康水平的重要指标,具有较大的肺活量,是体质良好的标志。通过参与网球运动锻炼,能够促进肺组织的生长发育,提升人体的肺活量。

2. 增加肺通气量和氧利用率

网球运动锻炼还能够促进人体呼吸肌力量的增强,促进呼吸深度的增加,从而使得肺通气量增加,提高肺通气的效率。另外,通过网球运动锻炼,还能够提升机体利用氧气的能力。

三、网球运动对运动系统的影响

(一)网球运动对肌肉的影响

参与网球运动锻炼对于肌肉力量的锻炼是尤为显著的。击球过程中,需要手臂、腰腹、下肢协调用力。通过长期运动锻炼,能够有效促进人体相应部位肌肉力量的增强。另外,网球运动锻炼还会促进肌肉内部结构的变化,表现为肌纤维增粗,肌肉内毛细血管增多。经常进行网球运动会使得运动者肌肉匀称有力、结实、健壮,肌肉耐力增强。

（二）网球运动对骨骼的影响

大学生处于青春期的后期,进行网球运动对于其骨骼的生长发育也具有良好的作用。在网球运动中,会对骨骼产生各种牵拉作用,在这一刺激下,能够有效促进骨骼细胞活性的增加。运动实践表明,长期参与网球运动锻炼能够促进骨骼形态和结构的改变,促进骨骼的抗压、抗弯、抗折断和抗扭转等机械性能得到提高。

四、网球运动对消化系统的影响

网球运动对于人的消化系统的功能具有积极的促进作用。具体而言,其主要表现为如下两方面。

（一）增强肠胃消化机能

在参加网球运动时,人体的能量消耗增加,促进了肠胃消化机能的增强,消化液增多、消化道蠕动增加,肠胃血液循环得到改善,从而使得食物的消化和营养物质的吸收更加顺利。另外,在网球运动锻炼中,呼吸的幅度增大,腹肌大量活动,这能够在一定程度上对肠胃起到一定的按摩作用,从而改善肠胃的消化功能。

（二）预防肠胃疾病

长期参加网球运动能够在一定程度上预防肠胃疾病的发生。如果不经常进行运动锻炼,腹肌松弛,可能会出现内脏下垂、消化不良、便秘等问题。而经过长期进行网球运动锻炼,能够有效促进腹部力量的增强,提高消化能力,促进食欲的增强。

五、其他方面的健身价值

经常参与网球运动锻炼能够有效提高人体的适应能力。通过开展网球运动,人体的各项机能得到了经常性的锻炼,从而使得人体长期处于一定积极的良好状态中,提升了自身对于疾病的抵抗力,能够控制体重,延缓衰老,对于人体保持生命活力具有重要的作用。

网球运动是一项有氧运动与无氧运动相结合的运动形式,这一形式的运动能够很好地发展人的耐力素质。网球运动量是很大的,一场职业网球比赛往往要耗时 2 个小时以上,有些胶着的比赛甚至会达到 4 个小时。在开展网球运动时,进行一些长时间、具有一定强度的网球运动锻炼,能够大大改善和提高人体的心肺能力,提高人体的耐力水平。

网球运动对于人体的灵敏素质具有良好的改善和促进作用。在开展网球运动时,球的运动变化较快,打球者需要根据球的变化和对手的变化来积极进行应变,快速采取行动。在这一过程中,无疑能够促进运动者灵敏素质的提升。

网球运动是一项全促进人体全面发展的运动项目,能够促进人体体格的全面发展。人体在击球时,需要蹬地转体,并与手臂动作相协调;在球拍击球时,需要人体的各个身体部位共同参与工作,共同完成相应的动作。因此,参与网球运动能够使得人体的颈、肩、脊柱、髋、踝等部位都能够得到有效的锻炼,促进人体的协调发展,培养健美的形体。观看网球运动竞赛时不难发现,网球运动员往往体型匀称,具有良好的灵敏性和协调性,这是长期进行网球运动锻炼获得的好处。

第四章　高校网球运动与大学生心理成长

与身体成长一样,大学生心理的成长对于高校网球运动同样具有非常重要的意义,只有使大学生的身心实现协调健康发展才能从根本上推动高校网球运动的开展。本章将首先对大学生的心理发展特点进行分析,其次对高校网球运动开展的心理学原理进行阐述,最后对网球运动促进大学生心理健康的价值进行研究。

第一节　大学生心理发展特点分析

一、大学生心理发展的状况

在个体的成长过程中,由于受到多种因素的影响会出现两次(青年初期与青年中期)较为明显的心理发育与生理的发育不同步的现象,心理学将其称为"心身异步现象"(图 4-1)。

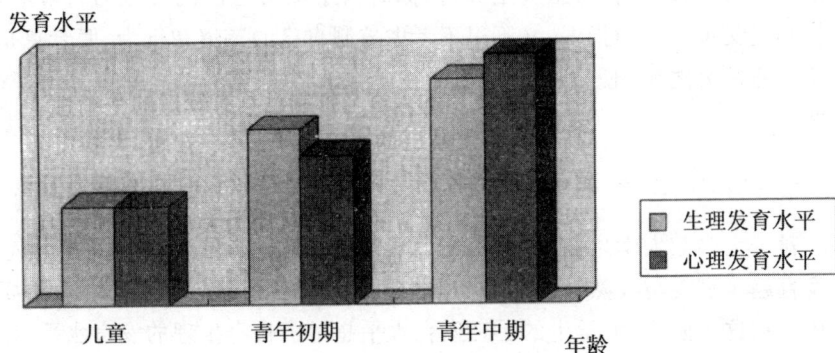

图 4-1

(一)青年初期

在心理学上将十四五岁至十七八岁这一心理发展阶段称为青年初期。

在青年初期,人体的身体会随着自身年龄的生长不断发育,青少年必须学习适应发展中所形成的新的自我,同时还应该适应别人对于他的变化所表现出的反应,这就首次出现了生理的发育超过心理的发育的现象。

由于生理的发育是一个自然的成熟过程,而心理的成熟是一个社会化的过程,因此它与个体的知识、阅历、参与社会实践的广度与深度存在着密切的关联。而生理的迅速发育与心理的成熟不同步,就导致了青少年的这个阶段会在"幼稚"与"成熟"之间出现一定程度的摇摆,心身矛盾也会相应出现。

在这一时期,人的生理与心理、心理与社会性的发展并不同步,同时还表现出显著的异步性与不平衡性,具体表现为:生理发育迅速,心理发展相对滞后,没有达到成熟。从生长发育方面来看,青年时期的人已经像个大人,其实内心世界的不完全成熟使他们的行为活动又或多或少充满着孩子气。

例如,独立意识与依赖心理之间的矛盾,即他们想摆脱父母和其他成年人对他们的约束而独立行事,但又发现自己并无独立的资源和能力;成人感与幼稚性的矛盾,即觉得自己长大了能够独立应付各种事情,为显示自己是"成人"而去做些冒险的事,但是对做事的方式与后果却不能够进行全方位的考虑,在造成一些不良后果之后才会后悔莫及;自我封闭与融入社会的矛盾,即有意保守自己内心和行动的秘密,不愿意向父母、老师甚至朋友说出自己的心声,但是又渴望周围的人可以理解和接纳自己,这就很容易造成青春期少男少女的孤独感和疏离亲人的行为;冲动性与自制力的矛盾,即青少年情绪起伏较大,很容易意气用事,但同时为了保持自己的形象与自尊心,或担心受父母和老师指责,又不得不考虑控制自己的感情和行为,两者总是处于矛盾冲突之中,使青春期少男少女容易产生焦虑不安、彷徨、压抑等情绪。

(二)大学生时期(青年中期)

对于大多数大学生而言,他们在大学阶段正处于青年中期,这是个体生理发育趋于完善与成熟的时期,同时也是大学生心理走向成熟的一个重要阶段。在这一阶段,大学生的心理发育水平超过了自身生理的发育水平,出现了第二次心身异步现象。

(1)在大学阶段,大学生在高等学校里接受有计划、有系统的教育,社会实践领域进一步扩大,这就使得他们的逻辑思维和创造思维获得了很好的发展。他们的情绪体验变得更加强烈,意志品质也在逐步形成。自我意识的不断发展增长了大学生的独立意向,其人生观也在逐渐确立。

（2）在大学阶段，大学生已经没有了由于升学所造成的压力，他们在高中时期没有时间关注的自我价值等问题都逐渐提上日程。

（3）大学相对独立的生活环境使得大学生自身的独立意识得到很好的发展，这就为大学生心理的成熟创造了良好的条件。

（4）大学阶段是大学生社会化与知识学习的一个非常重要的环节，客观上也要求大学生要完善自我，满足心理成熟的条件，做好充分的准备来迎接社会的挑选。这些都是大学生心理迅速成熟的重要原因。

二、大学生心理发展的特点

在大学时期，大学生的心理发展正处于不断走向成熟的重要阶段，自我意识不断增强，思维活跃、情感丰富，个性逐渐形成并趋向稳定，其他各项心理品质也在全方位发展之中，同时表现出强烈的社会性等基本特征。

在这一时期，由于大学生心理的成熟度远不及知识的增长量，所以其在知识激增与心理成熟之间会表现出很大的差距，加之大学校园特有的内部环境以及大学生特有的人生观、社会地位等因素，使大学生出现了显著的心身异步现象，心身矛盾逐渐出现。大学生的心理特征又可以区分为大学生发展的阶段性特征与大学生发展的一般性特征这两个维度。

大学生在校期间的学习生活通常可以划分为三个阶段，即入学适应阶段、稳定发展阶段以及准备就业阶段。在大学的不同阶段，大学生所关注问题的重点与发展的任务也存在很大的差别，其心理状态也是不同的。

（一）入学适应阶段

在步入大学校园之前，大学生往往对于自己的大学生活有着很多既定的打算与规划，而一旦进入到大学之后他们面对的往往是新鲜而又陌生的新生活，这对于他们心理素质以及适应能力是一种巨大的考验。

大学生活无论在生活环境、人际关系、学习方式、管理制度等方面都与高中的学习和生活有着极大的差异。大一新生经过短暂的生活体验后，当新鲜感逐渐消退，各种各样的心理适应问题就慢慢凸显出来。

（1）孤独心理。在大学，同学之间往往是来自祖国的四面八方，由于他们原来各自的生活习惯、性格、兴趣等方面都存在着很大的差别，这就不可避免地会发生一些摩擦，进而可能导致孤独抑郁的产生。

（2）失落心理。一部分学生在步入大学之前是班级的尖子，进入到一个新环境之后以往那种"鹤立鸡群"的优越感也许会消失，这就在无形之中会使大学生的心理产生一种失落感。

（3）自卑心理。高校有许多的学生组织和社团活动，新生对这些会感到既新奇又困惑，他们往往会带着极大的热情去参加，但由于缺乏经验而常常会遭遇挫折，从而陷入痛苦甚至自我否定之中。

（4）茫然心理。大学生在中学时往往有着非常明确的奋斗目标，即一切为了高考而努力。但是在进入大学之后，高校管理不再像中学那么严格，面对突如其来的自由很多大学生会迷失自我，不能够很好地安排自己的学习与生活，从而出现茫然心理。

入学适应期是大学生在整个大学阶段最为困难与关键的时期，而大学新生在这一时期适应新生活的能力对其在大学期间的个人发展起着非常重要的作用。大学新生只有努力去适应新的环境，逐渐建立起新的心理结构，才能实现新的心理平衡。

（二）稳定发展阶段

经过一段时间的适应与自我调整，大学生能够更好地适应大学的生活，新的心理平衡也相应地建立起来。稳定发展阶段是大学生发展的主要阶段与主体部分，同时也是大学生活全面深化与发展的阶段，这一阶段将会一直延续到大学生毕业前夕。

对于大学生来讲，大学阶段是一个相对稳定的发展时期，大学生的自我意识水平在这一阶段会不断提升，自我心理的调控能力也会持续增强，大学生所具有的可塑性在这一发展时期能够得到更好的展示，每个人都按自身独特的方式塑造着自己。但是，由于这一时期的大学生个体处于不断的上升与发展之中，很多新的问题与情况会不断发生，这就要求大学生做出正确的抉择与回应。例如，对学习的焦虑、人际的互动和竞争等，在解决问题的过程中，他们可能会遇到许多挫折，也可能会享受克服困难获得成功的喜悦。同时，这个阶段也是大学生恋爱的高发期，在努力寻求可靠、亲密关系的过程中，也可能会遇到困惑、苦恼，难以自拔。然而，多数大学生正是经过了种种磨炼成长起来的。

（三）毕业准备阶段

毕业准备阶段是大学生从校园生活向职业生活过渡的阶段，大学生面临着环境的变迁以及自身角色的变化，其心理方面也会发生相应的变化。到了这一时期，大学生已经接受了严格的专业教育与校园生活的陶冶，具备了非常强烈的自主感，自我意识也有了很大程度的提升，对于自身未来的发展也会产生很多的设想。

在这一阶段，大学生应该积极做好步入社会的心理准备，要通过多种手段对社会进行一些了解,并对自己的社会角色有一个大致的定位,这也是所有大学生在这一阶段所面对的重要任务。大学生在毕业准备阶段会遇到很多棘手的问题,如考研的挫折、求职的不顺等,这也必然会导致大学生心理冲突问题的出现。毕业准备阶段常常是对大学生各方面素质进行综合考验的阶段,同时也是进一步促进大学生心理成熟的阶段。

三、大学生心理发展的一般特征

大学生既是自我观察、自我评价的主体,同时也是自我观察、自我评价的客体。在观察与评价自己的过程中,大学生时而会体验到激动与喜悦,时而会感到不安与焦虑。同时,大学生对于周围人们对自己的评价也非常的敏感,知心朋友与同辈友人对于自己的评价往往能够引起大学生强烈的情绪反应。

(一)注重对自我的评价与认识

大学生往往有较为强烈了解自我的愿望,但是想要真正全面客观地了解自己并不是一件容易的事。虽然大学生能够深入认识到自己内心深处的自我情感,但是往往会由于各种外部因素的影响而不能进行正确的自我认识,对于一些正确的观点或欲望也常会由于某些原因的影响而拒绝承认,因而大学生在很多时候都不能够正确认识自己。这就要求大学生要勇敢面对现实,客观地对自我进行分析,能够善于在社会实践中以及和他人的对比中将自己作为认识的对象进行自我评价与认识。

(二)思维活跃

思维活跃是当代大学生一项重要的特征,主要表现在思维的深度、广度达到一定的水平,思维的独立性与批判性显著增强;思维敏捷但是较为片面;此外大学生已具有一定的创造性思维能力,而"怀疑"就是创造性思维的一个重要方面,因此,大学生喜欢对事物质疑,甚至据此而对事情下结论。大学生的抽象思维高度发展,大学生随着学习知识的积累,涉及面的拓宽,使抽象思维得到全面的锻炼。他们能经常意识到事物各方面的关联,从而摆脱直接接触当前事物的局限,更加间接地进行演绎或归纳推理与预测未来。有时由于他们辩证逻辑思维基础还不够深,社会经验不够丰富,识别能力不够高,容易过分凭借想象与间接抽象思维,导致脱离现实,坚持片面性结论。

(三)感情丰富而不稳定

大学生的情感往往丰富而又复杂:他们的自我情感敏感而又丰富,有着较强的独立感、自尊心、自信心与好胜心;求知欲与好奇心较为强烈;对于祖国、社会以及集体往往有着较为深厚的情感,疾恶如仇,善恶分明,正义感鲜明;大学生对于纯洁的友谊与爱情非常向往,同时还积极地在发现美、欣赏美、创造美的活动中体验美的感受。

在大学时期,大学生往往会面临着多种多样的选择,学习、恋爱以及人生规划等很多重要的事情都需要在这一人生阶段开展,社会、家庭、学校以及日常生活中的各种事情都会对大学生的情绪产生很大的影响。大学生虽然正在向成年人的方向逐渐过渡,但是大学生与成熟的成年人相比还相对敏感,情绪上的波动起伏也往往很大,很多貌似不经意的事情都能够使大学生的情绪发生很大的变化。

(四)渴望独立与依旧依赖的矛盾心理

当步入大学校园之后,学生所处环境的社会气氛会更加浓厚,大学生的成人感也会有很大程度的增强。大学生在这一年龄阶段往往更加渴望独立,同时迫切期望社会承认他们的成人资格。而在大学生活中,又有很多事情要他们完全靠自己的能力来处理,这使他们的独立意识得到了非常迅速的发展。

但是,大学阶段的学生又无法完全靠自己来处理所遇到的各种复杂问题,尤其是他们在经济方面还没有完全处于独立地位,因此并不能够实现个人的完全自由。基于这种情况,在大学生身上,一方面既表现出强烈的独立意识,另一方面又不可避免地有着很大的依赖性,这就造成了他们在心理上存在着独立性与依赖性的矛盾。

(五)理想与现实的矛盾心理

大学阶段的广大学生往往有着自己的想法,加之他们有着较高的文化层次,因此会更富有理想。通常来讲,大学生表现得朝气蓬勃、富于幻想,有着较为远大的理想与信念,对于自己的未来充满期望,在心理上形成急于自立的倾向。但与此同时,大学生常常会对现实生活中可能面临的困难与障碍估计不足,因此很容易在学习、就业、恋爱等方面受到打击。与此同时,大学生时常还会受到现实社会生活中一些不正之风与消极思想的影响,自身的情绪极易因此而产生波动,相应的挫折感也会因此而生。

总之,上述情况都是处于大学阶段的青年学生在理想与现实相矛盾时极易产生的消极影响。

（六）性成熟与性心理的矛盾

大学阶段的学生大部分正处于青年中期,性意识的发展成熟是这一年龄阶段的正常现象。同时,大学生基本上都处于同一年龄阶段,大学所处的学习生活环境也为他们创造了与异性接触相处的机会,随着性意识的发展随之而来的是对异性的好奇,在此过程中也会自然而然地对心仪的异性产生好感与爱慕之心,甚至会产生爱情。

恋爱问题是大学生心理发展过程中一项非常重要的内容,这主要表现在两方面:一方面,性意识的发展带来强烈的按照性别特征来塑造个性与形象的精神向往;另一方面,性意识的发展也会使大学生对异性产生倾慕与追求,这是大部分大学生都会遇到的问题。大学生的性意识以很快的速度不断发展,但是这种发展又表现出显著的不平衡性,他们在处理异性之间的关系时往往还不够成熟,加之大学生不同的经济地位与心理成熟度往往不能够很好地应付这些问题,以至大学生会产生不安与烦恼的心理。

在大学时期,大学生始终经历着爱与性的矛盾以及性压抑所造成的困惑,性心理成熟落后于性生理成熟的现实也不可避免地产生许多与性有关的心理矛盾。性方面的问题对很多大学生造成了一定程度的困扰,同时又不能够接受相应的指教与疏导,这就会进一步加剧大学生的心理困惑与内心冲突。

总而言之,上述特点反映了大学生心理发展逐渐趋于成熟的水平及状态,大学生的这种心理发展特征蕴含着其自我发展的内在动力。

四、生理变化对于大学生心理发展的影响

生理成熟是心理发展的重要基础,生理成熟在一定程度上影响着大学生心理发展的次序与规律。同时需要注意到的是,生理成熟只是为心理发展提供可能性,使人的心理发展能够达到一定的程度或者水平,这还不是心理发展的现实,也不能保证它一定能够实现。

人的心理是在与外界的交互作用中不断发展的,随着身体的不断发育,大学生的心理发展也在逐渐由不成熟向成熟转变。对于正处在青年中期的大学生群体来讲,"生理心理"的联动反应也表现得非常突出。

（一）体型变化对大学生心理的影响

身高、体重、胸围等并不只是一种生理指标,它们同时还具有一定的"社会意义",即可以引起周围人适当的情感与期望。大学生往往具有自己的个

性与追求,他们不仅会关心自己的容貌体态,而且还会注重发型、服装、打扮等很多方面。之所以这样做,一方面是为了更好地满足自我意识,另一方面也是为了满足人际关系的需要。在大学的日常生活中,大学生独立的人际交往逐渐增多,在与其他人尤其是与异性同学的交往方面,他(她)们往往期望给对方留下一个美好的印象。在具体交往时,有的大学生会由于自己的体态、容貌所具备的优势而过高评价自己;有的大学生则会因为自己体态和容貌等方面的不足而缺乏自信,甚至还会出现心态失衡的情况,这些都是大学生群体需要克服的。

对于大学生而言,男子大多追求英俊健壮的体态,女子更加在意婀娜妩媚的美,这是非常正常的一种现象。但是,大学生过度在意容貌、体态上的行为是不可取的,这主要是由于:一方面,外貌美并不等于心灵美,过分炫耀外貌方面的优势无异于在证实自己的浅薄;另一方面,大学生在大学阶段正处于身体发展的重要阶段,其体重、胸围等方面的状况可以通过有意识的锻炼而得到相应的改变,即便是在体态、容貌方面不具有优势,还可以从学业、科研等方面得到弥补。

(二)生理机能变化对大学生心理的影响

由于大学生正处于身体全面发育成熟的阶段,因此他们会显得朝气蓬勃、充满活力。很多大学生在校阶段都会积极参与到各种体育运动之中,这样不仅能够很好地发展锻炼大学生的体力与运动能力,而且还能够很好地证明自身所具有的能力,满足自身的好胜心。相关研究表明,适度的运动锻炼有助于人情绪的调节,有效增强人的自信心与自尊心,同时还能够有效预防各种心理疾病的产生。

神经系统,特别是大脑,是人体机能的重要调节机构,是心理活动的特质基础。在大学时期,大学生大脑皮层的发育已经基本成熟,这就为思维的发展创造了很好的物质基础。皮层细胞活动的数量不断增加,联络神经纤维高度发达,特别是第二信号系统的调节能力得到增强。

循环系统与呼吸系统对于人心理的发展都有着积极的促进作用,完善的循环系统与呼吸系统可以提供人心理发展所需要的物质基础,而不健全的循环与呼吸系统则会阻碍心理的发展。

青年时期,大部分内分泌腺经历了一个急剧发育的过程,它们影响着人体的生长、人的体能、情绪以及健康状况等。

(三)性成熟对大学生心理的影响

对于大学生来讲,生殖机能的成熟推动着自身性意识的觉醒,性成熟的规律表明,青年性的要求以及性意识的产生是一种正常的自然现象。目前,我国的学校教学普遍缺少规范化的性教育,随着对外经济与文化交往活动的不断增加,在戏剧、小说等各种传播媒介中涉及性的频率也显著增加,这就使得大学生的心理受到不同程度的冲击,相应的问题也会继而出现。

大学生们年龄相仿,而且都处于性意识高度发展的青春期。相同专业或者兴趣爱好使他们相互之间有很好的共同语言,学校中丰富的娱乐活动与安逸的环境也为异性之间的相互接触创造了良好的条件,这些都有助于青年学生性心理的强化。但是,由于受到社会道德方面的束缚,很多大学生在性方面往往表现得较为曲折压抑,这也是导致大学生心理冲突的一项重要原因。

应该采取何种方式来调节青年自身性的需要,使之得到升华或替换;如何增强大学生的道德观念以及道德意志力,使大学生能够形成正确处理两性交往、恋爱等问题的能力,使身心实现健康发展,这是一个非常现实的问题。大学生最终要想掌握这种能力,主要还是需要依靠大学生自身的努力,家庭、学校以及社会在此过程中也应该发挥相应的积极作用。

总而言之,人的生理的发展与心理发展是不可分的,大学生生理的发展对于心理发展的特殊影响力是相当巨大的。

第二节　高校网球运动的心理学原理

一、运动心理学的概念与主要任务

运动心理学是心理学的一个应用性分支学科。近 20 年来运动心理学在个性、动机等领域进行了很多的专业性研究。随着社会的不断发展,运动心理学的研究领域也在不断深入,从而更好地适应社会的发展。

（一）运动心理学的概念

运动心理学是研究运动所涉及的心理特点的一门学科。在运动中,研究各种运动所涉及的骨骼肌肉系统的解剖特点和器官活动的灵敏度与感受性以及受意识支配的能力,研究运动技能技巧形成的一般规律。在运动过程中,研究运动条件下具备的情绪特征、意志品质以及人格特点,运动中掌握的动机水平、情绪状态对于运动机能所产生的影响。

（二）运动心理学的主要任务

一般来讲，运动心理学的主要任务包括以下几个方面的内容。

（1）研究人在运动中心理过程的特点与规律以及不同人的个性差异与运动之间的关系，如男女不同性别在活动中的自信心方面是否存在差异的问题。

（2）研究运动对于人的心理过程与个性特征所产生的长期与短期的影响，如长时间的运动训练是否能够改变运动锻炼者个性的问题。

（3）研究掌握运动知识、形成运动技能以及进行技能训练的心理学规律，如哪些因素影响锻炼者掌握运动技能的问题。

（4）研究人在运动中的心理状态等问题。

二、运动与动机

（一）动机的含义及分类

1. 动机的含义

动机是推动一个人进行活动的心理动因与内部动力。动机可以引起并维持人的活动，同时这种活动导向一定的目标从而满足个体的愿望或理想。动机是个体的内在过程，行为则是动机的最终结果。

通常来讲，动机的作用主要包括始发作用、指向或选择作用、强化作用。其中，始发作用指动机能够引起并且发动个体的活动；指向或选择作用指的是动机能够引导活动指向某一目标进行或者选择活动的方向；强化作用是指动机是维持、增加或者制止某一活动的力量。

2. 动机的分类

根据需要的种类与对象进行划分，动机可以具体分为生物性动机和社会性动机以及物质性动机和精神性动机。其中，生物性动机主要指的是以生物性需要为基础的动机，如人由于口渴、饥饿等原因所产生的动机；社会性动机指的是以社会性需要为基础的动机。根据动机所追求对象的不同，又可以将其分为物质性动机与精神性动机。

按动机的兴趣特点分类，动机可以分为直接动机和间接动机。直接动机就是以直接兴趣为基础指向活动本身的动机。例如，有些运动者认为自身所从事的运动是对自身身体机能的挑战而不是个人兴趣，认为该运动可以极大地发挥自己的运动潜力,体验到满足感,这种动机就属于直接动机,也就是指向训练本身的动机。间接动机是指以间接兴趣为基础,指向活动结果的动机。运动者常常在运动中被这两种动机同时驱动。例如,有的运动者对运动量大的项目不感兴趣,只认为这种锻炼有助于竞赛的胜利,这种训练动机就属于间接动机,也就是指向锻炼结果的动机。

动机可以分为缺乏性动机和丰富性动机。缺乏性动机是指以排除缺乏和破坏、避免威胁、逃避危险等需要为特征的动机。缺乏性动机以张力的缩减为最终目的,随着张力的缩减,这种缺乏性动机也将随之减弱。丰富性动机是以经验享乐、获得满足等欲望为特征的动机。例如,人们看恐怖电影,读侦探小说之类的活动,都是在期望得到兴奋、愉快、赏识等,而不是避免刺激。丰富性动机是受诱因激发而不是受驱力激发。

根据动机的来源可以将其分为外部动机和内部动机。外部动机是指来源于客观外部原因的动机,而来源于主观内部原因的动机称为内部动机。外部动机以社会性需要为基础,通过某种活动获得相应的外部奖励或免受处罚以满足自己的社会性需要。例如,运动者参加运动是为获取赞扬或者公众的承认的行为,就是一种外部动机。内部动机是以生物性需要为基础,通过参加某种运动来展示自己的能力或实现自己的价值。例如,运动者出于自己的个人爱好而参加某一项运动,参加的目的是为了自己的荣誉而自愿去拼搏,这就是内在动机的表现。

(二)运动动机的培养与激发

掌握运动动机的培养与激发原理,对于各种运动效果的取得有着非常重要的意义。在运动实践过程中,培养与激发运动者运动动机的手段主要包括以下几个方面。

1. 满足运动者的多种需要

满足运动者的需要是有效激发其运动动机的关键要素。根据马斯洛的需要层次理论,人的需要主要可以归纳为:接受刺激、追求乐趣的需要,从属于一个集体的需要,展示自我价值的需要。其中,满足运动者追求乐趣的需要时应该注意:应该让运动者的能力与运动训练的难度相适应;应该使运动训练的方法手段更为多样化;尽可能使更多的人都能够参与其中;在日常进行运动训练时应该根据运动者的不同特点采取有针对性的训练方法。

2. 正确运用各种强化手段

运动者的运动动机可以从内部与外部两方面进行激发,正确的强化是从外部激发动机的主要方法。正确的强化不但能够有效激发运动者的外部动机,而且还有利于运动者内部动机的培养。强化具体包括积极强化与消极强化,也就是通过微笑、表扬等方式的积极强化和采用惩罚等方式的消极强化。

3. 保持运动的趣味性与启发性

运动者在每次运动训练之前,应该尽可能使其过程充满趣味性,这样更有助于运动者获得相应的良性刺激,进而培养与激发运动者的内部动机。

4. 因人而异同时区别对待

由于运动者在个性特征、家庭背景、文化程度等很多方面都存在着显著的个体差异,因此在培养与激发运动者运动动机时应该充分考虑到这些方面。在运动训练过程中激发运动者的运动动机,需要注意选择方法的针对性,因为并不存在一种同时适合所有人的方法。除此之外,相应的组织者还应该从实际情况出发,做到因人制宜,运用不同的方法激发运动者的动机。

三、运动与情绪调节

(一)运动与情绪的关系

1. 情绪的含义

情绪是体验又是反应,是冲动又是行为,它是由情绪体验、情绪表现以及情绪生理三个因素组合而成的。情绪既可以是人们行为的动力,也可以成为人们行为的阻力,因此情绪对于运动者的运动训练来说非常重要。

2. 运动与情绪的关系

在人的活动过程中,情绪具有激发、组织、维持、导向等多方面的作用与功能,情绪系统与机体其他系统之间是相互影响的关系。

在运动训练过程中,运动者的情绪体验表现出强烈、鲜明以及多样性的特征,这也使得情绪与动机之间形成了一种特殊的相互关系。在运动训练过程中,情绪的动机作用常常比较明显,短暂而强烈的情绪都能够对运动者起到很好的自我动员作用。

充分去认识情绪的动机色彩与动机作用对于运动训练是非常有帮助的,具体表现为以下几个方面。

(1)这种认识能使我们更深刻地理解产生某种运动动机的原因。有这样一个实验,将儿童分为三组,让甲组想象让他们自己高兴的事,让乙组想象让他们自己失望的事,不给丙组任何认知上的指导。然后,逐个让每个孩子从一个小罐里拿走一些零钱并告知他们:如果他们愿意,可留一些零钱给那些没时间参加实验的孩子花。结果,甲组孩子比其他两组孩子留下了更多的钱让其他的孩子分享,而丙组孩子明显比乙组孩子留下了更多的钱让他人分享。这表明,产生利他行为的动因是人的某种情绪状态。在运动中我们也可以找出许多作为活动原因的情绪状态。

(2)这种认识有助于寻找到更多有效的途径与方法对运动动机进行更好的激发。通过调节情绪状态培养高尚的情感,这样就可以对人的动机进行有效控制。

(3)这种认识有助于更加深入地认识情绪在运动训练中所发挥的作用。由于情绪具有动机作用,因此它可以对活动进行很好的指导。例如,如果能激发起单个运动者对集体的热爱,那么就没有必要对其进行强制性的硬性指挥,他们自己就会寻找各种方法对集体荣誉进行维护。

因此,我们要用联系的观点来看待情绪与动机,在把握两者相互关系的基础上去认识它们各自的本质、特点等要比单独去理解更为科学合理。

(二)情绪调节的方法

运动者在运动训练时为了能让自身的情绪处于更加完美的状态,具体可以采取多种有效的方法与手段对自己的情绪进行调节。通常来讲,常用的情绪调节方法主要包括表象调节、表情调节、活动调节、音乐调节等,下面主要进行具体分析。

1. 表象调节

表象调节是指运动者在运动中,脑中清晰重现出自己的最佳表现,使自己能够重新体验到当时的身体感觉与情绪状态,这样一来就能够使运动者树立起自己的自信心,运动训练也能取得更加满意的效果。

研究表明,在田径运动项目中,一些马拉松运动员通过采取表象重现法能够将自己的比赛成绩提高 3 分钟左右。实质上,表象重现是一种积极主动的意念,它能够有效刺激人的植物性神经系统使其活跃起来,同时使心跳加速,呼吸加快,新陈代谢的速率提升,加速体内糖的分解,让全身增力感觉与增力情绪获得提升。

2. 表情调节

表情调节指运动者有意识地改变自己面部和姿态的表情以达到调节情绪目的的方法。情绪状态与外部表情有着密切的联系,因此有"情动于中而形于外"的说法。

人情绪的产生往往会伴有一系列的生理过程变化,面部、姿态等方面也会发生相应的变化。由于人的情绪状态与外部表情之间存在着相应的内在联系,因此我们可以通过改变外部表情的方式来对自身的情绪进行相应的调控。例如,当运动者出现紧张焦虑等不良的情绪状态时,可以有意识地放松自己的面部肌肉,或者轻搓面部来达到放松面部肌肉、缓解紧张情绪的目的;而在心情比较低落的时候,可以强制自己使自己微笑。

3. 活动调节

人的大脑与肌肉之间的信息能够进行相互之间的传导,神经兴奋可以从人的大脑输送到肌肉,也可以反方向进行传输。人的肌肉活动程度越剧烈,从肌肉向大脑传递的冲动就会越强,大脑的兴奋程度也会越高;反之,情绪就会更为低落。

活动调节就利用不同速度、强度、幅度和节奏的动作练习,也能够对运动者临场的情绪进行有效的控制。例如,情绪紧张时采用一些强度小、幅度大的动作进行练习,通过降低情绪的兴奋性来有效缓解情绪的紧张。

4. 音乐调节

音乐调节是指通过情绪色彩鲜明的音乐控制情绪的状态。音乐会对人的身心健康产生一定的作用,如婴幼儿可以在催眠曲的作用下更快入睡,听音乐还能够有效缓解由于繁重的工作所导致的身体疲劳等。

研究表明,音乐通常可以使人产生兴奋、镇定、平衡三种情绪。音乐传递给人的"声波信息"可以在一定程度上缓解或者消除大脑持续工作所产生的疲劳状态,同时还有助于人更好地集中自己的注意力,从而使大脑更加有活力。因此,当人听到一首自己喜欢的音乐节奏时,其身心的疲劳状态常常可以得到有效的缓解,其情绪状态也会逐渐良好。对于参与运动训练的群体而言,音乐调节是改善自身运动中不良情绪的有效方法。

四、心理技能的训练

(一)心理技能训练概述

心理技能训练是一个有目的、有计划地对运动者的心理过程与个性心理特征施加影响的过程,同时也是采用特殊方法手段使运动者学会调节和控制自己心理状态并进行调节和控制自己运动行为的过程。

心理技能训练是现代竞技运动训练系统中一个相当重要的环节,它影响着运动者身体、技术以及战术水平的改善与体现,能够使运动者心理过程不断完善,形成专项运动所需要的良好个性心理特征,并获得高水平的心理能量储备,让运动者的心理状态适应比赛的要求,为达到最佳竞技状态并创造优异成绩奠定良好的心理基础。

与其他能力的培养相同,心理调节能力的训练与培养会受到后天环境以及实践活动的影响,通过有针对性的练习与培养可以有效提升这种心理调节的能力。通常情况下,心理调节能力的训练遵循一般技能训练的规律,这种能力往往需要一定时期的训练才能够获得,并不是短时间就能够达到的。心理技能训练往往追求迁移的效果,也就是不但使运动者对某种情境中的某个问题的心理调解能力得到提升,同时还提升对其他情境中的其他问题的应付能力。

(二)心理技能训练的要领

在进行心理技能训练时,只有抓住训练的要领才能获得相应的运动效果。具体来讲,心理技能训练要领主要包括以下几个方面。

1. 预防为主和调控为先

心理技能训练最经济的方法是通过各种有效的措施防止心理问题的出现,而不是等到运动者在运动过程中出现心理问题时采取进行治疗。预防心理问题出现一般要做的是,对于各种可能出现的心理问题要预备好相应的心理调控方法,同时要尽可能将自己的心理状态调节到最好的状态。

2. 长期坚持并系统训练

任何一项运动技能都需要进行成千上万次的训练才能够得心应手,而心理调控技术同样如此,必须经过足够的训练之后才能够在需要的时候运用自如。运动心理学工作者在指导运动过程中对于没有任何心理技能运动者很难开展相应的辅助工作。

心理技能训练一开始应在专业心理学工作人员的指导和帮助下,并与运动者一起认真分析存在的问题,安排合理的技能训练计划,之后严格按照计划实施。运动者需要自始至终了解心理技能训练的全过程,以便将来可以独立成熟地进行心理技能训练。

3. 积极主动与自觉配合

心理技能训练的效果主要是由运动者的自觉积极性决定的,如果他们不了解心理技能训练的原理,对心理技能训练持观望态度甚至否定态度,在教练员强迫下接受心理技能训练,不仅不会产生良好的训练效果,反而会起消极作用。因为任何心理技能训练手段的掌握都不可能脱离人的主观状态而起作用,如果没有内部动力,心理技能训练也就失去了应有的意义。

4. 与专项训练相结合

心理技能训练应该积极地与专项运动的身体训练、技术训练等结合起来,将心理技能训练的内容应用到运动技能学习与比赛的实际中去,让心理技能的训练具有各专项运动的特点。

5. 以量化指标评定训练效果

用量化指标评定心理技能训练的效果能够使运动者得到及时明确的反馈,这是维持和提高心理技能训练动机的关键所在,没有这种反馈就很难长期坚持有效的心理技能训练。量化的评定指标主要有主观体验性的、生理的、行为的指标。

(三)心理技能训练的分类

根据训练目的的不同,可以具体将心理技能训练划分为放松训练、注意集中训练、目标设置训练等。

放松训练是以一定的暗示语集中精力,调节呼吸,让肌肉得到充分的放松,从而达到调节中枢神经系统兴奋性的方法。一般来讲,放松训练包括渐进放松、自生放松、松静气功三种放松方法,三者的共同点是:注意高度集中于自我暗示语或者他人的暗示语、深沉的腹式呼吸与全身肌肉的完全放松。

注意集中是指坚持全神贯注于一个确定的目标,不被内外刺激的干扰而分心的能力。注意集中一般包括意愿的强度、意愿的延长、注意力集中的强度及注意力集中的延长。

目标设置直接关系到动机的方向与强度,正确而有效的目标可以集中人的能量,激发和引导人的活动,是行为的重要推动力量。目标设置与动机及操作成绩都存在着很大的关联。

五、大学生常见的心理情绪问题及其调适

(一)大学生常见的心理问题及其调适

在大学校园的学习生活中,大学生会产生各种各样的心理问题,从而会

对他们的生活产生不利影响。大学生会产生的心理障碍有很多,下面主要对几种常见的心理问题进行分析。

1. 学习方法的不适应

（1）表现

一年级大学生对大学学习的不适应主要是对大学学习方法的不适应,表现在学习的心理条件具备但是心理准备不足。在从中学到大学之后,大学的学习特点和方法较之于中学发生了很多方面的变化。

（2）原因

对于学习方法的不适应主要包括两个方面的原因。

一方面是对教学方式的不适应。中学的教学方式通常是以灌输为主,教师日日在班,几乎天天辅导,学习的内容少且较为浅显,多为基础理论知识,多数课程是多年一贯制。教师安排着学生的学习及活动内容,学生对所教内容没有任何选择的余地,只是被动接受教师的意见随从学习,养成了学习上的随从性。而大学的教学方式则不同,不仅课程多、内容深、速度快、跨度大,同时还具有很强的抽象性。教师授课是提纲挈领式的,他们往往只讲授内容的重点或者难点,介绍有争议的问题与学科发展趋势,较多的内容则要求学生通过自学掌握,学生在学习上更讲求独立性与自觉性。

另一方面是学习方式的不适应。这种学习内容和学习方式的转变要求学生由态度上的被动随从到主动自觉,由教师灌输到自主自觉,由追求分数到真正获得知识和能力。大多数一年级大学生反映对大学的学习方式不适应或不太适应,这种学习方式的不适应造成他们心理压抑。面对新的学习和教学方式,他们茫然不知所措,学习不得章法,不得要领,甚至一部分大学生会出现一种学习焦虑的心理状态。

（3）调适

对于学习方法的不适应,大学生可以积极培养自主学习的习惯。

在进入到大学阶段以后,自学占大学学习生活的很大比例。因此,要想更好地完成大学的学习生活,大学生在开始大学生活之初就应该积极培养自己的自学能力及相应的学习习惯,使自己的学习更有选择性与计划性。具体来讲,学生应该逐渐了解并掌握大学学习的特点,发现总结相应的学习规律,逐渐克服中学阶段所养成的学习依赖心理,并且不断树立起科学的自主学习观,形成良好的学习习惯。除此之外,大学生在学习过程中还应该不断拓展学习的思路,积极探索适合自己的学习方法与生活方式。

同时,大学生还应该学会科学的管理时间。大学生应该把主要的精力投入到学习中,取得较好的学习效果。学会管理时间对于大学生而言非常重要,具体地说就是制订并执行学习计划,即明确自己所要做的事。在执行的过程中,大学生应该随时注意时间的安排,及时反思时间花费。

2. 注意障碍

(1)表现

注意是心理活动对一定对象的指向和集中。注意障碍是指心理活动难以或过分地指向和集中于一定的对象。通常来讲,注意障碍主要表现为:注意的稳定性很差,难以长时间保持在特定的对象或活动上,注意力分散且难以持久;或注意稳定性极高,对于某种观念固定不变,不能够转移注意。

(2)原因

在生理方面,造成注意障碍的原因很多,主要包括:学习过度疲劳造成大脑脑细胞负担过重,大脑皮层觉醒功能不足,使人昏昏欲睡,不能集中注意力;由于大脑过度兴奋,大脑觉醒过度,造成注意力涣散,难于集中。

从社会方面来讲,造成注意障碍的原因包括:对于学习的目的、作用认识不足,缺少集中注意力的自觉性;对学习内容的价值认识不足,缺乏学习的动力与兴趣;学校教学制度方面不健全,学风、班风不正等同样会对学习注意力产生消极影响。

从个性方面来讲,造成注意障碍的原因包括:情绪不稳定,紧张、焦虑、烦躁、兴奋等都会影响学生注意力的集中;自制力差、缺乏恒心、好冲动等人格因素也会导致学生注意力的下降。除此之外,某些外部原因,如家庭意外、人际冲突等也会导致学生注意力难于集中。

(3)对策

大学生要想调整注意力不集中的情况,就应该了解自己注意力不集中的原因,从而对症下药。例如,树立合适的、明确的学习目标,培养学习兴趣,特别是对专业课的兴趣;减少社会活动,将生活的重心落到学习上来;戒除网络依赖或游戏成瘾;正确应对挫折,减少因挫折而致的情绪困扰;劳逸结合,注意锻炼,减少学习疲劳;运用正强化等行为矫正技术。

3. 学习焦虑

学习焦虑指的是学生由于不能达到预期目标或不能克服障碍的威胁,致使自尊心、自信心受挫,或失败感、内疚感增加而形成的一种紧张不安、带有恐惧的情绪状态。适度的焦虑对于学生的学习并无大碍,但是过度的焦虑就会对其学习产生消极的影响。

(1)表现

学习焦虑是学生在学习过程中常见的一种心理现象,它是学生感到来自现实的或预想的学习情境对自己自尊心构成威胁而产生某种担忧的心理反应倾向。

现代心理学将焦虑划分为低、中、高焦虑三种,而且认为适当水平的焦虑能够增强学生的学习效果,但是若焦虑过度会对学习产生不良作用。严重的学习焦虑表现为忧虑、紧张、恐惧、坐立不安,面对繁杂的学习内容心乱如麻、茫然无绪,不知道从哪里着手开始学习。在学习情境中总担心学习会达不到自己的期望,害怕失败,表现出不能集中自己的注意力,记忆力衰退,学习效率下降,变得更加急躁。在生理上多表现为肌肉紧张、呼吸急促、心率加快、头昏、大小便频率增加、多汗、睡眠不良等情况。

(2)原因

导致焦虑出现的原因有很多。具体来讲,常见的诱发因素主要包括以下几个方面。

①学习期望值过高。一部分大学生对于自己的能力往往缺乏正确的认识,所树立的学习目标远远超过自己的实际水平,千方百计希望通过努力学习保护自己的自尊心不受损害,而同时又缺乏相应的自信心,心理压力很大,内心常常潜藏着一种恐惧感,长此以往就会造成严重的学习焦虑。

②个性原因。性格敏感、易焦虑的大学生很容易由于学习上的失败或者挫折体验挫伤自信心和自我效能感,进而产生学习焦虑。

③能力原因。有一部分大学生的学习能力有限,学习效率较低,通常难以取得好成绩。在外在压力下,他们感到自卑自责,产生焦虑。焦虑使得注意力分散,学习成绩进一步下降,从而更加焦虑和自卑。

(3)调适

学习焦虑的调适方法有很多,常用的调试方法具体如下。

①充分发挥自我调节的能力,控制焦虑的程度。自我调节的能力包括自我放松、自我暗示等方法。

②找出学习焦虑的原因,稳定情绪。要稳定自己焦躁的情绪,找出自己学习焦虑的原因并加以解决。如果自己不能够排除焦虑与苦恼,可以向自己信赖的老师或者朋友进行倾诉,这样做不仅可以使自己的情绪得以宣泄而有所减轻,又可以知道有学习焦虑的不只是自己一个人,从而使心理得到平衡,增强自信心。

③正确认识和评价自己的能力。确立切合自身实际的学习目标;增强自信和毅力,不怕困难和失败;保持适度的自尊心,降低对胜败的敏感度;保持情绪的稳定;摸索总结出一套适合自己的学习方法;等等。

④转移注意力。做好应试准备。情绪稳定后,应该尽可能使自己的注意力从对考试情境及结果的担忧上转移到如何做好应试准备上。一方面进

行知识准备。另一方面进行心理准备。除此之外,还应该进行应试技能准备,尽量多了解有关考试的信息。

⑤努力创造一个关系和谐的集体和轻松愉快的学习气氛。一个班级、一个宿舍,良好的人际关系可以给学习者积极向上的情绪状态;和谐静谧的学习环境会给人以愉快的心境,这样更有助于学习效果的取得。

除了以上的调适方法以外,还有激发和保护好奇心;保持适度的自尊心,降低对胜败的敏感度;保持情绪的稳定。这些都有助于克服学习焦虑。

（二）大学生常见的情绪问题及其调适

1. 大学生中常见的不良情绪

大学生会产生的不良情绪有很多,常见的主要包括以下几个方面。

（1）自卑

当前在大学生所存在的诸多心理问题中,自卑心理是比较突出并且是影响力较大的一种亚健康心理。

自卑心理指的是由于某些生理、心理或社会的诱因引起的一种轻视自己,认为自己在某些方面不如他人的心理状态。著名心理学家阿德勒认为,人人都有自卑感,只是程度不同而已。自卑的人对自己的能力和品质评价偏低,轻视或看不起自己,害怕得不到别人的尊重。他们认为自己的能力、外貌、个性、品质、自我价值等达不到理想自我的标准,从而丧失了实现理想自我的信心。他们总是以别人为参照系罗列理由,感到自己这也不如别人,那也不如别人,并因此悲观失望、惭愧、羞涩,甚至畏缩不前。

通常来讲,自卑感的产生与主客观因素及和自我评价因素存在着密切的关联,它由内心不良的认知、情感、态度等心理成分构成,有其内隐性、自我性,但是也必然外显于行为,通过言谈举止表现出来。

（2）焦虑

焦虑指的是一种没有明确原因的、令人不愉快的紧张状态。焦虑通常没有明确的对象与内容,其症状主要表现为提心吊胆、惶惶不安,有一种大祸临头的感觉,但是又说不出具体的畏惧对象。

焦虑是一种比较普遍的情绪表现,很多焦虑症状并不是病理的,轻度焦虑在很多时候不需要刻意去治疗就会逐渐消失。对于有严重焦虑症状的群体,则应该寻求专业医师或机构的治疗。

（3）抑郁

抑郁是一种由于感到无力应付外界压力而产生的消极情绪,常常会伴有厌恶、痛苦、羞愧、自卑等情绪体验。抑郁是大学生群体中常见的情绪困扰。对大多数人来说,抑郁只是偶尔暂时的,但是也有少数人会长时间处于抑郁的状态,这样就会造成抑郁症。性格内向、不爱交际、孤僻的人很容易陷入抑郁的精神状态。

大学生情绪抑郁的综合表现是:情绪低落,无法专注学习,社交退缩,故意回避熟人,情绪不稳定,干什么都高兴不起来,总觉得自己什么都不好,并伴有失眠、食欲不振、疲劳、头昏、头痛等。引起抑郁情绪的因素多种多样,主要是学习成绩落后、失恋、人际关系不和谐,以及其他负性生活事件等,但并不是每个人遇到这些事件都会产生强烈的情绪反应。

(4)恐惧

当人面对危险时会产生不同程度的恐惧情感,这是人一种正常的心理反应。但是,当危险过后恐惧心理难以消除或者对并不可怕的事物产生过分的恐惧心理,或自知恐惧不必要、不正常,却难以自控,感到不安、害怕,即恐惧情绪障碍。

根据患者恐惧对象的不同,可以将恐惧具体划分为社交恐惧、物体恐惧、处境恐惧以及疾病恐惧。在大学生中常见的恐惧症主要是社交恐惧,尤其是在与异性交往中常常有畏惧、紧张的情绪。患有社交恐惧症的学生常常会表现出明显的回避行为。

恐惧症产生的原因往往是复杂的,一般认为和以前生活中的不良经历有关,或是通过条件反射作用而建立的一种不适应行为。此外,还和人们的一些性格特点密切相关,如胆小、孤僻、敏感等。

2. 大学生不良情绪的调适

情绪健康并不是说人们总是处于良好的情绪状态下,总是喜形于色、心花怒放,而避开消极的情绪,体验不到悲、忧、愁、苦等。对于各种消极的情绪反应,只要反应适度,自己能够进行适当的自我调节,那么就不会对人产生消极的影响。

情绪的调节,一方面要学会保持愉快的情绪,从而使自己有一个良好的心境;另一方面,应该能够合理调适自己内心所产生的不良情绪。这里所说的调适并不是压抑各种情绪反应,如遇到悲伤的事竭力加以掩饰,压抑到内心深处而不加以适度表达。对消极情绪的压抑,不仅不可能形成健康的情绪,反而很可能产生较为严重的障碍。

对自我情绪、情感的调适是情绪智力的重要指标,情绪调节的方法上文已有叙述。

第三节　网球运动促进大学生心理健康的价值研究

一、大学生心理健康概述

(一)心理健康对大学生成才的重要意义

我国的学校教育非常注重大学生德、智、体、美、劳各方面的发展,从而使其成为社会主义现代化的建设者与接班人。而心理健康对于大学生的健康成长有着非常重要的意义,主要表现在以下几个方面。

1. 有利于大学生的身体发育

人的身心是统一的,生理与心理之间也是相互影响与相互作用的。我国古代的医典《黄帝内经》就已经揭示出心理对于身体健康的影响,近代医学更是明确提出了"心身疾病"的概念。心身疾病主要是指心理因素在其发生、发展、治疗和预防方面起着重要作用的一类躯体疾病,主要包括冠心病、原发性高血压、支气管哮喘、溃疡性肠胃病、神经性皮炎、类风湿关节炎以及疼痛综合征等。现代医学研究表明,长时间的情绪不良还会造成人体免疫功能的下降,感冒、肝炎甚至癌症都与心理因素存在着很大的关联。根据相关数据统计,这类心身疾病已占人类疾病总量的 $50\%\sim80\%$。大学时期,广大学生正处在身心成长的关键阶段,周围外部环境的变化常常会对大学生的心理产生很大的影响。研究表明,不良的情绪会对青年人生长激素的分泌产生相应的抑制作用而影响其身高的生长,经常性的紧张与焦虑情绪体验会在一定程度上加重胃病、粉刺、痤疮等疾病的发病率。因此,消除各种不健康的心理因素能够在很大程度上增进大学生的身体健康,而且能够有效减少大学生的患病率。

2. 有利于健全人格的发展

人格是人心理行为的基础,它在很大程度上决定了人如何对外界的刺激做出反应以及反应的方向、程度、效果。人的心理行为是人格与环境相互作用的结果,因此人格会影响一个人的心身健康、潜能开发、活动效率以及社会适应状况。

心理健康对于人格的发展也具有非常重要的作用,一个拥有健康心理的大学生在人格个性等方面都能够表现出较好的社会适应性。心理健康的大学生常常表现为性格开朗热情、为人诚恳,兴趣广泛而且善于学习各种知识,可以很好地调节自己的需要结构,具有积极向上的人生理想并且信念坚定。心理健康的大学生常常较容易得到群体以及他人的认可与接受,更容易创造出一种和谐的环境,同时还能够在群体中相互学习,不断培养与健全各种人格因素,如自信心、独立性、勤奋、踏实等。

3. 有利于大学生成才立业

对于一般人来讲,拥有健康的身体才是开创事业的本钱。但是,现实社会中无数的事实也使我们认识到,如果只有健康的身体而没有优秀的心理素质,那么追求事业的成功与生活的快乐也可能成为泡影。

在现实生活中,有很多大学生虽然有着非常健壮的体魄,但是由于某种不健康心理因素的影响而蹉跎生活。可以说,心理健康才是获得一切本钱与资本的前提。没有心理健康做基础其他的一切都是空想。在现实生活中,有些人即便是在身体上有残缺,但是却有着健康的心理,他们凭借积极的人生态度以及坚强的意志最终取得了很多健全人都没有取得的成果。心理健康使人的智力和非智力因素有可能获得最完美的结合,从而为成才立业提供了三个最基本的条件:智能活动的高效率、不畏艰难的精神和锲而不舍的耐力。正如高位截瘫患者、我国著名的女作家张海迪所说:"身体残疾并不可怕,可怕的是失去了进取的勇气和信心。"

4. 有利于大学生改善人际关系

除了学习、恋爱等问题,人际关系的处理同样是困扰大学生日常生活的又一大问题。在进入大学阶段之后,大学生们不仅需要维系与父母、老师等成人的纵向人际关系,而且在逐渐开拓与同龄人之间的横向人际关系,人际交往逐渐成为大学生日常生活中的一种必要需求,同时也在很大程度上影响着大学生的成长与社会化过程。

人际关系是人与人之间的心理关系,它反映人与人之间的心理距离,同时也会受到一个人心理健康状况的影响。研究表明,在集体中受欢迎的人,其个性品质正好与心理健康的标准相一致,而一个人如果在集体中不受人们欢迎,那么其所具有的个性品质正好与心理健康的标准相冲突。研究证实,有心理健康问题的大学生,在很多人际关系上都处在一种无法发展关系的状态中,同时也会形成一种人际关系发展的恶性循环。

(二)大学生心理健康的标准

当前,广大学者关于大学生心理健康的标准还没有达成共识。一般来讲,心理是否健康的界限与标准是相对的,很难找到一个绝对的评判标准。大学生心理健康的衡量标准同样如此,大学生在自身成长与发展过程中会面临很多的问题,在此过程中也会产生相应的心理危机与心理困难。

具体综合国内外专家学者的观点,同时结合高校大学生的年龄特征、心理特征以及角色特征,评价我国当代大学生心理是否健康的标准主要包括以下几个方面。

1. 智力正常

智力指的是一个人认识能力与活动能力所达到的水平,是人的观察力、注意力、记忆力、想象力、思维力、创造力和实践能力等的综合。智力正常不仅是大学生正常学习与生活的基本条件,同时也是适应生活环境必需的心理保证。

2. 情绪健康

情绪健康的具体表现主要包括:愉快情绪多于负面情绪,对于生活充满希望;拥有较为稳定的情绪,同时可以把控好自己的情绪,情绪的克制与宣泄应该适时适度。情绪反应的产生必然是由于相应的原因造成的,反应的强度与情境存在着相应的相互关系。情绪在人的心理健康中发挥着非常重要的作用,情绪变化常常是某种心理疾病发生的征兆。

3. 意志健全

意志是一种心理过程,即个体在完成一种有目标的活动时,所进行的选择、决定与执行的心理过程。一个意志健全的人大多具有很好的自觉性、顽强性等特征,他们从事一种活动也往往带着很强的目的性,在面临问题时常能够采取合理的手段来解决,在此过程中也能够很好地控制自己的情绪与言行。

4. 人格完整

心理学上所谓的"人格"与人们平常所谈到的"人格"在内涵方面存在着一定的差别。我们在日常所谓的人格主要是指人的尊严,而心理学上的人格指的是一个人稳定的心理特征的总和,包括气质、性格、能力、兴趣、爱好、需要、理想等很多方面的内容,也就是通产所说的"个性"。气质与性格是人格的重要组成部分。人格完整就是一个人的思想与行为是协调一致的;人格结构的各要素完整统一;自我意识正确,不产生自我同一性混乱,以积极进取的人生观作为人格的核心,并以此为指导将自己的人生目标与现实行动统一起来。

综上所述，一个心理健康的大学生一般要具备心境良好、愉快、乐观、开朗等优秀的品质特征，情绪的变化应该适度且合理，在各种不同的场合要能够合理控制自己的情绪。

心理健康是较长一段时间持续的心理状态，一个人偶尔出现的一些不健康的心理行为并不表明这个人就一定是心理有疾病。同时，心理健康的状态并不是固定不变的，它既能够从不健康转变为健康，也可以从健康转变为不健康。以上心理健康标准仅仅反映了大学生个体良好地适应社会生活所应有的心理状态的一般要求，而不是最高境界。我们应该充满信心地努力争取心理发展的更高层次，充分发挥自己的潜能，促进自己的全面发展。

一般来讲，正确理解大学生心理健康的标准应该重视以下三个方面的内容。

首先是标准的相对性。事实上，大学生心理健康与不健康并不存在明显的界限，它是一个连续化的过程，如果把正常比作白色，把不正常比作黑色，那么在白色与黑色之间存在着一个很大的缓冲区域。对于大学生群体来讲，在人生的发展过程中会不可避免地遇到各种心理问题，这是非常正常的情况，大学生应该以积极的心态去面对与矫正。同时，个体灰色区域也是客观存在的，大学生应该不断提高自我的保健意识，并且学会及时调整各种不良的心理；人的健康状态的活动在于一个人产生了某种心理障碍并不意味着永远保持或行将加重。这是一个发展的问题，反映到心理上形成心理冲突是非常正常的，很多类似这种问题都是可以自行解决的。

其次是整体协调性。把握心理健康的标准应该以心理活动为本，对其内外关系的整体协调性进行深入的考察。从心理过程看，健康人的心理活动是一个完整统一的和谐体，这种整体协调保证了个体在反映客观世界的过程中的高度准确性与有效性。从心理结构的几方面来看，一旦不能符合规律地进行协调运作时就不可避免地会引发众多的心理问题。而从个性角度来分析，每个人都有自身稳定个性化的心理，这种心理在没有特殊外部因素或者强烈变化的作用下并不会有太大的改变，否则就表明其心理健康出现了一定的状况。

最后是发展性。实际上，不健康的心理可能是人在发展过程中不可避免的发展性问题，其症状随着发展而自行消失。

（三）大学生心理健康的状况

在社会成员中，大学生是文化层次较高的一类年轻群体，如果只从躯体疾病的角度来看，各种严重躯体疾病的比例并不高。但是从心理健康的角度来讲,很多大学生在心理方面都存在着一系列的不良反应与适应障碍,其中有相当数量的在校大学生有着不同程度的心理障碍。

首先,通过对许多大学休学、退学学生人数的统计调查表明,心理健康不良已经成为大学生辍学的主要原因,其比例约占整个休学、退学人数的30%左右,而且这一数字还呈现出逐年递增的趋势。其中,理工科学校的竞争压力更大,因此因心理障碍休学或退学的人数相对其他学科还要高一些。

其次,尽管大学生中普遍存在着各种各样的心理障碍问题,其中只有少部分学生接受了心理咨询方面的专业帮助,这就表明在大学生中广泛而策略地推行心理咨询,宣传心理健康知识,帮助学生掌握保持健康心理方法是非常重要的。

最后,心理障碍的发生在年级与专业间存在差异、竞争压力大的专业发生心理障碍的人数多于其他专业。从年级分布上看,大二、大三年级的学生心理健康状况相对较差,一年级次之,四(或五)年级问题最少。从生源地域上看,来自农村学生的心理健康问题比来自城市学生的问题要更多。

二、网球运动对于大学生心理健康的促进作用

参与网球运动对于运动者心理方面的积极作用是多方面的,具体来讲主要表现在以下几个方面。

(一)有助于情商的培养

网球运动具有很强的对抗性,通过参与网球运动可以很好地培养运动者运动能力、意识、交往等各方面的能力,从而使其更好地应对运动及生活中遇到的各种困难。

网球运动比赛不仅是一种身体与技能的较量,同时也是一种智慧、意志的竞争,通过参与网球运动能够很好地培养运动者形成积极健康的生活态度,同时也有助于运动者情商的发展。

(二)能够有效促进个性心理的良性发展

通过参与网球运动可以有效促进运动者心理的健康发展,这主要表现在以下三个方面。

(1)网球运动具有调节人体紧张情绪的作用,从而使运动者的生理与心理状态得到改善,这对于体力与精力的恢复也非常有帮助。

(2)网球运动能够显著促进人体的健康,使参与者能够更好地改善自己身体的疲劳状态,从而以更加充沛的精力投入到学习和工作当中。

（3）网球运动还能够陶冶运动者的情操，使其保持更加健康的心态，有效提升自己的自信心。

（三）可以有效减轻焦虑、抑郁等症状

焦虑是指人的一种对当前或者预计的威胁所反映出的恐惧与不安的情绪状态。而与焦虑等消极的情绪相比，抑郁属于更深层次的复合性负面情绪，其持续的时间更为漫长，抑郁的症状主要表现为悲伤、绝望、易怒。

研究表明，短期的身体活动或者运动锻炼对于一般人的应激症状具有短时间的缓解作用，而长时间的体育运动能够对焦虑、抑郁的患者起到长期稳定的缓解作用。对于那些沉默寡言、性格较为孤僻的群体而言，参与网球运动能够有效增加他们与其他人之间的情感交流，同时增进快乐、振奋精神，这就能够在一定程度上解除运动者身上的焦虑、抑郁情绪。

（四）有助于优秀意志品质的形成

意志品质指的是一个人的自觉性、目的性、坚韧性、自信性、自制力以及主动独立与勇敢顽强等精神。意志品质可以在克服困难的过程中表现出来，同时也能够在此过程中得到很好的培养。也就是说，一个人所经历的困境与挫折越多，那么就越有助于培养良好的意志品质。通过参与网球运动的锻炼，能够使运动参与者的意志变得更加勇敢，同时也能够更好地面对学习与生活中的各种困难与障碍。

网球运动锻炼对于培养人们的意志品质，如勇敢、顽强、坚毅、果断、自信心、自制力等方面都具有非常积极的作用。人们在具有明确目的的运动锻炼过程中，往往需要克服各种主观困难与客观困难。其中，主观困难包括畏惧、胆怯心理，运动疲劳、运动损伤等；客观困难包括运动的难度或意外障碍、气候条件的变化等。这就要求运动者具备足够的意志力量。

第五章 高校网球运动与大学生社会适应能力

网球运动是一种集健身、休闲、娱乐、竞技为一体的球类运动项目,长期参与对大学生社会适应能力的提高具有非常重要的促进作用。在参与网球活动和训练的过程中,网球运动可以通过影响大学生的身心来引起大学生的思维、意识、习惯、行为等发生一系列的改变,进而提高大学生的社会适应能力。当前,网球运动已经成为高校体育教学的重要内容,其不仅对于大学生的全面发展十分有益,还有助于进一步推进高校校园文化建设。本章主要就上述两个方面内容进行详细阐述。

第一节 大学生社会适应能力现状分析

社会适应能力是大学生综合素质的重要内容之一,它包括多方面的内容,如社会认知、人际交往、自主能力、学习能力、抗挫能力、实践能力等,这里结合我国高校一般情况,重点对大学生的以下几方面典型的社会适应能力表现现状调查分析如下。

一、在校大学生社会适应能力现状分析

(一)在校大学生社会认知现状

社会是一个集体系统,包括各种类型的社会成员及其相互之间的人际关系。作为社会成员,首先要对周围的人及周围的人际关系有所认知。社会心理学认为:人们在社会生活中,社会认知的范围是以人为主体,包括对他人的表情、性格、人与人之间关系的认知。[①]

大学生的身体素质和心理发展,及智力方面和之前相比都有了很大的发展,知识储备和中小学相比有了很大的提升,因此,与中学、高中阶段相比,大学生并没有真正接触到社会,也就是说,其作为青年期的大学生,和之

---

① 时蓉华.社会心理学[M].上海:上海人民出版社,2003.

前的任何学生时代的社会认知范围并没有发生变化,但是,内容上则有了质的区别。

就大学生的各种变化来看,由于身心发育以及大学生所面临的学习、生活社会化程度的加深,大学生的社会认知内容不断增加,并且有了社会交际、社会活动参与等的需求,相对于之前的学生时期,大学阶段,大学生的社会认知内容应该体现出多样化和高层次特点。①

首先,大学生对他人认知的多样化和高层次。社会心理学指出,他人认知是指个体在人际交往中对周围个体的认知。大学时期,学生接触到的人越来越多,与各种不同的人之间构成了简单的社会关系。与高中相比,高等教育的社会化,大学生个性发展需要,大学生学业和职业、人生规划发展需要等,使得大学生参与各种社会活动的需要日益增加,再加上当前我国大学生的就业、创业需求大,大学生对他人的主要认知范围已经从老师、同学、家长扩大到老师、家长、亲属、室友、校友、同一个协会及其他学校的有交际的同龄人、学校教育与管理人员等,这些不同关系的人承担着各种各样的社会角色。

其次,大学生对自我认知的多样化和层次化。和中学相比,大学生具有较强的独立意识,并且渴望独立。大学生在生活、学习等方面已经逐渐摆脱了对父母、教师等的依赖,已经从一般的自我主观认知、根据他人的评价被动自我认知中解放出来,具有自觉认识和评价自我的意识,并且这种自我认知掺杂了社会认同性,注重"社会的自我"和"心理的自我"。

最后,大学生对人际关系认知的多样化和高层次。人际关系,从本质上说,就是人与人之间心理上的距离与关系,在大学时期,大学生与周围人之间的关系会不断加入新的社会角色。随着大学生生理、心理的逐渐成熟,知识、阅历的增长,大学生能够更加理智地认识不同的人际关系结构及其社会价值,处理各种人际关系。

当然,大学生的社会认知也存在许多不足之处,具体分析如下。

1. 单一偏激

一般来说,从青春期开始,青少年就会表现得比较叛逆,不易沟通,容易出现思想偏激的现象。大学生的知识、学历、学识、经验等都较之前有很大的丰富与发展,但是,很多大学生依然在认识事物和评判事物上存在着容易偏重某一侧面的情况。

具体来说,当大学生结合自己的智慧、知识、思维、思想等重新认识周围

---

① 笪学军.大学生社会适应能力研究[D].河海大学,2005.

的人和事时，往往会发现，家长似乎太守旧、太落伍，和家长之间甚至没有任何共同语言；当大学生满腔热血地用个人的美好理念去看待社会上的人和事，却发现社会风气日下。这些心理和感慨，充分说明了一些大学生的心理年龄并没有真正地与生理年龄相应增长。

2. 自我认识不足

过度自信与信心不足是当前大学生自我认识不足的两个非常重要的心理。过度自信往往源于大学生对自我社会实践能力过度高估，这里重点对大学生自我认识能力不高、信心不足详细分析如下。

大学生的成才欲望往往都很强烈。大学生对未来充满美好的幻想，希望成绩优秀、受人关注、成就一番大事业。但在现实中，大学生面临着学业和就业双重压力，和高中时期的系统学习不同，大学的学习更多地靠自觉，这就使得很多大学生会感到学习负担重、过程苦，心有余力不足，甚至产生厌学心理，形成了想学和厌学的矛盾。

大学生和真正接触和进入社会后的毕业生、社会职工相比，由于社会经验和人生阅历较为缺乏，因此很多大学生不能准确地认识自己，出现理想自我与现实自我的矛盾冲突。

3. 盲目从众

从众现象是一种非常普遍的社会现象。有社会心理学指出，从众现象是指个体在群体中会不知不觉地受到群体的压力，而在知觉、判断、信仰以及行为上表现出与群体中多数人一致的现象。[①] 从众现象有积极和消极之分，主要与群体的行为反应有关。

群体对个体的主观认知有"教化"效应，会使个体为了得到群体的认可、增强群体凝聚力而促进个体思想与行为与群体一致，这个过程就是群体下的个体的社会化过程。

大学生中的盲目从众现象，即在群体的保护下，违反正常社会情境下的社会准则的思想和行为，称为"群体去个性化"现象。大学生中的盲目从众现象表现在诸多方面，如生活中不明就里的起哄滋事，兴趣爱好上的跟风，不文明举止上的随大流，"大家都这样，我也这样"，专业学习上的"别人都马虎，我干嘛认真"等。当然，这种心理说明了当代大学生的一种学习心理和学习态度趋势，据调查显示，只有约半数的大学生能够认真对待专业课学习，并具备

---

① 笪学军. 大学生社会适应能力研究[D]. 河海大学,2005.

良好的学习动机,能够科学管理自我(图 5-1、图 5-2①)。也必须认识到,尽管大学生的学习态度比较端正,但是与高中相比,学习积极性明显下降。

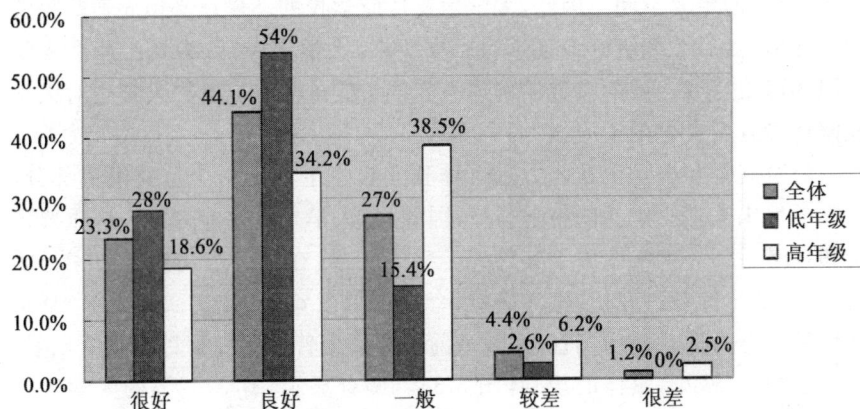

图 5-1　大学生学习态度

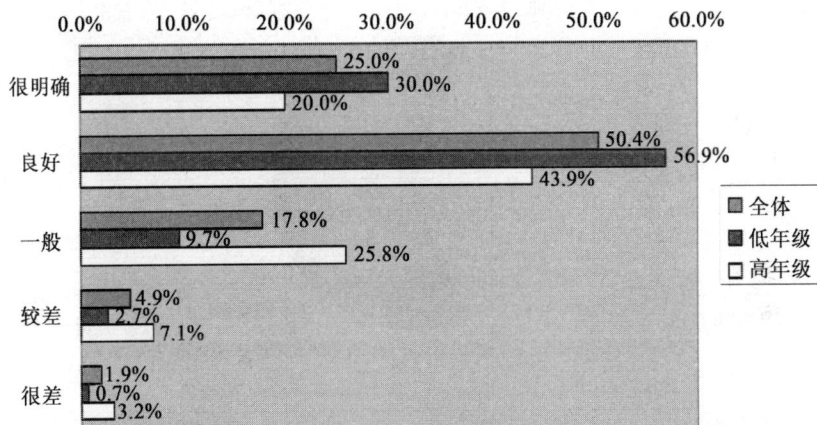

图 5-2　大学生学习动机

盲目从众是一种不好的社会心理,是大学生社会认知能力不足的表现。当代大学生的盲目从众,对于其学业、个人成才来说都是一种不良的社会认知,从本质来看,这种认知摒弃了大学生对个人、他人以及人际关系和未来社会发展的社会认知基本能力,容易导致大学生迷失自我。

(二)在校大学生自主能力现状

在校大学生已经进入青春后期,成为成年人,他们具有自主生活、学习,

①　丁晖.大学生社会适应能力培养研究[D].南京工业大学,2012.

甚至(兼职)工作的能力。

大学生以住校为主,也有一些学生在外租房,大学校园是大学生生活、成长、成才的主要空间。因此,大学生要适应学校的环境就必须先适应校园生活环境,然后才能更好地去学习。据调查,大学生中,认为自己所在大学校园环境很好或一般的人数比例约为82%,充分表明了多数大学生对大学校园环境具有良好的适应能力。

消费规划和合理消费能力是个体独立自主生活的一个重要组成部分,是大学生未来独立生活的科学保障,因此,是大学生自主能力的一个重要评价和参考目标。大学生由于其仍处于学生阶段,在经济上仍然需要家长的支持,大学生的各种花费(生活费用、个人发展投资、日常交往费用等)基本是依靠父母。通过一项调查,发现当前的大学生普遍存在盲目消费的现象,对自己的消费没有具体的规划(图5-3)。调查显示,有37.2%的大学生盲目消费,只有35.2%的学生有明确的消费计划。

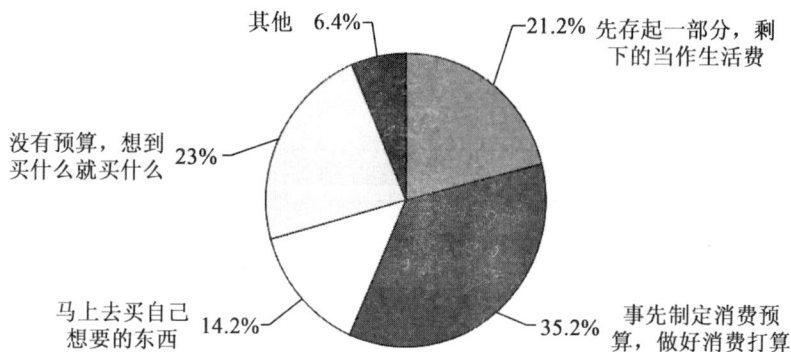

其他 6.4%
21.2% 先存起一部分,剩下的当作生活费
没有预算,想到买什么就买什么 23%
马上去买自己想要的东西 14.2%
35.2% 事先制定消费预算,做好消费打算

图 5-3

(三)在校大学生人际关系现状

一般来说,主动交往、与人为善的人,其社会关系的处理能力往往要更好,与周围人的人际关系要更加融洽。

根据大学生的交往积极性与对他人的态度两个方面对当前大学生的人际关系现状进行详细分析。

1. 大学生与人交往的积极性

对于大学生来说,其平时接触最多的就是室友,从大学生与室友的相处可以反映出大学生与他人的交往能力。

调查显示,在大学生与室友交往状况中,大多数大学生都能与室友和睦相处,关系不好的只有极少的一部分(表5-1)。

表 5-1 大学生室友关系交往状况调查

室友之间关系状况	大学生比例
关系非常好	39.7%
关系较融洽、和平共处	37.2%
关系一般,互不干涉	16.3%
关系不太好	5.3%
有被孤立的感觉	1.5%

根据调查结果分析,大多数的大学生与室友关系融洽,在"室友带朋友来宿舍,你的态度如何"时,有 47.7% 的大学生能与陌生人交往自如,多数大学生习惯于被动与陌生人交往(图 5-4)。[①]

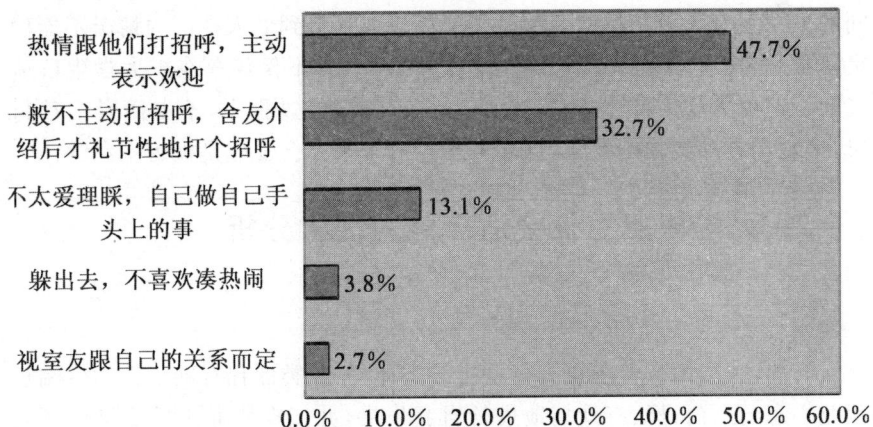

图 5-4

2. 大学生交往中对他人的态度

人际交往是一个开放的交往过程。在人际交往过程中,助人为乐是一种积极向上的交往态度,是建立良好人际关系的重要基础,对于个体的良好人际关系的建立具有重要的促进作用。

大学生助人为乐的良好表现有助于其更好地接近他人,融入集体。据调查显示,大学生在面对他人遇到困难时,所采取的态度是有很大的差异性的。数据显示,有 45.7% 的大学生会选择积极帮助他人,这一比例,客观来说是比较少的(图 5-5)。

① 丁晖. 大学生社会适应能力培养研究[D]. 南京工业大学,2012.

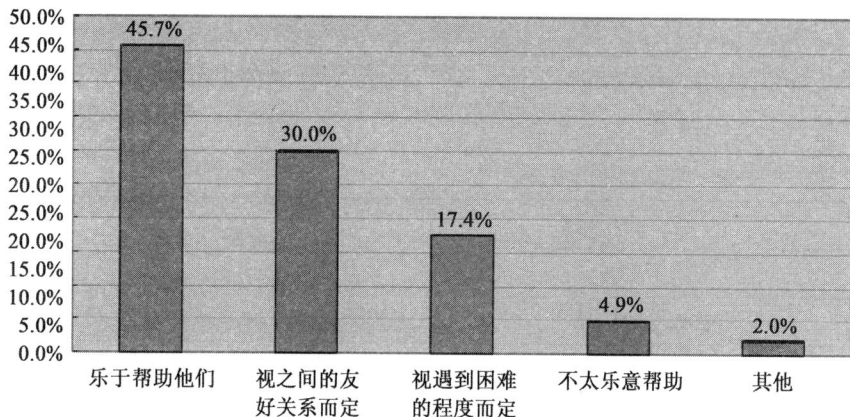

图 5-5

整体来看，大学生对待他人的态度比较淡漠，这与当前社会上人与人之间的关系有着十分相似的表现。正如诸多人在遇到老人摔倒的情况不能确定是不是要去扶一把一样。这是一个社会问题，不仅仅存在于大学生群体之间。但就大学生群体来讲，大学生在与人交往过程中，不太懂得主动付出，呈现出被动交往的景象，这对大学生的未来社会适应是极为不利的。

二、大学毕业生社会适应能力现状分析

（一）大学毕业生工作认知能力

当前，我国高校普遍设有就业指导类课程，此类课程有助于大学生端正就业心态，更有目标、有计划地进行自我发展，并能在毕业之后能尽快融入社会，适应社会。

就我国基本国情来看，大学生的就业形势比较严峻。调查显示，大学生对就业前景的认知情况比较模糊，而这种不全面、不深入的认识直接导致了大学毕业生的日后职业发展适应能力差。在初入职场时，更多地表现为对工作的不适应，产生较大心理落差和受挫心理。

研究表明，良好的就业心态、正确的就业前景认知有助于大学毕业生的职业发展适应。在进入社会之前，大学生应对当前社会发展状况、人力资源的需求、自己专业所对应的行业发展情况等有一个大致的了解，并结合自己的志向，有针对性地去进行职业目标设计与职业道路规划。

职业生涯规划是指个人依据职业生涯的主客观条件及制约因素，结合自身个性、兴趣、爱好、能力和价值观等，在综合分析与权衡的基础上，结合时代的特点深入了解各行业、职业需求趋势及成功可能性后所做出的职业

发展倾向和奋斗目标。[①]

　　对于大学生来说,其职业生涯规划是否清晰,直接影响其职业发展的适应性与适应能力。近年来,大学毕业生频繁的离职和跳槽已经成为一个较为普遍的社会现象,这一现象折射出大学毕业生刚进入社会时的各种不适应。随着大学生素质的不断提高,其对自我发展越来越重视,进行科学规划职业的大学生人数正在逐渐增加(图5-6)。

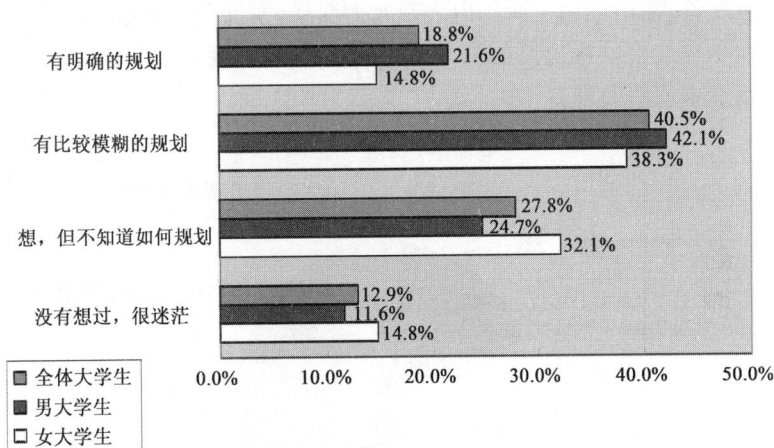

图 5-6

　　据调查显示,当前,在我国大学生就业形势严峻的情况下,大学生对当前社会就业形势的认知、对当前就业压力的认知具体如图5-7、图5-8所示,整体来看,这种认知符合社会就业形势的客观表现。但是,再进行深入调查,就业形势如何严峻,自己所学专业对应的行业发展、人才需求等具体情况,大多数大学生都不是很清楚。

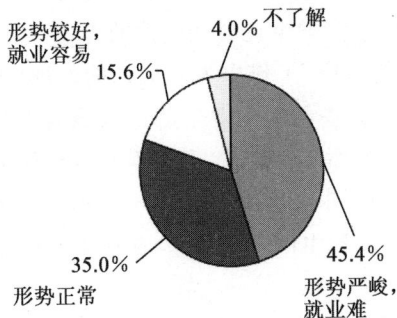

图 5-7

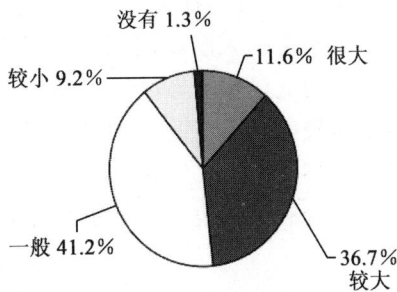

图 5-8

---

① 丁晖. 大学生社会适应能力培养研究[D]. 南京工业大学,2012.

　　大学生对就业形势的认知整体来看,过于笼统,只有模糊的概念与印象,并不能结合自己的发展提供有力的说明。因此,很多大学毕业生在走出校门后都比较盲目,不能结合自己的专业、特长、兴趣、爱好以及其他客观条件来明确工作需求与方向。

　　大学毕业生的工作认知不明确会导致盲目求职,而盲目求职的结果就是大学生频繁地跳槽和换工作。离职率高是大学毕业生近年来就职后的一个显著现象,在毕业后一两年内表现尤为明显,发展空间不够和期待薪资偏低是大学毕业生最为主要的离职原因(图5-9),客观上反映了部分大学毕业生急于求成的心理。

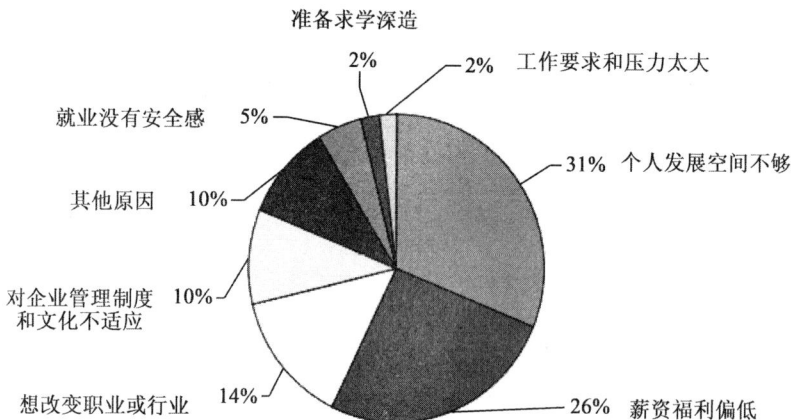

图 5-9

(二)大学毕业生工作适应能力

　　大学生的工作适应能力是其社会适应能力非常重要的一个组成部分,总的来看,良好的社会工作适应能力有助于大学生社会适应性的提高。

　　大学生初入职场,对于新工作环境的适应、工作中人际关系的处理、工作任务的完成情况等,都处于探索阶段。有些大学毕业生能在入职后不久就取得较好的成绩,而有些大学生则在入职后不能适应,甚至有辞掉工作的想法。排除不同工作的性质与难易程度,就同一份工作而言,不同的大学毕业生也会有不同表现,充分表明了不同大学生的社会工作适应能力的差异性。

　　针对当前大学生毕业后的工作适应能力做了一系列调查,内容涉及"大学毕业生对自己所从事工作的满意程度""大学毕业生对自己的工作表现评价""大学毕业生对自己工作表现的满意程度""大学毕业生对当前工作的不满原因"等问题。调查结果参考表5-2、表5-3、表5-4、表5-5。

表 5-2　大学毕业生对自己所从事工作的满意程度 N＝398

	满意	一般	不满意
人数	153	184	61
比例	38.37%	46.33%	15.3%

表 5-3　大学毕业生对自己的工作表现评价 N＝398

	得心应手	一般	力不从心和勉强应付
人数	213	124	61
比例	53.51%	31.16%	15.3%

表 5-4　大学毕业生对自己工作表现的满意程度 N＝398

	满意和非常满意	一般	不太满意和很不满意
人数	268	95	35
比例	67.35%	23.84%	8.81%

表 5-5　大学毕业生对当前工作的不满原因 N＝398

	知识不够用	能力不足	同事不友好	领导不信任
人数	186	79	51	25
比例	46.73%	19.85%	12.77%	6.22%

针对大学毕业生工作适应能力表现的几个方面问题的调查结果反映了如下几个方面的问题。

(1)大多数毕业生能适应工作的安排,对自己的工作选择比较满意;少数毕业生不能适应当前工作,而且随着入职和工作时间的增加,对工作的适应性越来越差。

(2)大学毕业生习惯对自己的工作进行评价,这表现出大学生日常工作中的反思意识和能力。对于自我工作表现,通常来说,毕业年限越久,对自己的表现越满意。表现了大学生对社会的逐渐适应。

(3)总体来看,我国大学毕业生对自己工作表现的满意程度较高,而且随毕业年限的增长这种满意程度会逐渐提高。

(4)在对待工作不尽如人意的问题分析上,多数大学毕业生受困于主观原因,如感到自己的专业知识和能力素质还不过硬。也有小部分毕业生关注客观原因,对外在因素反应敏感。[1]

当前,绝大多数的用人单位认为大学毕业生在工作岗位上的实践能力不太令人满意,尤其是刚刚毕业的大学生,在从事第一份工作时,只能基本适应工作岗位需要(图5-10)。

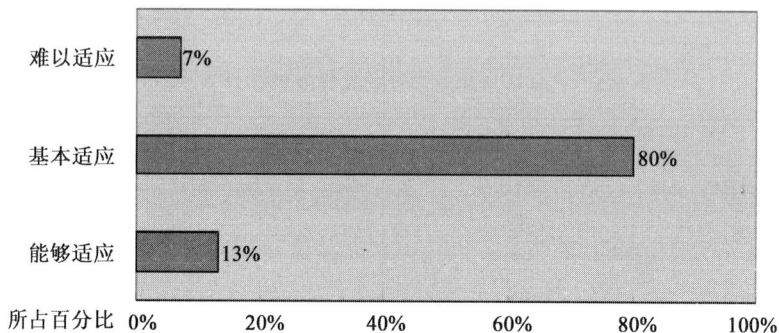

图 5-10

总结分析来看,当前,我国大学毕业生在社会适应中存在的主要问题是,掌握核心知识的水平偏低,分析解决问题的能力不足,实践应用能力不足,与同事交流少,离职现象严重。

(三)大学毕业生社会交往能力

社交能力是大学毕业生社会适应能力的重要因素之一,它不仅对大学生毕业后进入职场适应工作具有重要影响,同时,也对大学生日后职业发展、社会发展等具有重要的影响作用。

大学毕业生走出校门、进入社会后,与周围社会成员的接触范围更广、社会交际网络关系更加复杂,在人际关系上主要表现为与同事、与领导、与朋友之间的关系。由于大学生与家长的关系比较稳固、与教师之间的关系逐渐淡化,这里不做分析与阐述。

调查显示,绝大多数大学毕业生能够与朋友、同事和睦相处,能扎实工作,通过不断努力来获得领导信任。调查数据参考表5-6、表5-7、表5-8。

表 5-6 大学毕业生与同事的交往情况调查 N＝398

	很好、比较好	一般	较差、很差
人数	302	90	6
比例	75.88%	22.49%	1.63%

---

[1] 杨光平. 当代大学生社会适应能力的调查及培养研究[D]. 西南师范大学,2002.

表 5-7 大学毕业生对领导态度的主观认知分析 N＝398

	很好、比较好	一般	较差、很差
人数	285	106	7
比例	71.54％	26.59％	1.87％

表 5-8 大学毕业生与朋友的交往情况调查 N＝398

	很好、比较好	一般	较差、很差
人数	119	67	12
比例	80.11％	16.77％	3.12％

（1）在与同事之间关系上，绝大多数毕业生的人际关系适应性较好，能以谦卑的心态待人，能谦虚做事。

（2）在单位领导对自己的态度上，大多数大学毕业生都很注意与领导处理好关系，通过努力工作赢得领导的信任与好感。

（3）在朋友关系方面，绝大多数大学毕业生都比较善于社会交往，都有自己的朋友并能友好相处。

整体来看，当前我国在校大学生的社交适应能力偏差，这与其没有接触社会有十分密切的关系。调查显示，各大学生群体之间并不存在性别、学科之间的差异，只是年级和毕业年限这两个因素对大学生的社会适应能力有着比较大的影响。一般来讲，年级越高、毕业年限越久，大学生的社会适应能力就越强。

第二节 高校网球运动与校园文化建设

一、校园文化

（一）校园文化的概念

校园文化是一种特殊的文化，"校园"是"文化"的定语，由此决定了校园文化的发生场所与空间。

具体来说，校园文化是"校园"与"文化"的结合，为了能够更加全面、准确地了解校园文化,可以从宏观和微观两个方面对校园文化进行解析,以实现对校园文化的系统认知。

首先,从宏观层面来看,校园文化包括两大形式,它是实体与精神文化的结合,具体包括校园物质文化、制度文化和精神文化等。

其次,从微观层面来看,校园文化是一种文化氛围和精神文化的总称,它专指在校园内所发生的一切文化活动形式与内容。

校园文化的活动主体是在校师生。如果没有在校师生的参与,则这种文化就不能算是校园文化。可见主体对于文化的重要影响。

和其他文化形式和内容相比,校园文化更多的是一种课余文化(课延文化),具体来说,校园文化同学校体育课堂主流教学文化不同,它是在课堂教学之外的一种文化,教师和学生自主参与性更强,形式更加多样化。

(二)校园文化的具体内容

这里的校园文化专指校园体育文化内容,具体分析如下。

1. 物质文化

物质文化是一种实体文化,是可见的。校园体育物质文化在校园文化中具有十分重要的地位,它是校园体育文化的基础,是校园体育文化建设的"硬件"基础。具体来说,体育物质实物也有其本身的实际作用,能有效地保证体育教师、学生在参与体育的过程中的各种体育活动能够借助于体育物质文化有序进行,如果缺少物质基础,校园体育文化活动将无法开展。

一般来说,在校园体育文化中,体育物质文化是在第一和第二(人工自然)及其他文化的基础上产生、发展的。校园体育物质文化表现在多个方面,体育器材、设备、环境等都包括在内,这些物质文化构成体育活动的基础,也构成特定的物质文化景观。

具体来说,现代校园体育物质文化内容十分丰富,除了上面所提到的体育器材、体育设备,校园内与体育内容有关的各种雕塑、场馆、书籍、宣传标语等都属于体育物质文化的范畴。

在校园文化活动开展过程中,校园体育物质文化的客观的外在实物在潜移默化中可以深入学生的内心。例如,校园体育建设状况、设计水平和文化内涵是衡量一个学校校园体育文化的重要判定标志,是精神象征,能给学校师生带来一种荣誉感和体育激励。

2. 制度文化

制度文化是由多重元素构成的一个统一的体系,这些组成元素包括组织、政策、体制、规则等内容。

制度文化是一种特殊的文化形式,很难简单地将其进行归类,与体育物质文化和精神文化相比,它是一种介于以上两种文化之间的一种文化形式,具有规范体育思想和行为的作用。

在校园体育文化构成中,制度是校园体育的组织规则,正是由于校园制度文化的存在,才对校园体育活动者的行为进行约束。制度文化为校园体育文化的正常开展提供制度保障。

在校园文化活动的开展中,校园体育制度文化的作用具体表现在以下两个方面。

首先,校园制度文化体现体育意识,它能有效规范校园文化参与者的行为保证校园体育文化活动的顺利开展。

其次,校园制度文化具有纽带作用,能有效地将校园体育文化活动的参与者与体育文化内容有机联系起来,作为精神形态与物质形态的中间层面,它是学校体育的综合形态。

3. 精神文化

精神是事物的灵魂与核心,没有精神的事物无法长久存在。

校园体育文化中的精神文化,又称"体育价值观",是指校园内全体体育教师、学生及相关人员在体育精神层面上的普遍自觉的观念和方式。如体育观念、体育风尚、体育精神、体育道德等。良好的校园精神文化氛围对于校园体育运动的发展具有重要推动作用。

和其他两种文化内容相比,校园体育精神文化的表现较为隐晦,即不能立刻通过某种实物发现,是一种内在的思维体现。但尽管如此,对于任何精神文化来说,文化都可以通过影响个体和集体的精神领域来促进个体和集体的实际行为的实现。

在校园体育文化中也是如此,它的内部也有最核心的精神文化驱动,精神水平和"视角"的高低决定了主体文化的水平。校园精神文化在校园文化中居于主导地位。

在校园体育发展过程中,如果一个校园的体育文化氛围良好,则可以使校园变为一个在一定区域内集成的具有普遍自觉性的体育文化小群体。

校园体育文化活动的最主要的开展形式就是体育活动,通过开展丰富多彩的体育活动将校园体育活动参与者的身心引向健康的方面发展,在校园体育文化环境的影响下,校园形成一种集体性的体育意识和行为,所有体育活动的参与者都受到这种集体意识和集体行为的影响,进而形成一个群体化的、得到群体认同的文化氛围,促进所有参与者的健康发展。

（三）校园网球运动文化内容

校园网球文化可以以物质文化、制度文化、精神文化这三个要素为主要依据进行研究和分析，因此，将校园体育文化分物质文化层、制度文化层和精神文化层三个层次（表5-9）。

表5-9　校园网球文化的结构及内容划分

结构	物质文化层	制度文化层	精神文化层
内容	网球场馆 网球器材 网球服装 网球雕塑 网球用品 网球场景 ……	网球行为 网球技术 网球规则 网球规范 ……	网球观念 网球意识 网球道德 网球情感 ……

网球文化是一种高层次的文化，是网球运动参与者，包括运动员、教练员、管理者等，在网球运动实践过程中所形成的、创造的文化精髓，包括网球思想文化、制度文化和操作文化。[①]

具体来说，网球文化分为两个组成部分，一是为网球运动提供物质条件的"硬文化"，另一个是网球运动中形成的一系列制度、礼仪等的"软文化"。

（1）网球运动的"硬文化"。具体包含所有与网球运动有关的实物：包含网球场馆建筑、网球运动器材、网球运动设施等，正如前面所提到体育物质文化内容一样，网球物质文化也相应地包括与网球运动有关的雕塑、宣传画与宣传标语、相关图书资料等，这些都是网球物质文化的内容，表现着学校网球文化的重要内涵。

（2）网球运动的"软文化"。包括网球制度文化和精神文化内容，是围绕网球运动形成的一系列制度、规则、技战术以及礼仪等。[②] 对于校园网球运动来说，网球精神文化是一种精神和价值观的体现，与校园师生与其他工作人员的网球运动思想观念和行为息息相关。

校园网球运动文化具有校园体育文化的特征，并且其休闲、自由、时尚、

---

① 石昊天，武莹．网球文化对大学校园体育文化的影响研究[J]．吉林工程技术师范学院学报，2012，28（11）.

② 秦德平．论网球运动及其文化在中国的推广[J]．三明学院学报，2011，12（6）

娱乐性表现得更为突出。[①]

二、网球运动与高校文化建设关系分析

网球文化是一种综合化的文化形式,重视高校网球运动文化的建设对丰富高校体育文化、高校文化具有十分重要的意义和作用,能吸引更多的人关注和参与网球运动,加强在校师生对网球文化的认知,能丰富校园文化内容体系,了解网球文化与校园文化的内在联系[②]。

(一)提升高校体育文化内涵

在高校校园体育文化建设中,开展网球运动,有助于提升高校校园的整体的体育内涵,发挥体育文化的价值。[③]

体育具有多元价值,网球运动作为一种重要的体育运动形式,具有多元价值,因此,在高校推广网球文化,有助于发挥网球运动的体育价值、教育价值和美育价值,在丰富校园文化内容的同时,发挥体育文化的育人价值,从而促进学生的全面发展。

(二)推动高校人文体育教育

网球运动被称为"绅士运动",和其他球类运动形式相比,网球运动具有高雅气质、别具一格的育人功能,在高校体育教学、训练与各项活动开展中,推广与普及网球运动,能很好地展现高校大学生在网球运动参与过程中的果断、坚强、团结的运动精神,网球文化中蕴含着丰富的高雅、文明的礼仪规范,网球课程教学中科学与人文的有机融合,可以实现对大学生的人文教育,对高校大学生优良人格的塑造和完善。

校园网球运动文化具有重要的教育作用和行为导向作用,能引导学生积极、主动参与网球学习和网球活动。网球运动具有丰富的文化内涵,长期参与网球运动能在提高学生体质的基础上丰富学生的精神领域,让学生学会竞争、学会合作、学会与人相处、学会适应、学会健康心理的建立和良好品行的养成,有助于学生的个性塑造和人格素养培养。

新时期,高校教育提倡素质教育,强调学生的全面发展。校园体育文化是校园文化的重要组成部分,校园网球文化是校园体育文化的重要组成部

---

① 张鑫 . 构建高校网球文化刍议[J]. 考试周刊,2012,11.

② 尤凡 . 浅析网球文化对校园体育文化的影响[J]. 新西部,2015,18.

③ 黄祥富 . 网球文化对大学校园体育文化的影响研究[J]. 新经济,2016,9.

分。从本质上来说,校园文化对学生的全面发展具有重要的促进作用,因此,建设校园网球文化也必然对学生人文素养的提高具有积极促进作用。

网球运动具有人文功能,"人文网球"要求运动员在网球的训练和比赛中,学会如何做人、如何做事,并塑造完善的人格,推动网球运动人性化的发展的同时,使网球运动员在做人、做事方面获得良好的人文教育,对运动员道德精神、人格修养等素质提高起到积极的促进作用,对于网球运动参与者的社会交往和社会综合素质的提高具有重要的促进作用。

三、高校网球运动文化的科学建设

(一)提高大学生网球参与意识

体育教师在高校网球教学中应重视培养学生的网球参与意识,引导学生关注网球运动。

具体来说,在高校网球运动教学中,教师应重视学生网球兴趣和热情的培养,通过向学生传授网球运动基本理论知识、文化背景、运动保健与卫生知识、运动技能等,使大学生对网球运动、参与网球运动有一个准确的认识,并且更自觉地爱护环境、保持健康,使大学生能将这种精神和文化带到日常生活中去,重视网球运动的日常参与。

客观来讲,网球意识的建立需要一个长期的培养过程,要求教师面向全校所有学生,为大学生提供良好的机会来对网球运动的乐趣加以感受。

在高校大学生网球运动参与意识的培养过程中,对这种意识的传播工具和方式是关键因素。因此,学校要善于通过校园媒体向学生传播网球知识和最新的网球信息。

(二)丰富高校网球文化内容

丰富高校网球文化的内容,有利于吸引更多的学生参与到网球文化的学习中来,这是构建高校网球文化的重要途径。

网球文化内容丰富,一方面,在高校网球教学中,教师应通过合理组织教学和训练,引导大学生学习和掌握网球理论知识、技术和技能,提高大学生的身体素质、体能能力,提高大学生的文化修养。另一方面,学校还应组织多种类型的网球文化活动,如开展网球知识讲座,做到网球文化活动开展形式与内容的多样化。具体来说,结合当前的校园文化建设经验,校园网球运动文化的形式与内容常见的主要有网球知识讲座、网球友谊赛、网球文化娱乐表演、网球知识竞赛等,这些内容和形式对于丰富师生的网球知识、促进师生参与网球运动、建立校园网球氛围等都具有重要意义。

此外，学校还可以举办网球文化节，开展网球知识竞赛、网球友谊联赛。

网球知识竞赛的开展，有助于丰富学生的网球知识，使学生更多地了解网球运动的各方面内容，建立网球运动的参与兴趣与积极性，进而认识到网球运动参与的重要性，从而积极参与网球运动。

针对网球竞赛的开展，可以创新网球比赛形式，如教师、学生分组循环对抗，以新的模式来吸引在校师生关注网球运动，这样不但能够使师生的生活得到充实，又可以促进师生的集体荣誉感和竞争意识的增强。

需要特别注意的是，无论何种形式的网球文化活动的举办，都应该长期坚持，使其发展成为本校的一个文化特色。

（三）重视网球教师队伍建设

作为高校网球文化活动的重要参与者，高校网球文化队伍建设对高校网球文化的发展具有重要的引导作用。高校网球文化队伍的工作热情、专业知识水平、网球文化活动组织能力等都会影响高校网球文化的发展。

当前我国高校网球教师的专业素养还不够全面，或多或少地存在这样或那样的不足，这对于高校网球文化发展起到制约作用。

高校网球文化建设队伍有多个不同成员构成，主要包括学生骨干和教师队伍、学校主观体育的相关领导和工作人员等。高校网球文化队伍建设应重点从教师和学生骨干入手。

体育教师方面，必须重视网球一线教师的体育素质和教学素质的提高，丰富教师的教学经验、强化教师的专项教学业务水平，提高网球运动教学质量与效果，影响更多学生参与网球运动、发现更多网球运动后备人才。具体来说，在高校网球运动各项教学、训练、课余活动的开展中，教师的主导作用至关重要，各项活动中，体育教师是各项教学活动的引导者，在校园网球运动文化的建设过程中发挥着重要的作用。因此，体育教师应建立校园网球运动文化推广、传播、发展的意识，树立责任感，在完成网球运动教学任务的基础上，主动参与到网球运动文化的建设过程中，有计划地组织学生参与各种网球活动。

学校方面，为鼓励教师的校园网球运动文化参与，应在教师身上多下功夫，调动教师的工作热情和积极性，关心教师、满足教师的合理要求，使教师全身心投入到教育工作中去。学校应重视对体育教师的专业素养、教学能力的提高，重视教师培训，提高教师的综合能力。教师应深入学生，了解学生需求，以真正促进高校网球各项活动的发展。

学生骨干方面，校园网球活动的开展应积极鼓励高校大学生参与到网球活动中去,让学生参与网球活动管理。一方面,鼓励学生主动参与到校园网球运动文化活动的举办过程中,为学生参与网球文娱活动、网球竞赛的组织与管理等创造良好的机会与条件,并在学生参与的过程中,安排专业的教师为学生提供活动指导,让学生积极思考、发现问题、改进工作,激发学生参与和学习网球的热情。另一方面,合理抓住对大学生的锻炼时机,如在网球知识竞赛举办期间,各班、年级应成立学校宣传报道小组,还可以组织学生作为志愿者,完成赛会服务和裁判助理等工作。学生的积极参与能够确保网球文化活动的举办符合学生品位和心意,更进一步激发其参与积极性。

(四)促进大学生养成健康的生活方式

近年来,随着网球运动的宣传与开展,高校大学生参与网球运动的人数越来越多,学生对网球运动对自身健康生活方式的建立之间的关系认识日渐清晰,即从事网球运动有利于建立健康文明的生活方式。

针对校园网球文化活动开展,应积极发挥校园宣传媒介的多项功能,通过校园多元媒介的大力宣传,扩大校园网球运动文化对在校师生的影响,营造良好的校园文化氛围,使在校师生能充分认识到网球运动及其文化活动参与的重要性和价值,并能主动参与到网球运动及其文化活动中,提高自身的网球运动文化素养、促进自身的全面发展。

此外,应积极发挥教师的教育指导作用,具体来说,在高校网球教学中,教师在日常教学工作中和教学活动开展过程中,重视网球文化的推广与传播,能促进学生网球参与意识的形成和良好网球运动锻炼习惯的养成,有利于学生的身心健康、全面发展,有助于培养合格的社会人才。因此,通过现代网球教学,应使高校大学生养成健康的生活方式。

(五)处理好学生需要与社会需要的关系

校园网球运动文化的建设并不仅仅是专门为满足在校生的需求而开展的。构想中的校园网球运动文化不仅在学生在校期间对其构成体育行为上的引导,更能影响大学生日后的社会行为。

另外,从社会发展的角度来讲,当前社会对人才的要求越来越高,学校教育应为培养社会发展所需要的人才服务。在这种情况下,就要处理好学生的需要与社会需要的关系。

从社会和文化教育发展来看,明确学生需要和社会需要二者之间的关系,有助于校园网球运动文化建设与社会文化发展的良性对接。

在我国,一般认为,教育是一种育人手段,主要目的是培养社会发展需要的人才,并没有从本质上考虑个人发展的需要。这种社会需要强化为人的需要,导致了包括学校体育教学在内的学校教育的社会指导性,脱离了教育育人、促进人发展的本质。纵然社会需要是教育必须要考虑的内容,但是,这种否定个人发展需要的教育是片面的,这种教育教学观念使学校教学内容与文化沦为一种"工具"。

新时期,随着高校体育教学改革的深入,"校园体育工具论"思想被充分认识到其不足。具体分析如下。

首先,文化主体——学生的需要是教育育人应考虑的重要内容,在教育中,学生是主体,因此,不能将教育的目的与教育主体的需求二者割裂开来,校园文化的建设也应考虑作为文化主体的学生的需求。

其次,社会需要与学生需要二者应有机结合起来,二者的统一是学校教育的终极目标,在学校教育教学中,不能忽略其中的任何一个方面,校园文化建设应满足学生需要,也应考虑社会需要。

最后,从校园文化建设的角度来说,文化发展要促进学生的发展,也要促进社会总文化(文明)的发展。

因此,在校园网球运动文化建设过程中,应将学生发展需要与社会需要结合起来,以学生发展需要为主,综合考虑社会需要,有针对性地、科学地开展多种形式与内容的网球运动文化活动。

第三节　网球运动提高大学生社会适应能力的价值研究

一、网球运动对大学生社会适应能力要素的影响

(一)认知

认知,也可以简单地称为"认识",具体是人认识事物的过程。对于任何一个个体来讲,科学认识事物是了解事物、掌握规律的重要前提,高校大学生也不例外。

研究表明,人的认知能力与运动参与密切相关。个体参与体育运动能有效促进个体认知能力的提高。具体来说,在运动参与的过程中,个体的大脑神经获得充分调动与发育,不仅为大脑提供更多的血氧等物质条件,还促进了大脑在运动中的敏捷思维的养成,对于个体的认知能力具有积极的促进作用,能使人更快、更准确地辨析事物、认识事物的内在联系。

因此,可以说,科学参与网球运动、丰富网球运动问题,能有效提高高校大学生的智力水平,也可以提高个人的记忆、注意、思维、反应和想象等能力,还可以稳定情绪,使性格开朗,人格完善等。这对于大学生环境、知识、技能等的学习、适应能力的提高无疑是有益的。

(二)注意

注意,是一种有效行为,具有深度、广度、范围等的不同。不同的人的注意表现是不同的。

注意力是人的心理活动的指向性和集中性。注意力持久的指向和集中于同一事物即为注意力的稳定性。注意力是个体的一种心理状态。

专注力是个体良好注意力的表现,对于个体做事的成功率和个人的成才具有重要的推动作用。

研究表明,长期科学的体育参与能提高个体的注意力,尤其是有意注意。网球运动参与也不例外。具体来说,在网球运动参与过程中,运动者的身体素质得到有效的改善,大脑神经系统的发育更加健全和完善,能在短时间内认识到人与球、球自身移动等的空间位置、空间变化,要想提高网球运动水平,就必须排除干扰,专注于球、人、技术、战术,如此才能取得良好的训练效果和运动成绩,长此以往,有助于促进个体养成集中注意的习惯。

(三)意志

意志是人为了实现既定目标而支配自己的行动,并且在行动时自觉克服困难的一个心理过程。它与行动之间具有密切的关系。

从事任何一项活动,如果个体有着非常明确的目的那么就能够不断地克服主观困难(如畏惧和胆怯心理、疲劳等)与客观困难(气候条件、难度和意外障碍等)。对于当事者来说,持续、坚持完成某一事件十分有益。

网球运动内容丰富、形式多样,经常参与有助于培养运动者良好的意志品质。具体来说,网球运动对个体良好意志品质的培养和促进集中表现在以下几个方面。

(1)网球运动具有竞技体育运动的一般特点,同时由于其运动中技术的多变与多元,使得网球运动的学习并非易事。网球运动过程中,运动者要保持良好的自信,认真学习技战术,并在训练和比赛中积极克服一切困难,勇敢顽强、拼搏进取。

(2)网球运动通常是个人项目,运动员必须通过相应的方法和手段来不断完善自己,提高运动水平,锻炼过程中有助于运动者增强心理素质,形成良好的个性。在网球学习初期,即使是具有运动天赋的学生也需要长期的坚持练习才能不断提高运动技能和保持良好的运动水平。因此,参与网球运动的运动者必须具备良好的意志品质,运动者坚强的意志品质对于其掌握动作技能,完成训练任务,提高身体素质水平和运动水平等具有重要作用。

(3)网球运动竞赛规则严格、组织严密,长期参与有利于运动者遵守纪律,增强责任感和培养其集体主义精神。

在网球运动中的有益的思想意识、行为习惯会延续到运动者的生活中,促进个体良好意志品质的形成,有助于个体的成功与成才。

总之,网球运动的参与与学习过程,是高校大学生良好意志品质培养的一个重要过程,参与网球运动锻炼的过程中,不怕困难和障碍,不顾任何挫折和失败,保持充沛的精力和顽强的毅力坚持达到最终的目的,正是网球运动对大学生的意志教育,是大学生成才的重要心理素质基础。

(四)行为习惯

对于大学生来说,要想成为一个优秀的人才,就必须具有良好的行为习惯,这也是大学生能适应社会生活和工作的良好基础。

首先,生活有规律是保障良好身体素质的重要前提,经常参加网球运动有利于培养高校大学生良好生活习惯的养成。具体来说,经常参加网球运动的人,白天在运动中消耗了大量的能量,晚上会因身体疲倦而按时休息、避免熬夜,同时注意保证必要的饮食,补充能量。这些基本要求都有利于高校大学生的良好作息和饮食的养成,能以积极的身心状态投入到工作当中。

其次,良好的行为是一个人的综合素质的最基础的表现,体育运动具有一定的运动规则,对运动者的行为具有约束作用。经常科学性地参与网球运动,对于高校大学生的个体行为具有重要的约束和规范作用。具体来说,大学生在参与网球运动中,大学生必须遵守网球运动比赛规则,一切行为都要在规则允许的范围内实施,因此,有利于大学生养成自觉遵守规则的行为习惯。

(五)思想观念

一个身心健康的人必然要有一个正确的健康观。参与网球运动,能使运动者掌握一定的运动技能,形成正确、有效的网球运动方式,并产生对网球运动活动的良好兴趣,培养运动者的网球运动意识,有助于帮助运动者树立健康的网球运动价值观和网球运动态度,使学生做出有价值的、明智的、自主的网球运动选择,在丰富日常生活、享受运动乐趣的基础上,充分认识到网球运动的多元价值,并建立终身体育意识和习惯。这种终身体育意识和习惯的建立有助于运动者的身心健康,使其为之后的生活、学习、工作等奠定良好的身心基础。

思想健康,重视自我生活质量的提高,能促使个体更加积极地去面对生活和工作,这是包括网球运动在内的体育参与给予人的重要精神影响。

二、网球运动对大学生社会适应能力的促进与提高

社会适应,简单来说就是个体对外界环境的适应,具体来说,指个体(或群体)调整自身,适应外界环境,具体是适应社会环境对个体(或群体)发展需要的过程,这个调节与适应过程促进了个体的社会化。网球运动对个体的社会适应的提高影响具体表现如下。

(一)增加大学生的身心健康

参与体育运动有助于增进身心健康,参与网球运动对个体的身心健康具有重要的促进作用,这在本书前面已经详细介绍,这里不再赘述。

大学生毕业之后,进入社会,身心健康尤其是身体健康状况会出现一个早期下降的趋势,这主要是源于大学毕业生面对就业的压力,将主要精力放在工作上,忽视身体的锻炼。

现代社会,竞争激烈、社会压力大,很多青壮年都没有足够的精力、时间去进行健康锻炼,亚健康状态成为一种常态,具体来说,亚健康状态是一种非健康状态,但是也不能归于有疾病的存在,它介于健康和疾病中间,相对于健康状态,称为"亚健康状态"。根据世界卫生组织(WHO)全球健康调查显示,全世界范围内,健康人群占全球总人群的5%,75%的人均处于亚健康状态。另据调查显示,知识分子,尤其是白领、蓝领等办公室、技术工人的亚健康状态比较明显,已经成为一个重要的社会问题。

通常来说,"亚健康"状态并不能检查出任何疾病,但是,处在"亚健康"状态的人会有各种不适,多表现为疲乏、嗜睡、无精打采、注意力不集中以及健忘等状况,但是通过医学检查不出任何实质疾病。这无疑会给个体的身心带来很大的困扰,会使个体学习、工作效率降低。

运动实践表明,网球运动对人体的健康具有极大的促进作用,现代社会,身体、心理和社会适应能力的三维健康观成为人们的共识,参与网球运动能促进人们身体、心理和社会适应能力的发展。

长期科学参与网球运动,人们在运动过程中不仅恢复了体力与精力,身心愉悦,而且有利于人们更好地去从事各种社会生活,为人们的社会参与奠定良好的身心基础。

（二）提高大学生的机体质量

大学生学习与工作的重要前提就是拥有健康的身体,而参与网球运动健身能有效促进大学生体质健康。

网球运动有着丰富内容与多样运动形式,运动者在参与网球运动过程中,能够依据自身的条件灵活调整运动量,可以说,网球运动老少皆宜、男女不限,科学把运动范围与运动量,能促进个体身体素质和生理机能的综合发展,同时,有助于提高个体的免疫力。

大学毕业生进入社会之后,成为社会成员,参与社会工作,成为社会劳动力的一个重要组成部分,如果大学毕业生没有强健的身体,就不能很好地适应各种社会工作,不利于自我的发展,也不利于社会的发展。

经常参与网球运动,充分发挥网球运动对运动者的多元有益的身体促进作用,从整体上来看,能有效提高转化为社会劳动力的大学生的机体质量,这对于大学毕业生更好地参与社会生产和社会竞争十分有益。

（三）培养大学生的竞争意识

现代社会处处充满竞争,一个没有竞争意识的人很难在社会中持续生存下去,而只有竞争才会有机会,只有竞争才能发展,人要适应社会的发展,就必须要有强烈的竞争意识和竞争精神。

大学毕业生从校园进入社会,往往会不适应社会竞争,而在日常的生活与工作中产生挫败感,而对于经常参与体育运动,尤其是竞技性体育运动的大学生来说,他们的适应性要比一般大学生好很多。

网球运动具有竞技性,是竞技体育运动的一种,竞争的本质就是超越他人和超越自我。这种竞争性从一开始就已深深植入体育运动参加者的主体意识之中。因此,长期参与网球运动,对于大学生的进取动机和竞争精神方面都具有特殊的作用。

经常参与网球运动有助于强化大学生的竞争意识。作为竞技体育运动的一个重要项目,网球运动具有较强的竞争性。对于运动者来说,无论是参与网球竞技游戏还是网球运动比赛,在上述网球活动中,参与者都必须建立其竞争意识,并注重在游戏、比赛中的自我表现、团队表现,只有这样才能为最终获胜奠定良好的基础。

经常参与网球运动有助于培养大学生的竞争精神。体育运动的竞争性表现为在实现目的的过程中,运动者会受到运动参与过程中的多方面因素的影响,如对手、比赛条件、观众、裁判等外在对心理的影响,还有运动过程本身对身体能量的消耗与意志的磨砺,这些困难都需要参与者在运动过程中克服,以全身心地投入到运动中,克服各种困难、积极进取。对于大学生日后参与社会竞争具有重要促进作用。

(四)强化大学生的协作意识

现代社会处处存在竞争,但是,也必须认识到,任何一个个人单凭自己的力量是不可能在社会竞争中取得长久的胜利的,必须与他人进行合作,增加竞争获胜的可能。现代社会竞争激烈,但一个人的竞争力始终有限,因此只要通过团队协作才能真正在社会竞争中取得胜利。

此外,现代社会分工复杂,任何一项工作的完成都必须依靠团体的力量进行,否则很难达成既定目标。

体育运动能培养个体的团结协作精神。在网球运动的双打运动实践过程中,参与者需要通过与同伴的默契配合来赢得胜利,可见,网球运动对于个体的集体协作精神的培养具有重要作用。

网球运动虽然多为个人体育运动,但是也有团队比赛,如网球双打,可以是男双、女双,还可以是混双,在这样的比赛过程中,就不仅要依靠个人,而且要重视同伴之间的配合与协作,强调协作意识和协作能力。这种运动体验可以加深个体与人协作的意识,使个体学会与人沟通、善于与人合作。

随着社会竞争日益激烈,大学生必须要学会在竞争中寻求合作,这对大学生进入社会后获得良好的发展是非常有利的。

(五)培养大学生的社会参与意识

网球运动蕴含着丰富的文化价值,它有助于培养人们的社会意识,具体分析如下。

首先,社会参与的自由和平等。网球运动是大众体育健身项目,也是在全世界范围内广泛流传的运动形式,任何人都可以参与到网球运动中去,充分实现了平等。这种平等参与、平等拥有、友好相处的氛围必将帮助人们把平等的观念融入日常生活中去,成为一种社会共识。

其次,付出与收获的公平性。参与任何一项体育运动都必须长期坚持,才能收到预期的效果,网球运动也不例外,任何一个高校大学生参与网球运动都可以通过自身的努力获得成功,网球运动过程中,肌肉生理横断面的增大、体形体态的变化都是建立在坚持不懈、持之以恒的体力、精力消耗基础上的,因此,网球运动参与有助于培养大学生拼搏进取的人生观。

最后,参与网球运动,对于高校大学生来说,有助于提高其知识探索和学习意识,以及体育参与意识,有助于高校大学生的德智体全面发展。需要特别提出的是,这种体育能力、体育习惯并非靠单纯机体训练和对抗就能完成,还需要理论知识引导,更需要科学的网球运动理论发挥指导作用。知识具有重要的思想与行为指导作用,它使运动者的运动过程更科学、运动效果更快实现。而在日常生活中也是如此,要想少走弯路,也必须加强对知识和规律的学习,知识的发展是促进人类社会发展的重要基础。现代社会中,丰富的知识储备是个体不被社会淘汰的重要基础。

(六)提高大学生的沟通能力

体育活动能为个体与他人进行人际交往提供一个良好的平台,尤其是对于集体性运动项目而言,参与体育活动的个体必须经过交流并最终达成一致意见才能顺利地进行体育活动。

首先,就运动实践来看,在网球运动学练过程中,每一个参与者都要经历由开始不会、不懂,到后来能独立完成运动训练的过程,这个学练过程需要运动者与教师、指导员的不断交流来实现。

其次,在网球运动双打比赛过程中,良好运动成绩的获得需要伙伴间相互保护、切磋经验的友爱性的交往及练习过程中的自我沟通。

上述两个方面,对于大学生在网球参与过程中提高其沟通能力具有良好的促进作用。

(七)调节大学生的人际关系

现代社会,竞争激烈、生活节奏快,各种人群面临着多方面的压力,迫于生存、生计无闲余时间进行休闲交际,人与人之间缺乏感情交流,关系淡漠,人际关系渐渐疏远。体育运动则可以打破这种封闭,营造良好的人际关系。

人际交往是人在现代社会生存和发展的重要基础,现代社会中,任何一个正常的人都不可能脱离其他人而单独存在。

在现代社会中,集体精神和团队合作具有普遍的社会意义。现代社会十分强调团队精神和人与人之间的合作,因此就需要社会成员具备协调各种人际关系的能力,这是人适应社会发展的必然要求。经常参加体育运动可以加强人与人之间的沟通与交流,提高协调人际关系能力。

正如前面所说,网球运动可促进个体学会竞争与合作,能增加个体的沟通能力,尤其是网球比赛情况复杂,如何在各种冲突(与对手冲突、与同伴的冲突、与裁判的冲突、与观众的冲突等)之间寻求和谐,要求育运动者必须要善于协调处理各种人际关系,有利于运动者形成相互尊重、相互理解、相互信任、宽容待人、团结协作、亲善友爱等人际交往中所需要的优秀品质。

第六章　高校网球运动与大学生审美欣赏能力

在高校体育教学中,网球课程近些年来深受大学生的欢迎和喜爱,有相当一部分学生将网球作为体育选修课。进行网球课程学习,不仅能有效增强学生的身体素质,提高运动能力,而且对大学生审美欣赏能力的提高也具有非常重要的意义和作用。本章就重点研究网球与大学生审美欣赏能力之间的关系,并详细分析网球运动对大学生审美欣赏能力的作用,以及大学生的审美欣赏能力有效提高的方法。

第一节　大学生体育欣赏能力研究

一般来说,体育运动都深受活泼好动的大学生的欢迎和喜爱,不论是参与比赛还是欣赏赛事,大学生都能从中获得愉悦和快感。大学生参与运动、欣赏比赛,掌握必要的体育赛事相关知识,提高审美能力是至关重要的。

一、大学生体育欣赏能力的构成

体育欣赏属于一种社会活动,体育运动参与人员要想更好地参与其中,必须要具备一定的素质,这些素质主要包括体育文化知识水平、体育基本常识、体育生理体验等,除此之外,还要求参与者具备一定的体育文化认同感,正确的世界观、价值观和体育观和出色的心理控制能力等。对于大学生而言,要想更好地欣赏体育赛事,参与体育运动锻炼,要时刻培养和提高以上几种素质和能力。

(一)体育文化素养

体育文化素养是社会文化素养的重要内容,也是人们体育欣赏能力构成的重要因素。其内容主要包括以下几个方面。

(1)扎实、丰富的文化知识与体育理论。这是欣赏体育赛事的基础能力,它决定了人们体育欣赏水平的高度与深度,决定着体育赛事欣赏的效果。

（2）体育审美相关知识与能力。

（3）个体对体育文化事物产生共鸣与认同感的能力。

（4）个体对体育运动发展的认知，即体育历史价值观。

（二）体育心理—道德素养

体育心理—道德素养指个体在体育欣赏活动中所获得的心理体验的能力，培养人们的体育道德观念，提高心理调控能力对体育欣赏水平的提高具有非常重要的作用。一般来说，体育心理—道德素养主要包括以下几个方面的内容。

（1）个体的社会责任感与荣誉感等。

（2）个体在参与比赛与欣赏中的心理承受能力。

（3）个体对体育赛事的辨别能力。

（4）个体对参与体育赛事的特殊认知能力。

（5）一般社会道德和体育道德在体育事务中的运用能力。

一般来说，体育运动比较特殊性，在参与体育比赛的过程中，受赛场变化瞬息万变的影响，人们会产生强烈的心理体验，这种心理体验有时可以产生积极或负面的过激行为，因此，在体育教学中，培养大学生的体育心理—道德素养是尤为重要和必要的。

（三）体育运动素养

体育运动素养是指个体从事体育运动的能力。一般来说，体育运动素养主要包括以下几个方面的内容：（1）身体素质。身体素质是大学生参与体育运动的基础条件，对体育运动能力的提高起着关键的作用。（2）运动思维能力和肌肉操作能力，这是大学生运动能力发展的必需条件。（3）运动技能的学习和运用能力，它决定着大学生运动水平提高的速度与效果。（4）个体在体育运动中获得生理体验和心理感受的能力。（5）了解与掌握体育运动竞赛规则知识的能力。

二、大学生体育欣赏能力的特点

（一）兴趣指向性

体育欣赏能力的兴趣指向性是指大学生以自己的兴趣和爱好作为体育欣赏内容和方向的指南。一般来说，这主要包括以下几种类型。

（1）体育项目指向。指大学生倾向于参加自己喜爱的体育项目，并积极主动地投入其中。

（2）爱国主义和集体主义指向。对于一些具有国际性质或集体性质的比赛,大学生都踊跃参加,以为本国或集体争光为荣。

（3）明星指向。受某些体育明星的影响,热爱并积极参与和欣赏某项体育运动。

（4）发散指向。身体素质较好,运动能力较强,与体育有关的活动大学生都积极参与其中。

（二）身心投入性

体育运动有着独特的魅力,深受热爱运动的大学生的欢迎和喜爱,大学生通过参与体育运动比赛或欣赏,能在一定程度上满足自己的物质与精神需求,从而获得极大的满足感。对于正处于求学阶段的大学生来讲,面临着学业与参与体育运动两方面的矛盾,如何处理好二者之间的关系,影响到大学生的成长。

（三）群体互动性

一般情况下,大学生都是以集体的形式参与体育运动锻炼,群体与群体,群体与个体之间会产生频繁的互动,二者互相影响、互相促进形成了相似或相近的体育价值观。而在高校中,则表现为形成班级良好的体育运动文化氛围。

三、大学生体育欣赏能力的培养途径

（一）引导学生树立正确的体育欣赏观念

可以说,人们在参与体育运动的过程中,既能充分地认识自我,又能让别人充分地认识自己,因此,体育是人们认识自我的一种良好的形式。但需要注意的是,随着竞技体育商业化、职业化的不断发展,在体育竞赛中出现了一些有悖于体育道德的丑陋现象。这在很大程度上扭曲着体育运动,背离了体育运动竞赛的初衷,这种现象理应受到人们的批评与谴责。由此可见,建立和形成一个正确的体育欣赏观念是非常重要的,在高校体育教学中,要采取必要的手段和措施加强对学生的引导,帮助学生树立正确的体育欣赏观念。

（二）发挥体育教学的引导作用，营造良好的课堂气氛

在高校体育教学中，体育课是大学生获取体育知识的主要渠道，大学生在体育课上所学到的知识和规则对其运动能力的培养与提高具有重要的意义和作用。通过体育课中对学生良好的引导，能有效激发大学生学习体育运动的兴趣，自觉主动地参与到体育运动学习与锻炼之中，这不仅有利于营造良好的课堂氛围，更能提高大学生的体育素养和综合素质。

第二节　网球运动的欣赏内容与价值

一、网球运动重大赛事与欣赏

（一）四大公开赛

1. 澳大利亚网球公开赛

澳大利亚网球公开赛是网球四大满贯赛事之一，同时也是四大满贯赛事中每年最先登场的，通常于每年1月的最后两个星期在澳大利亚墨尔本举行（图6-1）。自1905年创办以来，澳大利亚公开赛至今已有了一百多年的历史。

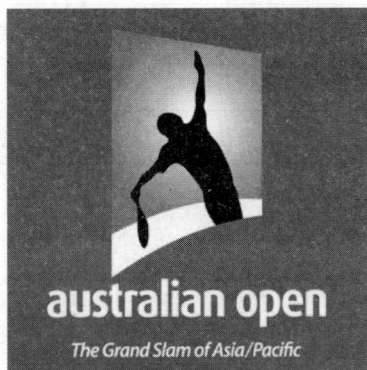

图 6-1

1904年，澳大利亚和新西兰的网球机构官员决定成立澳大拉西亚草地网球协会，负责筹办每年一届的澳大拉西亚锦标赛，并共同组队参加了戴维

斯杯的比赛。1905 年,首届澳大拉西亚锦标赛在墨尔本圣克尔达路艾伯特公园内的仓库老板板球场举行。

最初,澳大拉西亚锦标赛一直都是在澳大利亚与新西兰两国的主要城市之间轮流举行,直到 1922 年新西兰退出澳大拉西亚草地网球协会成立自己的网球协会。同年,该赛事还增设了女子组与混双的比赛,玛格丽特·奥尔斯沃思成为澳网历史上第一位夺得女单冠军的运动员。1927 年,澳大拉西亚锦标赛正式更名为澳大利亚锦标赛。在 1968 年网球职业化后,澳网被列为四大公开赛之一,并于 1969 年正式更名为澳大利亚公开赛。

1977 年,澳网的举办时间由原来的 1 月改为 12 月,这也使得在那一年举办了两届比赛。但由于紧邻圣诞节,这种变化并没有取得理想的效果,所以到了 1986 年,原定于年底比赛推迟到了第二年 1 月举办,这一赛期也一直沿用至今。

近年来澳网男女单打冠军见表 6-1。

表 6-1　近年来澳网男女单打冠军

年份	男子	女子
2010 年	费德勒	塞雷娜·威廉姆斯
2011 年	德约科维奇	克里斯特尔斯
2012 年	德约科维奇	阿扎伦卡
2013 年	德约科维奇	阿扎伦卡
2014 年	瓦林卡	李娜
2015 年	德约科维奇	塞雷娜·威廉姆斯
2016 年	德约科维奇	科波尔
2017 年	费德勒	塞雷娜·威廉姆斯

2. 法国网球公开赛

法国网球公开赛始创于 1891 年,同澳网一样,法网也有着悠久的历史,是一项享有盛名的传统网球运动赛事(图 6-2)。

通常情况下,法国网球公开赛在每年的 5—6 月份于巴黎的罗兰·加洛斯网球中心举行。在赛事成立之初,该项赛事仅限本国选手参加,直到 1925 年才正式对外开放,成为公开赛。发展到现在,法国网球公开赛已经超过百年,所有的网球好手都以获得比赛冠军为荣,其中网球运动员纳达尔一共获得过 9 次法国网球公开赛的冠军,被誉为"红土之王"。

图 6-2

近年来法网男女单打冠军见表 6-2。

表 6-2　近年来法网男女单打冠军

年份	男子	女子
2010 年	纳达尔	斯齐亚沃尼
2011 年	纳达尔	李娜
2012 年	纳达尔	莎拉波娃
2013 年	纳达尔	塞雷娜·威廉姆斯
2014 年	纳达尔	莎拉波娃
2015 年	瓦林卡	塞雷娜·威廉姆斯
2016 年	德约科维奇	穆古拉扎

3. 温布尔登网球公开赛

温布尔登草地网球公开赛创办于 1877 年,该赛事也是现代网球史上最早举办的比赛之一(图 6-3)。温布尔登网球公开赛的前身是"全英网球锦标赛",通常在每年的 6 月底至 7 月初举行。

首届温布尔登网球公开赛只设有男子单打比赛,之后陆续增设了女子与双打项目,到了 1905 年正式成为公开赛。温网可以称为是现代网球运动的发源地,因为它明确了网球比赛的各项规则。温网整个赛事一般会持续两周,遇雨会延时举行,各项比赛会在不同场地同时进行。与此同时,温网还举办青年组各项比赛。

图 6-3

近年来温网男女单打冠军见表 6-3。

表 6-3　近年来温网男女单打冠军

年份	男子	女子
2010 年	纳达尔	塞雷娜·威廉姆斯
2011 年	德约科维奇	科维托娃
2012 年	费德勒	塞雷娜·威廉姆斯
2013 年	穆雷	巴托丽
2014 年	德约科维奇	科维托娃
2015 年	德约科维奇	塞雷娜·威廉姆斯
2016 年	穆雷	塞雷娜·威廉姆斯

4. 美国网球公开赛

美国网球公开赛是四大网球公开赛每年最晚开赛的赛事，一般在每年的 8 月底 9 月初举行，首届美国网球公开赛于 1881 年在纽约的罗得岛纽波特港举行。美网最初只是一项国内比赛，而且只有男子单打，后来才逐渐增加了女单、男双、女双、混双等四个项目。美网历史上第一个男单冠军被纽波特俱乐部的卡西诺获得，当时只有在美国国家网球联合会注册的俱乐部才有资格参加美网比赛。1968 年，美网被列为四大公开赛之一，1970 年改名为美国网球公开赛（图 6-4）。发展到现在，美网设有 5 个单项的比赛，是四大公开赛中最后一站的比赛，由于美国网球公开赛高额的奖金和美国社会高度的商业化，以及采用中速硬场地，因此每届比赛都能够吸引世界众多优秀的网球选手前来参赛。

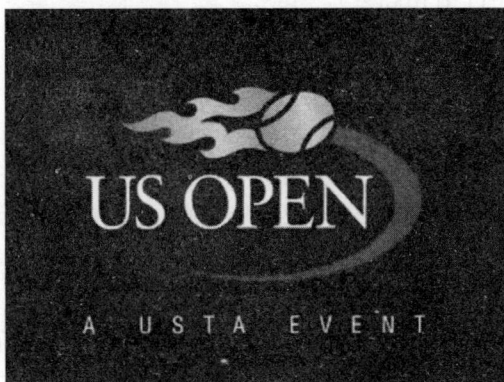

图 6-4

近年来美网男女单打冠军见表 6-4。

表 6-4　近年来美网男女单打冠军

年份	男子	女子
2010 年	纳达尔	克里斯特尔斯
2011 年	德约科维奇	斯托瑟
2012 年	穆雷	塞雷娜·威廉姆斯
2013 年	纳达尔	塞雷娜·威廉姆斯
2014 年	西里奇	塞雷娜·威廉姆斯
2015 年	德约科维奇	佩内塔
2016 年	瓦林卡	科贝尔

(二)大师杯系列赛

大师杯系列赛是 ATP 比赛中除四大公开赛之外的最为重要的赛事，下面就简单介绍其中重要的几项赛事。

1. 巴黎网球公开赛

巴黎网球公开赛始建于 1986 年，比赛地点位于巴黎的巴莱斯体育场。这个体育场总面积达到了 5 万平方米，并且适合多种运动，如滑冰、体操、自行车及各种娱乐活动。为了迎接网球大师杯比赛，巴莱斯体育场还特意更换了场地表面的颜色，重新更新过的比赛场地表面颜色是紫罗兰色，四周衬以蓝色，使得观众在视觉上更加舒适。通常情况下，巴黎网球公开赛的比赛时间都在每年的 11 月中旬举行。

2. 汉堡网球公开赛

汉堡网球公开赛也是世界上最为古老的网球运动赛事之一,有着悠久的历史。在现代网球历史上只有温布尔登公开赛(1877 年)、美国网球公开赛(1881 年)和法国网球公开赛(1891 年)的历史比它要长。

3. 蒙特卡洛公开赛

蒙特卡洛公开赛创建于 1897 年,自从创立之初就吸引了无数的高水平运动员参与。蒙特卡洛公开赛的奖金丰厚,也能为冠军带来巨大的荣耀,因此该项赛事备受优秀网球运动员的喜爱。

(三)ATP、WTA 年终总决赛

1. ATP 年终总决赛

ATP 年终总决赛的前身是 ATP 锦标赛,该项赛事只有年终排名世界前八位的选手才有参赛资格。从 2000 年开始,上一年度的冠军可直接参赛。首届比赛于 1970 在东京举行,获得冠军的是美国人斯坦·史密斯。后来比赛每一年度先后在巴黎、巴塞罗那、波士顿、墨尔本、斯德哥尔摩和休斯敦举行。从 1997 年起,比赛地点定在美国纽约举办。2009 年以后,总决赛取消大师杯名称,改名 ATP 世界巡回总决赛。

2. WTA 年终总决赛

WTA 冠军锦标赛是每年一度的世界女子网球年终总决赛,年终世界排名前 16 位的单打选手与前 8 位的双打选手自动获得参赛资格。首届比赛始于 1972 年,由世界排名前 8 名的选手参赛,奖金 10 万美元,这也创造了当时女子赛事的奖金额的最高纪录。

(四)国际团体赛

1. 戴维斯杯男子团体赛

最初,戴维斯杯网球男子团体赛是由美国哈佛大学的一名学生创立的,后来经过一段时期的发展,该项赛事成为代表一个国家整体水平的比赛。1990 年,在美国波士顿举行了第 1 届戴维斯杯男子团体赛。发展到现在,参加此项赛事的国家越来越多,成为网球赛事中规模最大的年度赛事之一,为世界网球运动的发展做出了突出的贡献。

2. 联合会杯女子团体赛

联合会杯网球赛是每年一度的世界女子网球团体赛,初创于 1963 年。与戴维斯杯赛一样,联合会杯是世界整体水平最高的女子网球团体赛事。

第 1 届联合会杯的比赛是在伦敦的女子俱乐部进行的,当时共有 16 支队伍参加,后来经过多年的发展,目前联合会杯赛已吸引了越来越多的国家参与其中,这对于运动员之间的比赛交流非常有帮助。

(五)奥运会网球赛

网球成为奥运会正式比赛项目是在 1924 年,但后来,由于国际网联与奥委会之间出现了一定的矛盾与分歧,网球因此退出了奥运会。直到 1992 年,网球才重新成为奥运会的正式比赛项目。

与四大网球公开赛相比,奥运会网球赛的影响力较小,奖金也少,并且没有积分,因此众多的高水平网球运动员都不愿参加奥运会网球比赛,从这一角度来说奥运会网球比赛的质量并不高。

二、网球运动美的欣赏

(一)历史文化美

据史料记载,网球最初是起源于法国的一种宫廷贵族游戏,一开始就有着"贵族运动"的美誉;而历史悠久的网球赛事,如"澳网""法网""温网""美网"四大公开赛充分体现出传统文化的特色,无不彰显着网球运动历史文化的美,人们通过欣赏网球赛事不仅能获得比赛本身愉悦的心理体验,还能感受到当地浓郁的传统文化和网球文化氛围,陶冶自己的情操。

(二)身体美

身体美是指人类健康的身体所呈现出的一种美,它是人们在生理和心理状态完美条件下呈现出的美。人们在观赏网球比赛时,首先映入眼帘的是网球运动员健康而优美的形体。运动员健康的身体能带给人们一种强烈的美感,使人感受到生机勃勃。一般来说,运动员的身体美主要包括体型美、姿势美、形态美、素质美和风度美等几种形式。

1. 形态美

形态美是指人的外形美,具体来说,其主要包括人的形体和姿态,是肌体比例匀称、线条和谐等方面的综合效果。

2. 体型美

体型美是指人体结构的类型,人的体型受各种因素的影响,这些因素主要包括遗传、环境和营养等。人的体型不是一成不变的,通过参加体育锻炼能发生一定的变化。一般来说,网球运动员的体形比较修长,躯干健壮、匀称协调、肌肉丰满、肩宽臂长等,无不彰显出生命活力之美。

3. 肤色美

肤色美是指伴随着人体内脏机能的发育,通过身体锻炼和阳光照射而形成的健康肤色美。网球运动员通常在露天环境下训练和比赛,因而呈现出比较健康的肤色。

4. 强壮美

强壮美的主要表现为肌肉发达,身体强壮,浑身上下都充满了活力,网球运动员就给人一种这样的感觉。

5. 姿势美

姿势美是人体所做动作而呈现出的外部形态美,人的身体姿势具有一定的可塑性。在网球比赛中,网球运动员的发球、击球姿势都各具特色,如费德勒的优雅、纳达尔的强势等,无不给人以美的享受。

6. 素质美

素质美,是一种潜藏在人体内部的美,指的是人体活动显示出的力量、速度、耐力、灵敏、柔韧等身体素质。在网球运动中,运动员的素质美主要体现在力量美多、速度美、耐力美和灵敏美等几个方面,可以说网球运动员的综合素质都比较高,通过观看网球比赛,我们能发现运动员的这些素质美。

7. 健康美

在网球运动中,运动员的健康美主要体现在三个方面,分别为身体的健康美、精神的健康美和行为的健康美。在网球比赛中,运动员呈现出的每一种健康美都给人以美的享受。

身体的健康美是为保持身体构造的健康状态而产生的,即通过体育锻炼而获得的良好的外部形态而呈现出的美,这种身体的健康美在网球运动员中表现得特别明显。

精神的健康美是指运动员所表现出的性格健康的美,在网球比赛中,运动员积极开朗的个性、坚忍不拔的意志、顽强拼搏的作风等都无不显示出精神的健康美。

行为的健康美是以社会性为基础的行为点,即光明正大、有组织纪律性等行为。如在网球比赛中,运动员在击球的过程中有时会将球击到球网上而获利,这时就会向对方示意,表示道歉,这种行为就是网球运动行为的健康美。

8. 风度美

风度美是人的内在心灵和外表仪态相融合而表现出来的美。在网球运动中,一些运动员不仅技术高超,而且胸怀坦荡、仪态端庄,具有高尚的球德和品德,无不展现出良好的风度美,这也能给观赏者以美的感受。

总之,在网球运动中,运动员身体美的表现尤为突出。网球运动员强健的身体、健康的肤色,充分显现人的形体美。

(三)动作美

在网球比赛中,运动员形体或部位的造型所展现出的美就是动作美。网球运动一个重要的特点在于准确、协调、连贯而富有节奏的击球,给人以强烈的美感。在网球运动中,运动员的各种动作都具有时间、空间、力度三个方面的要素,一般用运动轨迹表示其线路的空间特征,用速度表示其时间特征。运动员在训练或比赛中要体现出动作美首先就需要熟练掌握运动技能,熟悉各种动作的结构原理,提高动作的质量和效果。

众所周知,人体活动是由一个个动作组成的,身体从开始位置到结束位置的移动变化及人体活动的每一段落都有一定规律。将动作按时间规格化而构成的运动节奏,不仅使人轻松愉快、动作自然舒展,而且不易发生运动疲劳,有利于运动的顺利进行。

另外,动作美一个重要的呈现形式是男女运动员所表现出来的刚柔对比。男性运动员多表现为阳刚之美,而女性运动员则表现出阴柔之美。

一般来说,球类运动的动作技巧,以形式多样、结构复杂、变化莫测为主要特点。以网球运动为例,网球比赛结果难料,悬念迭起,扣人心弦。当人们看到"高压击球""网前放小球""胯下击球"等高难技术动作时,会为运动员的精彩表演击掌叫好,甚至终生难忘。

在网球运动中,运动员的优美动作不仅体现出一定的力度和速度,还讲究造型的优美、动作的简洁利落等,可以说,运动员的优美动作是动态的图画和鲜活的雕塑。例如:发球,如弯弓射月;截击,如快刀斩麻;扣杀,如力劈华山;抽杀,如鞭打流星;接发,如猛虎欲扑;救球,如风驰云卷。

（四）技艺美

在网球运动中,运动员要想提高自己的运动水平,首先就要具备扎实的技术,反复进行技术练习,运动员在运用技术的过程中所表现出来的美就是技艺美。可以说,没有完美的运动技术,运动技术有意识的正确使用,网球运动的美也便无从谈起。具体来说,网球运动的技艺美主要体现在以下两个方面。

1. 技术美

技术美是人们对体育活动真实性的审美要求。对运动的科学性的要求主要表现在技术,而对其艺术性的要求便表现为美。运动的目的不仅在于创造美或提供美的体验,而且它的创造性因素必须从属于它的技术。身体运动的技术在不停地变化、更新、发展,这些不断更新、发展的变化包含着审美意识的作用,人们在发展新技术而努力创造的同时,也获得了愉悦的审美享受。遵从运动的科学训练规律,尽可能地少消耗而多做功,才能充分表现出训练有素的技术美,才能创造出优异的运动成绩。

可以说,网球运动的技术美综合体现了人体美和动作美,具有准确性、协调性、平衡性等特点,网球运动充分将人的本质力量显示出来,以其特有的魅力深受人们的欢迎和喜爱。

一般来说,网球的技术美还带有明显的个性特征,不同类型的运动员会表现出不同类型的技术美。如"瑞士天王"费德勒的正手击球;"红土之王"纳达尔的底线击球、上旋球等无不给人以强烈的美感。

2. 战术美

在网球比赛中,运动员充分发挥出自身的优势和特点,将良好的身体素质与技术能力运用在比赛中,争取获得比赛的胜利,在这一过程中体现出来的就是网球运动的战术美。

战术是运动员在比赛过程中根据临场变化合理运用技术所采取的有组织、有目的的预见性行动。在激烈的对抗中,身体与技术是基础,战术是发挥技术的先导,是反映运动员知识、技术、心理等综合素质的指标,因此,战术对运动员来说是至关重要的。

可以说,战术美是技术美和素质美的综合体现。运动员在比赛的过程中要充分利用好某种战术,就必须具备与该战术相应的技术条件。技术也只有通过战术才能得到充分的运用。

在网球比赛中,战术的特点是灵活多变、扬长避短,因此我们在观赏比赛的过程中,要能发现其中的妙处,领略运动员的战术配合与技巧,这种战术美能给我们带来愉悦的心理享受。

(五)运动环境美

在网球运动中,运动服装、运动器械、场地设备、体育建筑等都是运动环境所包括的内容。运动环境的主要作用烘托运动形象,保障比赛顺利进行,满足人们的审美需求,为人们营造一个良好的审美氛围。下面简单介绍一下运动环境美中的几项内容的欣赏。

1. 对运动服装的欣赏

在网球运动中,运动服装是运动环境美的重要要素,它有着特殊的作用。它与体育场馆、器材设备等运动辅助设施一样,成为人们审美的重要组成内容。健美的身材、优美的动作,配以新颖得体的运动服,给人以强烈的美感。

一般来说,不同运动项目的运动员服装都各有特色,各有其不同的审美功能。在网球运动中,运动员的服装一般都比较简洁大方,便于运动。

2. 对运动参与人员的欣赏

(1)对运动员和教练员的欣赏

运动员和教练员是环境美的重要组成部分。运动员是体育竞赛的主体,运动员要具有良好的身体美、技术美、战术美和运动美,更重要的是要具有良好的气质风度美等,这种内在的美更会受到人们的尊重。教练员是体育训练和竞赛的主导者,教练员的职业道德精神以及临场指挥、稳定军心和协调的能力,是一个球队克强制胜、形成良好球队风格的必要条件。教练员的专业水平和执教风格会对整个球队产生决定性的影响。

(2)对裁判员的欣赏

裁判员既是环境美的组成部分,也是环境美的重要保证。裁判员基本素质是其表现美的基本要求。裁判员要在职业道德约束下具有良好的身体条件、积极的心理状态、过硬的基本技能和高超的执裁技艺。

(3)对球场观众的欣赏

作为观众,是体育欣赏的主体,他们也是环境美的重要组成部分。为了保证体育场所的环境美,作为一个文明观众需要做到:自觉遵守体育场(馆)规定,凭票按时按顺序入场,对号入座,举止文明;不轻易离场,手机要开在振动,看完比赛后再回电话,切不可在场内打电话;学会鼓掌,不喧闹起哄,不辱骂运动员和裁判员，不向比赛场地投掷物品或进行妨碍他人的不文明行为；衣着干净、整洁、保持清洁卫生，不在场内吸烟，不随地吐痰和乱扔废弃物；遇到紧急情况，不要慌乱，听从工作人员的指挥，若有烟雾，应尽量低着头，弯着腰撤离；年轻人要照顾老幼，要有秩序退场；爱护公共设施，不蹲踩座椅，不在建筑物或桌椅上涂写刻画。

（六）运动风格与精神美

1. 运动风格美

在网球运动中，运动员的运动风格美主要体现在思想风格和技术风格两个方面。一个良好的运动风格能给人以好感，使人更加热爱这项运动。

（1）思想风格美。思想风格美是指运动员在比赛中所表现出来的思想品质、道德修养、行为作风等综合的社会意识美。一般来说，高水平的网球运动员都普遍具备良好的思想风格，在比赛中往往表现顽强的拼搏精神和良好的思想作风，为了比赛的胜利而努力拼搏，运动员的这种精神和作风也会给人们以启迪。

（2）技术风格美。可以说，技术风格美实际上就是技术的个性之美。一个运动员根据自身的条件和特点，创造出与众不同的风格，才能形成独特的风格美。例如，网球运动员费德勒的出色的正手和单反、扎实的底线技术；纳达尔强烈的上旋球等都彰显出自身独特的风格，给人以美感。

总体来看，运动员思想风格与技术风格之间是相互联系在一起的，这两种风格是互相促进、互相制约的，在网球比赛中，我们也应注意体验网球运动的这种美。

2. 意志品质美

意志品质美指运动员在网球比赛中所表现出的强烈的个性心理特征，如顽强的意志、努力拼搏的精神、积极的思考、优良的比赛作风等，运动员良好的意志品质美也能使人充分感受到网球运动的美。

三、网球运动比赛与欣赏礼仪

网球是一项"绅士运动"，因此，学习和掌握网球运动比赛的礼仪是非常有必要的。与网球运动比赛有关的礼仪主要包括服装、练球、比赛和观赛等几个方面。

（一）服装要求

（1）网球穿戴标准：男子运动员可以穿带领子的半袖运动 T 恤衫与网球短裤；女子运动员可以穿中袖或无袖上衣及短裙或连衣短裙。通常情况下，网球服饰主要以白色为主。

（2）一般来说，运动员或工作人员进入球场要穿专用的网球鞋，不能穿硬底鞋或者钉鞋进入球场，也不能赤脚打球，否则会影响美观，与网球赛事的形象是违背的。

（二）练球礼仪

作为一名网球初学者，要想更好地提高自己的网球运动水平，在训练过程中应当注意以下几个方面的内容。

（1）发球时要举球示意，以让对方做好充分的接球准备。如果不看对方就把球发出去，是不尊重对手的表现。

（2）在练球时，由于初学者技术较差，常会出现将球打到隔壁球场的情况。当球滚入邻场而邻场球员正在练球时，运动员应当等邻场"死球"时再去捡球，这是一种高素质的表现。

（3）切莫从球网上面跨过，同时也尽量不要触压球网。

（4）在练球的过程中，如果对方回球接近底线，应主动告知对方此球是在界内还是界外。

（5）在练球的过程中，当本方击球出界或者还击下网时，应向对方致歉。

（三）比赛礼仪

（1）在网球比赛前，要关注和比赛有关的各项信息，严格遵守比赛规则。

（2）运动员必须要严格按照网球规定遵守比赛时间，在规定时间内参赛。

（3）运动员的着装必须要符合比赛要求，除特殊情况外，运动员都不得穿长裤参加比赛。

（4）运动员在比赛期间，要严格按照比赛的规章制度进行比赛，在没有征得主裁判同意的情况下，不得擅自离场。

（5）运动员队比赛中出现的争议判罚可提出申诉，但最终必须要服从裁判的判罚。

（6）参赛运动员在完成比赛报名后不能无故弃权。

（7）运动员因伤病而无法继续比赛时，要经过大会指定医生确定、认可，同时要开具证明。

(四)观赛礼仪

观众在观看网球比赛时,要尊重网球场上的所有人和物,具备良好的观赛礼仪。要想成为一名合格的网球观众,不仅要充分了解各项网球比赛的规则,而且要充分了解看台上约定俗成的惯例。

观众在背包入场时一定要经过安检,不能带行李,只可以带软包装的饮料。收音机不得带入场内。不可以带婴儿进入场地,原因在于难以控制婴儿的声音。在观赛过程中,应将手机关闭或者调成振动、静音状态。赛场内严禁吸烟。

在比赛开始时,必须保持球场的绝对安静,不要发出嘈杂的声音,拍照时不能使用闪光灯。鼓掌加油时必须确保在 1 分比赛结束后,才可以加油叫好。当双方球员打出精彩回球时,观众随之发出惊讶声和赞叹声,并不会影响球员比赛,但在 1 分比赛尚未结束时不要鼓掌。当捡到球员打飞的球时,要在回合结束后将球扔进场内,以免对比赛中的运动员形成干扰。

在比赛过程中,禁止观众随意走动,在暂停比赛或者运动员交换场地时才可以起身活动。迟到的观众要听从引导员的指引,尽快入座。倘若在比赛时仍未找到自己的位置,则应就地坐下,等到下一位球员换边时再找。发展到现在,网球已成为商业化运作非常成熟的项目,所以看台上严禁出现巨大的旗帜、横幅等,观众的一切行动都要听从赛事组委会的安排,按照规章制度进行。

第三节 网球运动提高大学生审美能力的价值研究

参加网球运动,欣赏网球赛事能有效提高大学生的审美能力,这是毋庸置疑的,因此在高校网球教学中,体育教师除了要培养和提高大学生的体育运动能力外,还要意识到审美教育的作用,培养大学生的审美能力。

一、审美教育的特点与作用

(一)审美教育的特点

在体育教学中,对大学生进行审美教育是尤为必要的。大学生通过审美教育可以引起自身对美的感受,引起情感共鸣,在愉悦中接受教育。总体而言,审美教育具有以下几个方面的特点。

（1）审美教育具有一定的形象性。美是形象的，主要以感性形式表现出来。因此说，审美教育是一种直观的、形象化的教育。通过审美教育，能激发人们对美的欣赏的兴趣，陶冶自己的情操。

（2）审美教育具有一定的愉悦性。审美必须要人们自觉进行，不能是强迫的。在网球教学中，体育教师要结合学生的特点，培养学生对网球的兴趣，使学生心甘情愿地接受网球美的教育，提高网球审美能力。

（3）审美教育有一定的潜移默化性。一般来说，审美教育的作用不是立刻显现出来的，它具有潜移默化的性质。因此，体育教师一定要将审美教育充分贯彻于网球教学之中，让学生受到潜移默化的教育。随着现代社会的不断发展，网球的娱乐性教育特点越来越明显，在网球教学中，体育教师要充分遵循"寓教于乐"的观念对学生实施审美教育，提高审美水平。

（二）审美教育的作用

通过审美教育能培养学生正确的人生理想、良好的审美观念和审美能力，对塑造人的品格，形成高尚的道德素质也具有非常重要的作用。

总体来看，审美教育的基础作用主要体现在两个方面，一是提高审美感受力，二是提高审美鉴赏力。

审美感受力是指人的审美感官对审美对象进行感知的能力。一般来说，审美对象是通过人的审美感官进入人的审美意识的。在现实中，人们通过自己的感官体验能对美进行直观的把握，这就是审美感受力的表现。如果没有一定的审美感受力，人们就无法有效获得美的直观印象。在网球教学中，审美教育就是要引导学生在具体的网球教学实践中，提高对自然美、人文美和艺术美的兴趣和爱好，培养学生对事物的感受力。

审美鉴赏力是人们在实践中不断形成的对美的事物的领悟与评价的能力。可以说人的审美鉴赏能力的高低在一定程度上决定着其价值观念和审美品质。具有较高审美鉴赏力的人，通常都能做出正确的审美判断，指出美在何处。因此，在网球教学中，体育教师也要注意培养学生的审美鉴赏水平，提高学生的审美理解力。

二、审美教育对网球教学的作用

在人类的各种情感中，审美活动属于一种高级的情感活动，只有当主体具有一定的审美能力和情感时，才能发现对象的美，进而获得愉悦的审美体验。因此，在高校网球教学中，体育教师要注重对学生进行审美教育，以激发学生的审美感受，提高审美的能力，可以说审美教育对网球教学具有非常重要的作用,这主要体现在以下两个方面:一方面,在网球教学中,学生通过网球知识的学习,能有效激发自己学习网球运动的兴趣,随着自身网球知识的增加,学生会更加主动地提升自身的网球技术水平,这对于网球教学水平的提高是非常有利的;另一方面,在网球比赛中,学生通过网球美的欣赏,能充分认识到网球运动的美妙之处,并产生丰富的情感,这有助于学生自我动作的认识从感性上升到理性,对于高校网球教学质量的提高也是非常有帮助的。

第七章　大学生参与网球运动锻炼的效果测评

大学生体质健康测评不但对及时掌握大学生健康状况具有重要作用，而且对制定大学生运动锻炼方式也具有重要参考意义。本章主要从高校大学生体质健康测评的内容、高校大学生体质健康测评的方法、高校网球运动锻炼效果的测评三个方面展开阐析，从而进一步夯实高校大学生体质健康测评的理论基础，增强大学生参与网球运动锻炼效果测评的积极性和实效性。

第一节　高校大学生体质健康测评概述

一、高校大学生体质健康测量概述

（一）测量的概念及特征

从广义的角度进行分析，量化事物某种特性的过程就是测量。测量是利用专门的工具，利用实验的手段，认识特定事物数量观念的过程。开始测量时，首先要理清被测量事物的实际属性，即先保障测量目标十分明确；其次要保障选择出的测量方法或测量工具精确有效；最后方可准确完成测量。

所有形式的体育测量均存在以下特点。

第一，测量对象和测量目的十分明确。伴随着测量对象和测量目的的变化，测量手段和测量方法也会随之发生变化。

第二，测量结果用数字表示，并且测试数值常常有单位。

第三，测量前一定要配备相应的工具或法则，即测试标尺。在测量过程中，难度最大的一项工作是选择准确可行的测量标尺。测量过程就是比较过程，即先比较被测时属性特征量和测量标尺，然后完成量化。特定标尺是建立测量结果的基础。标尺包括定量标尺与定性标尺两种类。定量标尺主要用来量化清晰详细的事物属性，定性标尺主要用来量化模糊、烦琐、综合的事物属性。伴随着测量法则的变化，测量结果也会随之变化。因此，研究测量方法、研究测量工具、制定测量法则是测量的核心内容。在体育比赛中,不同类型的评分规则就是测量参赛者各项能力的法则。

(二)测量的类型

将测量方法和测量手段的差异性当成划分依据,可将其划分成定量测量与定性测量。使用存在定量测试尺度工具的测量叫定量测量,具体有身高测量和血压测量等;使用定性法则开展的测量叫定性测量,通常情况下将其称之为测验,具体有心理测验、花样游泳项目评分等。高校大学生体质健康测评是测量测评。

将测量结果和测量属性之间的联系当成划分依据,可将其划分成直接测量与间接测量。直接测量是通过存在测量单位的工具来对事物属性进行直接测量,如体重测量等;间接测量是通过其他事物属性的测量结果来对需要测量的事物属性进行清晰呈现,如通过立定跳远距离来对运动员下肢爆发力进行测量。

(三)测量误差

在测试过程中,收集的原始数据和实际能力间的差异量,就是测量误差。无论处于哪种情况,都无法保证完全避免误差,可以尽量将误差降到最小。在体制健康测试过程中,所有的测量精确度均为相对,均无法实现绝对精确。原因在于测量结果会受到很多因素的影响,实测值和被测值难免会出现误差。

换句话说,测量过程中绝对精确与零误差是不存在的。要想尽可能增加测量结果的准确性,只可以努力降低误差,从根本上提升测量准确性,同时还应当准确预测和理解测量过程中有可能发生的误差,进而实际操作中提前做好预防对策。

1. 测量误差产生的原因

就某个测验而言,导致误差的因素存在明显特异性。对于定量测量结果来说,要想有效降低形态测量和机能的误差,需要在测量精度、测试者实际水平、测量工具、受试对象实际状态、测量工具等方面下功夫。

在体质测量过程中,和被试存在联系的测量误差产生原因是动机作用、身心状态以及测验经验技巧等。

2. 减小测量误差的措施

体质测量涵盖很多内容,主要有身体形态测量、身体机能测量、身体素质测量等。测量内容不同，则误差来源也存在着很大差异。怎样联系各种测量类型的实际特征，来使测量误差降到最低，使体质测量的可靠性得到大幅度提升，对体育科研水平、体育教学水平、体育训练水平的提升都有决定性作用。

(1)调整并控制好受试对象的身体机能状态与心理状态

对于体质测量来说，测量人体最大的各项能力是测量目的，各项能力包括运动能力与运动成绩等。受试者心理状态对最大能力的发挥情况具有重要作用，测验成绩会受包括测验焦虑在内的众多因素的作用。要想使测验误差得到大幅度降低，一定要对受试者开展行之有效的思想工作，特殊情况下可以通过竞赛等手段来激发参与测验的动机，战胜动机不足问题，将实际能力完全发挥出来。

需要说明的是，倘若参与测验的动机过度强烈，则强烈精神压力也会随之而来，受试者可能会由此产生紧张心理和焦虑心理，同时还会产生测验结果失真的问题，使测量误差增大。针对这种情况，必须使用行之有效的措施，积极调整受试者心理状态，帮助受试者战胜心理障碍，从而使测量误差降低到最小。

在体质测量过程中，受试者测验开始前的身体技能状态等对各种最大能力的实际发挥情况有密不可分的关系。当大强度体制测验尚未开始时，应当做准备活动，这样不仅能加快人体进入运动状态的速度，同时还能使运动成绩得到大幅度提升。对于定量负荷测验而言，受试者要进行有效的静坐休息活动，让自身心率处在安静状态，如此方可使测验结果更加真实有效。除此之外，也需将疲劳和伤病等生理因素纳入影响测验结果的众多因素中。

(2)合理选择测试方法，有效控制测量条件

就体质测量来说，产生测量误差的因素包括测量精度、测试者水平、测量时机、测量工具、测量客观条件、测量手段等。在测量过程中，首先，要密切结合测量指标的各项特征，挑选出合理有效的测量方法，选择的测量方法应当符合简单、易操作的要求，重复测量的可靠性要高；其次，测量精度应当符合相应的要求；最后，对测量条件进行严格控制，灵活运用测量技术等相关因素。

在体质测量过程中，控制测量条件的效果对测量误差有十分重要的作用。以测量灵敏素质为例，因为动作速度十分快，导致肌肉经过很短时间就会产生疲劳，由此使测量结果存在很大误差，因此建议使用10秒钟限时测验，从而严格控制测量误差。因为灵敏性测量时间不长，受试者有没有准确掌握测量方法和测量要求，对测量结果有决定性作用，在特殊情况下测验开

始前允许受试者进行练习,最终达到降低测量误差的目的。

(3)减小抽样及数据统计分析中的误差

一般来说,降低抽样误差有两种方式:第一,始终遵循随机抽样原则,使样本质量得到有力保障;第二,努力增加样本量,使样本对总体的代表性得到有效提升。在数据统计分析的全过程,对存在疑点的数据进行筛查与剔除,从而降低误差。

(4)保证测量组织和测量实施的规范性

在体质测量过程中,测量误差不仅和受试者身心状态存在密切关系,同时还和测验设计、测验组织实施过程存在密切联系。在测验设计过程中,应当将以下因素考虑在内。

①测量指标的选择要正确有效

要想降低测量误差,降低所有单项测量误差是十分必要的,应当将可靠性高的测量指标尽可能挑选出来。以身体素质成套测验为例,当需要对下肢爆发力进行测量时,通常会选择立定跳远和纵跳等。立定跳远测量是以水平距离作为测量对象,通常测量误差相对较小;纵跳测量是以人体重心上升的垂直高度作为测量对象,实施测量的困难相对较大,同时误差也比较大。针对这种情况,很多人对下肢爆发力进行测量时,通常会通过立定跳远进行测量,从而使身体素质成套测验的误差降低到最小。

②测量的方法要规范统一

当测量指标确定后,需要就所有测量指标的测量方法做出相关规定,从而对统一测试尺度和降低测量误差发挥积极作用。以引体向上为例,在动作不规范的情况下,测量次数同样会存在很大差异,并且会由此产生较大误差。

在组织和实施测验的整个过程中,要想防止系统误差的发生,在全过程中就应当遵循标准化原则,对测试的客观条件实施严格控制。在测试尚未开始之前,测试人员必须接受相应培训,所有人员做到协调配合,将测试前的各项准备工作做好。为了让过失误差降到最低,还应当努力激发和提升测试人员的责任感,做好测试现场的检查工作和指导工作。在特殊情况下,要对受试者进行有针对性的指导,进而规范完成整个测验过程。

(5)合理选择测量次数及取值方法

分析斯皮尔曼—布朗公式能够得出,增加重复测量次数能够使随机误差降到最低,最终能够达到提升可靠性的目标。所以说,重复测量的实际数量直接影响测量误差。

就各种各样的测量而言,因为随机误差存在着很大差异,所以重复测量次数也存在着很大不同,当测量的随机误差大时,应当随之增加重复测量的次数。除此之外,测量的具体次数还应当将受试者的生理承受能力、心理承受能力、测量实际状况等考虑在内。测量结果的实际取值方式,同样对测量误差有直接性影响。在体质测量过程中,确定测量次数与测量结果取值方式主要包括几种情况,具体如下。

①持续时间短的大强度非极限负荷的最大能力测验

通常情况下,立定跳远测验、灵敏性测验、立定跳远测验的测量次数可以是 2~3 次或多次。对于该类别的测验来说,尽管要求受试者一定要尽全力完成,但时间相对较短,消耗的体力相对较小。因此,在后续测验中,有可能将个体的最佳成绩发挥出来。正常情况下,将最佳成绩当成测量结果。

②受试者需要承受极限生理负荷完成的测验

在包括耐力测验在内的极限强度测验中,受试者需要消耗很多体力,同时身体疲劳无法在第二次测验时全部消除,所以往往仅测验一次。对于集瞬间性特征、损伤性特征以及操作难度大于一体的测验来说,倘若刚刚运动结束就测验包括血乳酸在内的生理生化指标,通常仅仅测量一次。对于身高等测量误差小、可靠性强的测验,通常也仅仅测量一次。除此之外,测验理论知识也仅仅测验一次。

③对于负荷很小,但测量结果波动大、敏感和易受干扰的测验

就负荷小、测量结果波动幅度大、容易受到干扰的测验而来,为了让随机误差降低到最小,通常建议将重复测量次数设定为 30 次。观测者可以对测量平均值或测验总和进行计算,倘若将测验最高成绩和测验最低成绩剔除出去,将其余测验成绩的平均值当成观测值最好。

综上所述,在体质测量过程中,在测量范围广泛性与测量对象复杂性的影响下,导致造成测量误差的因素较多。当测量不同时,产生误差的导火索也存在很大区别。要想使体质测量误差降低至最小,必须提高相应措施的针对性,只有实施可行性措施,方可有效降低测量误差。

(四)测量数据的可靠性

1. 可靠性概述

在各项条件相同的情况下,重复测量同一批受试者,测量结果的一致程度就是可靠性。在《学生体质健康标准》中,选用的测试项目通常是受技术因素与主观因素作用较小,同时重复测试结果的一致程度相对较高。站在理论角度进行分析,在受试者本身没有产生任何变化的情况下,连续测量受试者两次,最终获得的测试结果应当相同。但是,即便尽力保障测量条件的标准化,使用最精密的仪器,都无法避免测量结果有误差,该误差的实际

大小对测量可靠性有重要影响。倘若测试者无法自如运用测量方法、测量技巧、测量要点，或者所用仪器不符合相关规范，或者受试者没有积极配合，或者测试项目在技术方面的要求很高，均会使测量可靠性出现大幅度下滑。以立定跳远为例，只有精确无误地踏在起跳线后面，方可以获得理想成绩。倘若接触起跳线或者过线都会被判定为犯规，不计成绩；倘若在距离起跳线较远的位置起跳，必然会对跳远成绩产生不利影响。与立定跳远相比，握力没有这些问题，握力测试项目比立定跳远的可靠性高很多。为大幅度提升测量可靠性，《国家学生体质健康标准》未添加受技术影响大的测试项目。

2. 影响测量可靠性的因素

影响测量可靠性的因素集中在很多方面。从理论角度出发，随机误差与抽样误差均是制约可靠性的因素，即不仅有测量本身的问题，同时还有受试者的问题。针对这种情况，这里把影响测量可靠性的因素划分为以下几点。

（1）测量误差

影响大学生体质健康测量可靠性的因素包括很多，测量误差是指直接性因素。测量误差和测量可靠性的关系是：测量误差越大，测量可靠性越低；测量误差越小，测量可靠性越高。因此，在体质测量的实施过程中，应当尽全力防止测量误差，这是保障测量可靠性的有效策略。

（2）测验的类型

测验可靠性系数会随着测验类型的变化而变化。在大学生体质健康测量中，包括高度和耐力等在内的定量指标的测量可靠性相对较高，包括心理因素等在内的定性指标的测量可靠性相对较低。针对这种情况，对各项指标类型的测量可靠性应当制定出相应规定。

（3）测验容量

测验容量对测验可靠性有直接性作用。一般情况下，当测量条件相同时，测量可靠性会随着测验容量的增加而增加。需要说明的是，当测验容量达到特定限度后，测验容量的增加将无法对测验可靠性产生明显作用。因此，测验容量太大或太小都会对测量可靠性产生消极作用。

（4）重复测量的时间间隔

重复测量机能素质与身体素质的某部分指标时，因为测量指标与测量时间间隔存在很大的差异性，所以可靠性也会随之发生变化。例如，某个指标在某一天内重复测量的变化较小，但是间隔一段时间后再次测量，数据变化则会相对较大。倘若将一天内重复测量用来多日间隔测量可靠性，则有可能出现可靠性系数高估的情况，原因在于其只可以对某天内重复测量的变化幅度进行体现。倘若间隔几日的重复测量结果来评价某天内重复测量的可靠性,则有可能出现可靠性系数低估的情况。因此,测量—再测量的时间间隔能够对测量可靠性产生某些影响。

（5）受试者的个体差异及能力水平

在大学生体质健康测量过程中,如果一组受试者个体差异程度很大,则测量可靠性系数会跟随实际差异出现偏低估价或偏高估价。除此之外,受试者能力和水平同样是制约测量可靠性的要素。具体原因是在体育技术测量过程中,某项运动技术测量对综合素质高的受试者而言,测量可靠性相对较高;对综合素质低的受试者而言,测试可靠性相对较低。

3. 可靠性的估价方法

就大学生体质健康测量而言,裂半法与积差相关法是估价测量可靠性的常见方法。

（1）裂半法

通常情况下,裂半法用来计算一致可靠性。裂半法适用范围是估价由多次测量组成的一组测量的可靠性。使用裂半法时,必须保证测量次数是偶数。在计算过程中,应当把测量结果划分成奇次数和偶次数相等的两半,同时把奇测量次数和偶测量次数之和用积差相关法,计算得出半个测量长度的可靠性系数,最后把半个可靠性系数代入裂半公式,得出全部测量长度的可靠性。

裂半法公式为:

$$\gamma_{1,1} = \frac{2(\gamma_{1/2,1/2})}{1 + \gamma_{1/2,1/2}}$$

式中:$\gamma_{1,1}$为全长测量可靠性系数;$\gamma_{1/2,1/2}$为裂半测量可靠性。

计算步骤:

①列表计算奇、偶次成绩总和,见表7-1。

表7-1　5名学生握力测量成绩表

受试者	握力次数						奇数次	偶数次
N＝5	1	2	3	4	5	6	（X）	（Y）
A	47	49	46	48	47	47	140	144
B	46	45	47	47	46	48	139	140
C	55	57	56	55	59	57	170	169
D	48	47	49	49	47	49	144	145
E	57	56	58	57	55	58	170	171

②列表计算裂半测量可靠性,见表 7-2。

表 7-2　5 名学生握力测量成绩表

N＝5	X	Y	X^2	Y^2	XY
A	140	144	19 600	20 736	20 160
B	139	140	19 326	19 600	19 460
C	170	169	28 900	28 561	28 730
D	144	145	20 736	21 025	20 880
E	170	171	28 900	29 241	29 070
$\sum$	$X=763$	$Y=769$	$X^2=117\ 462$	$Y^2=119\ 663$	$XY=118\ 300$

$$\gamma_{1/2,1/2} = \frac{5 \times 118\ 300 - 763 \times 769}{\sqrt{[5 \times 117\ 462 - (763)^2][5 \times 119\ 633 - (769^2)]}} = 0.79$$

③代入裂半公式:

$$\gamma_{1,1} = \frac{2 \times 0.79}{1 + 0.79} = 0.88$$

(2)积差相关法

在估价测量可靠性时,经常使用积差相关法。积差相关法的适用范围是计算两组变量的可靠性。使用积差相关法的注意事项包括两个方面:一方面,样本含量比较大,原因在于样本含量小时可能出现抽样误差,尽量不要将该方法应用于数据有抽样误差的情况下;另一方面,需要对数据特征进行全面观察,观察两组变量在测量前和测量后有没有规律性增大或规律性减小,即检查没有没系统误差,原因在于通过系统误差可以得出完全相关结论或相关程度较高的结论。

积差相关法能够对两组变量间的具体关系进行描述,相关系数作为数量性指标中的一种,能够对两个变量间线性相关程度大小进行描述,一般用符号(γ)表示。$\gamma = 0$ 为完全不相关;$\gamma = \pm 1$ 为完全相关。γ 值为正的称为正相关,γ 值为负的称为负相关;γ 的绝对值 $|\gamma|$ 越接近 1 时,则相关程度也就越高。在体质测量数据的相关性中,相关系数的 $|\gamma| > 0.8$ 以上为高度相关,$|\gamma|$ 在 0.5～0.79 为中度相关,$|\gamma| < 0.5$ 以下为低度相关。积差相关系数的计算公式为:

$$\gamma = \frac{N \sum XY - (\sum X)(\sum Y)}{\sqrt{[N \sum X^2 - (\sum X)^2][N \sum Y^2 - (\sum Y)^2]}}$$

式中:γ 为测量的可靠性系数;N 为样本含量;X 为第一次测量值;Y 为第二次测量值。

计算步骤：

①列表计算统计量，见表7-3。

表7-3 8名男生身高—体重测量成绩

受试者	身高 X	体重 Y	X^2	Y^2	XY
A	166	62.6	27 556	3 919	10 391.6
B	172	74.0	29 584	5 476	12 728
C	176	72.9	30 976	5 314	12 830.4
D	191	72.6	36 481	6 271	13 867
E	182	78.9	33 124	6 225	14 359.8
F	176	69.7	30 976	4 858	12 267
G	182	77.4	33124	5 991	14 087
H	168	68.1	28 224	4 638	11 441
$\sum$	$\sum X = 1\,413$	$\sum Y = 576.2$	$\sum X^2 = 250\,045$	$\sum Y^2 = 41\,692$	$\sum XY = 101\,971.8$

②代入积差相关公式：

$$\gamma = \frac{8 \times 101\,971.8 - 1\,413 \times 576.2}{\sqrt{[8 \times 250\,045 - (1\,413)^2][8 \times 41\,692 - (576.2)^2]}} = 0.67$$

（五）测量数据的有效性

1. 有效性概述

某个测试在测量某种特性时具备的效果与准确度，即有效性。换句话说，有效性就是想测量的与所测量的有无一致。

有效性是指某一测试在测量某一特性时所具有的效果和准确程度。也就是说想测量的和所测量到的是否一致。例如，在对受试者短距离跑的速度进行测量时，常常通过50米跑，50米跑的有效性相对较高。倘若测量受试者耐力时采用50米跑，则有效性会大幅度降低乃至无效。

在《国家学生体质健康标准》中，绝大多数评价标准的针对性都比较强，主要用来有效评价个体的身体形态、身体素质或身体机能，对学生对应方面的特性进行有效测量。可靠性与有效性的关系是紧密联系、不可分割的。可靠测量项目并非有效，但有效测量项目必定可靠。例如，通过50米跑对耐力进行测量时，能够对可靠性原则展开充分反映，但无法有效反映有效性；倘若通过50米跑的对速度进行测量，其同时集有效和可靠于一身。

2. 影响测量有效性的因素

(1)测量的可靠性

如果一项测量的有效性高,则可靠性必然也比较高;如果一项测量的可靠性无法保障,则测量有效性必然会比较低。原因在于一项测量有效性系数的最大值是该项测量可靠性系数的平方根,即测量可靠性对测量有效性有限制性作用。由此可知,测量可靠性是测量有效性的必要前提,当对测量有效性进行检查的过程中,必须将检查测量指标的可靠性作为首要任务,如此方可从根本上提升测量的有效性。

(2)测量的区分度与难度

对受试者个体差程度的分辨能力,即测量区分度。测量区分度升高,则测量有效性也会随之升高,测验难度是测量区分度的决定性因素。不管是测验难度太高,还是测验难度太低,都会对测量区分度产生不同程度的影响,都会产生对测量有效性的过高估价或过低估价。因此,在体质测量过程中,选择的测量难度应当和实际情况相吻合,如此不但能让测量对个体区分程度符合相关要求,而且还是提升测量有效性的关键策略。

(3)样本含量及代表性

在被测试的总体中,遵循特定法则抽出的一部分个体组成的小群体单位,就是样本。样本含量具体是指样本中所有的个体数,一般用"N"表示。在统计学领域,所有样本个数在30(N≥30)以上的是大样本,样本个数少于或等于30(N≤30)的是小样本。但是,划分具体样本含量时,应当针对总体大小而定。

一般情况下,样本含量越大越能使总体代表性得到大幅度上升,同时还能有效降低随机误差,大幅度提升测量的可靠性。在样本含量扩大的情况下,个体差异范围也会随之增大,测量有效性也会随之提升。测量有效性不但受制于样本含量,也受制于抽样办法,只有始终遵循随机抽样原则,才能使样本对总体代表性得到大幅度提升。

(4)效标的选择

通过挑选出的指标和效标间的关联程度,来对被测事物是否有效或实际有效程度加以检测,即效标有效性。由此可知,选择效标属于极为关键的环节。大学生体质健康测量过程中,通常会选取最佳体育成绩或平均成绩当效标。无论选择哪一种当成效标,均对有效性有一定程度的作用。因此,在选择效标的过程中,应当密切联系测量指标特征、测量目标、测量要求等因素,最终选择出合适的且可靠性高的效标,以此使测量有效性得到大幅度提升。

3. 有效性的估价方法

(1)积差相关法

通常情况下,积差相关法用来计算效标有效性,通过计算结果和挑选效标间的有关系数大小,来进一步确定实际的有效性。在测量数据的可靠性中已经详细阐析了积差相关法,这里不再赘述。

(2)逻辑分析法

逻辑分析法是针对内容有效性与结构有效性而言的,其是众多估价方法中的一种,具有简便性和可操作性。逻辑分析法的依据是合理的专业知识和实践经验。对于内容有效性与结构有效性而言,都是站在逻辑推理判断分析的视角,来评定挑选出的测量对总体属性的实际代表性,最佳状态是充分体现总体属性。因此,逻辑分析法最适合对内容有效性与结构有效性进行估价。

(3)等级相关法

等级相关法是非参数统计方法,不但不涉及变量分布形态,而且不涉及样本含量。当挑选出的效标是顺序量表时,可以通过等级相关法展开有效性计算。对于部分把测试结果名次当成效标的体育项目,往往在计算有效性时会使用等级相关法。等级相关法不仅适用于计数数据,还适用于计量数据,也适用于无法判断总体是什么分布的数据资料的情况,特别适用于无法精确测量部分指标的情况,仅可以利用名次先后顺序来定出等级资料或次序资料。等级相关法计算公式如下:

$$\gamma = 1 - \frac{6\sum D^2}{N(N^2-1)}$$

式中:γ 为等级相关系数;D 为两组变量对应的等级之差;N 为样本含量。

例:某系 10 名女生身高与体重两项测量成绩见表 7-4,试用等级相关检验其有效性系数。

表 7-4 10 名女生身高与体重测量成绩统计表(单位:身高:厘米;体重:千克)

编号	身高 X	体重 Y	等级		等级差 $D=X-Y$	D^2
			X	Y		
1	172.0	59.1	1	4	-3	9
2	171.5	66.5	2	1	1	1
3	171.4	59.0	3	5	-2	4
4	167.8	59.3	4	3	1	1

续表

编号	身高 X	体重 Y	等级		等级差 D＝X－Y	D^2
			X	Y		
5	167.0	60.1	5	2	3	9
6	164.8	53.0	6	9	－3	9
7	164	56.2	7	7	0	0
8	162.3	57.9	8	6	2	4
9	162.1	55.5	9	8	1	1
10	160.6	49.8	10	10	0	0
$\sum D^2 = 38$						

计算步骤：

①定等级。根据由小至大的顺序,把两项测试成绩定出等级,首先把一项根据等级大小进行有序排列,因为一定要将个体的两项成绩排列在一块,因此另外一项成绩不能在按照等级大小加以排列。

②针对数值相同的情况,就需要计算出相应等级的平均数。对于不存在测量数据相同的情况,则可以直接根据数据大小来排列顺序。

③计算每对测量值的等级差 D、D^2 和 $\sum D^2$。

④将计算值代入公式：

$$\gamma = 1 - \frac{6 \times 38}{10 \times (10^2 - 1)} = 0.77$$

经计算,身高和体重两项成绩的有效性系数为 0.77,两个项目测量有相关性。

二、高校大学生体质健康评价概述

高校大学生体质健康测量是把测量得出的物理量与非物理量转换成数值或符号,并且进行汇集资料和收集信息的过程。高校大学生体质健康评价是加工处理获取的信息,在准确分析的基础上展开价值判断,同时将某种意义赋予在被测量事物或被测量现象中。由此可知,测量属于基础和前提,评价属于结果和目的,测量和评价难以分割。

（一）体育评价的概念

评价就是对事物的属性或特征的价值展开详细评定,主要目标是在合理阐析事物现状的前提下,为进一步转变现状与达到预期效果而做出的决策提供判断依据。体育评价具体是指根据特定标准,对体育测量结果进行判断,同时给予体育测量结果以价值或意义。例如,两名年龄均为 15 岁的男学生跳高成绩分别是 1.15 米和 1.29 米,以《国家体育锻炼标准》为判断依据,两人的得分依次是 55 分和 90 分,这就是体育评价。评价已经是当今体育活动的关键部分之一。

事物价值标准是多层次的,而并非唯一的。例如,评定大学生体质健康水平的标准是从最理想状态直至病态,属于连续不断的状态序列,所以能够自上而下或自下而上划分成很多种标准。如果是为了清晰划分健康人和病人,则评价标准可以确定到最低健康水平,达到该标准说明身体处于健康状态,但无法评定有没有达到最佳健康水平。

评价标准包括两种类型,分别是拥有理想值(标准值)性质的评价标准和拥有现状平均值(中位数)性质的评价标准,通常人们将前者和后者分别称之为绝对评价标准(参照标准)和相对评价标准(进步度评价标准)。当前,开始研究动态评价标准(进步度评价标准)具体制定的相关人员不断增加。动态评价是指不参照相对评价标准和所属群体成绩,只和原有成绩进行比较,根据比较结果判断进步度的方法。

从整体来分析,在具体工作中需要结合评价目的、评价指标、评价对象三方面的实际特征,来挑选出最为合适的评价标准展开科学评价。

(二)体育评价的基本形式

1. 诊断性评价

诊断性评价是指教学开始前和训练开始前进行的评价,很多人也将其称之为初始评价。诊断性评价的主要目标是对学生的身体、技能、能力、初始水平等做出全方位认识,同时参照这些情况加以分组和训练,最终实现效果最佳化的目标。

2. 形成性评价

人们将形成性评价也称之为阶段性评价。由于教学与训练分别处于不同阶段,所以对教学全过程与训练整体目标进行确定时,还需要确定很多个阶段性目标。形成性评价不仅对阶段性教学训练目标的合理性有重要影响,还对修正阶段性教学训练目标的必要性有决定作用,也对调整教学训练内容的必要性有决定作用。

具体来说,形成性评价是将某个教学总目标或训练总目标划分成很多个阶段目标,同时在教学过程与训练过程中及时对评定阶段目标完成结果进行检查,从而对具体计划完成结果进行有效反馈,对教学过程与训练过程做出合理的调整、改善以及控制,最终顺利完成教学与训练的整体目标。由此可见,在对教学和训练进行控制、调整、改进的整个过程中,中心环节是形成性评价。

3. 终结性评价

终结性评价是指在教学过程和训练过程的最后进行的评价,如学期末、学年末、训练周期末等。终结性评价的作用是:评价个体在体能、技能、成绩、身体能力方面的提升幅度、体质增强幅度以及个体进步幅度,进而对个体在集体中的应有位置进行确定,并且科学比较不同群体。终结性评价能收集多方面的反馈信息,对教学方法或训练方法的实际效果进行检查,总结经验并发现问题,为确定下阶段的教学目标与训练目标做出理论性参考。

总而言之,评价形式会随着评价阶段的变化而变化。在整个教学过程与训练过程中,如果能够把几种评价形式很好地融入全过程且合理运用,则能够为有效控制教学全过程以及训练活动提供重要信息与依据。

(三)评价的类型

从本质来说,评价是参照具体评价标准来确定测量数据的价值。以参照标准为依据,可以把评价划分成相对评价、绝对评价、进步度评价。

1. 相对评价

相对评价是将参照标准设定为被评价对象所在总体,进而对被评价对象在总体中的成绩进行判断。在制定相对评价标准时,不仅要做到明确特定总体,还需认识到该评价标准只能用来对总体中的个体或群体间的评价,超出群体则无法使用。除此之外,时间对相对评价标准影响很大,倘若使用时间超出一定长度,则需要及时修订参照标准。

2. 绝对评价

绝对评价是通过绝对评价标准,来科学评价个体或群体。绝对评价标准要达到两方面要求:一方面,能够真实体现人体运动领域的正常水平和异常水平或理想水平;另一方面,要能够经受实践的检验,从而获取社会肯定。

例如,身体发育具备理想值性质的标准,是指设定不存在一切身体障碍和心理障碍的情况下,人体应当发育的理想水平或者标准发育水平,以及可以达到社会需要的理想状态下的机能水平。显而易见,除包括血压等用来判断正常的绝对标准和异常的绝对标准以外,确定以上标准的难度很大,同时评价标准的制定过程中还不得不考虑个体发育差异。分析实际应用的整体情况可知,绝对评价应用范围小,原因在于绝对评价标准制定难度大。一般情况下,人们提到的评价是相对评价。

3.进步度评价

人们也将进步度评价称之为个体评价,具体是指将被评对象过去的水平当成评价标准,进而对个体或群体前后进步幅度进行判断的评价。个体标准是指同一个体在时期和状态均不同的情况下的指标展开比较的评价标准之一。个体标准能够对个体情况变化程度进行比较客观地体现。

由于个体评价是参照个体成绩时间序列变化大小的情况下进行评定的,因此制定评价标准时要将进步幅度和进步难度都考虑在内。

第二节　高校大学生体质健康测评的内容与方法

一、高校大学生身体形态测评的内容与方法

(一)身体形态测评的内容

1.身高

身高是人体纵向发育水平的一项关键指标,具体指人体自站立底面到头顶点的垂直距离,身高又叫"空间整体指标"。身高不但受遗传因素影响,而且受环境因素影响,身高的遗传度相对较大,父母遗传基因发挥着关键性作用,男孩遗传度和女孩遗传度分别是75%、92%。

2.体重

体重作为一项指标,能够对人体骨骼、肌肉、皮下脂肪、内脏器官等综合重量发展变化展开准确衡量。人体体重受遗传、性别、年龄、季节、身体锻炼、伤害、疾病等多项因素的影响。

3.坐高

人体取正位坐姿势时头与躯干总长度,即坐高。一般来说,坐高能够对

人体躯干生长发育状况、躯干和下肢比例关系进行有效反映。

4. 胸围

测量胸围应由肩胛下角下缘开始,男性至乳头上缘,女性至乳头上方第四肋骨处,属于胸部水平围长。青少年胸围可以间接反映出胸廓大小以及胸部肌肉发育状况,同时该形态指标也能客观反映青少年体型以及健康情况。

5. 腰围

腰围指人体腰部围度大小,能够间接表现出人体腰部肌肉发育水平、腹部皮下脂肪厚度与沉积情况,腰围又叫"腹围"。

6. 骨盆宽

骨盆左右两端髂嵴外缘突出点间的直线距离,即骨盆宽。骨盆宽不仅能对人体骨盆发育状况进行反映,同时也是运动选材的一项关键性参考指标。

(二)身体形态的测量方法

1. 身高的测量方法

利用哈费利采克公式,可预测出身高,公式如下。

$$儿子身高=(父身高+母身高)\times1.08/2$$
$$女儿身高=(父身高\times0.923+母身高)/2$$

对大学生身高测量具体如下。

测量仪器:标准身高坐高计。

测量方法:受试者赤足,在地板上做好立正姿势,背部与身高坐高计紧靠,足跟、骶骨和两肩胛间接触立柱,耳眼处水平位。测试者向下滑动水平压板直到受试者头顶,双眼与压板水平,观察读数,并将测量值记录下来。

2. 体重的测量方法

测量仪器:标准体重计,误差不超过 0.1%。

测量方法:受试者赤足、身着薄衣裤站立于体重计中央,测试者移动刻度尺稳定在水平位后读数并记录其重量值。

3. 坐高的测量方法

测量仪器:标准身高坐高计。

测量方法：受试者端坐在身高坐高计底板上，头正，躯干挺直紧靠立柱，测试者向下滑动水平压板直到受试者头顶，两眼与压板呈水平位，观察读数，记录测量值。

4. 胸围的测量方法

测量仪器：软带尺。

测量方法：男子上体赤裸，自然站立，自然呼吸，检测者将软带尺上缘放在男子背部的肩胛骨下角，在胸部则用软带尺下缘置于乳头上进行计量；女子戴胸罩，将软带尺置于背部两肩胛骨下角，胸部置于乳头上缘进行计量。

5. 腰围的测量方法

测量仪器：软带尺，每米误差不得超过 0.2 厘米。

测量方法：受试者自然站立，测量者将带尺置于受试者脐上，以水平位绕腹一周，取其自然呼吸时的计量值。

6. 骨盆宽的测量方法

测量仪器：软带尺，每米误差不超过 0.2 厘米。

测量方法：受试者将两腿并拢且做自然站立动作，检测者和被测者是面对面关系，通过测径规两脚端依次置于被测者骨盆左右两髂骨嵴外缘，计算得出水平直线距离。

（三）身体形态的评定指数及方法

详细来说，指数是指在参照测试指标间的关系时，利用数学公式并有机结合多种指标而得出的数据。现阶段的人体形态评价途径有：直接通过测量得出数据进行绝对值评价；把测量数据变成指数，进而开展相对值评价。在现阶段，人体形态指标主要有身体质量指数，具体如下。

身体质量指数，又叫"体质指数"。身体质量指数是体重千克数除以身高米数平方的结果，通常用于衡量人体胖瘦和健康状况，主要用在统计研究领域。

计算公式：体质指数（BMI）＝体重（千克）/身高（米）的平方。

身体质量指数包括轻、正常、超重、肥胖四个级别划分标准，其作为衡量人体整体肥胖程度的简便指标被很多国家应用，表 7-5 是我国身体质量指数的详细界限。

表 7-5　身体质量指数组别划分标准

组别	BMI 标准
轻	BMI<18.5
正常	18.5≤BMI<24.0
超重	24.0≤BMI<28.0
肥胖	BMI≥28.0

大学生身体质量指数评价标准见表 7-6。

表 7-6　BMI 评价表

性别	年龄（岁）	P_{10}	P_{25}	P_{50}	P_{75}	P_{90}	P_{97}
男	20—24	18.5	19.7	21.3	23.2	25.5	28.1
	25—29	19.1	20.4	22.2	24.4	26.7	29.0
	30—34	19.5	20.9	23.0	25.2	27.3	29.5
女	20—24	18.0	19.1	20.6	22.2	24.0	26.1
	25—29	18.4	19.6	21.1	22.8	24.8	27.4
	30—34	18.9	20.2	21.7	23.6	25.7	28.2

二、高校大学生身体机能测评的内容与方法

（一）身体机能测评的内容

1. 呼吸机能测评

呼吸是人体的一项基本生理功能，排出二氧化碳、吸入氧气是呼吸的主要作用。在体质健康测量过程中，肺活量是测评人体呼吸机能的主要内容。

2. 感觉机能测评

感觉是神经系统对外界刺激的直接反应，是个体从事体育运动的关键物质基础。通常情况下，个体感知觉越精细，动作协调性越强，动作灵敏度越高。换句话说，感知觉功能对运动水平与运动成绩有直接性作用。个体感觉包括外部感觉与内部感觉，外部感觉包括听觉与皮肤感觉等，内部感觉

包括运动觉、平衡觉、机体觉等。

3. 循环机能测评

人体循环系统主要由心血管系统构成的闭锁管道,其可对个体身体发育水平、体质状况、运动训练水平进行客观反映。

(二)身体机能测评的方法

1. 呼吸机能测评的方法

(1)肺活量测试

个体用最大力吸气,然后再做最大呼气时排出的气量,即肺活量。肺活量是肺容积与呼吸机能潜力的重要标志。与后天训练相比,遗传因素对肺活量的影响有限,遗传度只占30%。由此可知,在大学生选材过程中,在测量肺活量方面可以放宽各种限制条件,在正常范围内就可以。通常情况下,肺活量和年龄之间是正相关。

测试仪器:肺活量计(0~10 000毫升)。

测试方法:受试者站在肺活量计对面,做完1~2次深呼吸后,再吸口气并尽全力呼出更多气体,直至无法呼气。测量次数为3次,在3次测量结果中取最大值。身体处于直立状态、不弯腰、不换气,是对呼气时的具体要求。在测量过程中,要对受试者使用的吹嘴进行消毒,一个吹嘴仅供一人使用。调查表明,我国男子肺活量正常值和女子肺活量正常值分别是3 500~4 000毫升和3 000~3 500毫升。

测试评价:受试者肺活量越大,则表明其呼吸机能越好。

(2)重复屏气试验

测试仪器:秒表。

测试方法:连续测量受测者3次屏气的时间,每次间隔45秒。

测试评价:倘若重复测量的屏气时间呈现出了逐步增加趋势,则反映出受测者呼吸循环系统机能良好。屏气时间增加幅度越大,则表明受测者机能水平越高,反之表明受测者机能水平越差。

2. 感觉机能测评的方法

(1)视觉

遗传对视觉影响较大,色盲属于单基因遗传,是从出生就存在的。在运动选材的众多指标中,视觉是关键指标之一,运动者视觉在运动选材过程中占有重要地位。一般来说,教练员不但要结合运动项目对视力的特殊要求,而且要结合运动员立体视觉,其中立体视觉属于对远距离视觉平衡能力加以反映的指标之一。例如,在球类运动中,立体视觉对运动员准确判定人和球的空间关系与距离有至关重要的影响。

(2)臂、腿动觉

以单脚支撑维持身体平衡测量为例,测评方法具体如下。

测试仪器:闭眼单脚站立测试仪。

测试方法:受试者单脚支撑地面,另一脚放在支撑腿膝部的内侧,两手侧方向平举,从受试者非支撑腿离地时计时,在受试者非支撑腿着地时停止计时。受试者应当努力增加平衡姿势的维持时间。受试者需对闭眼单脚站立维持平衡的时间进行记录。测试时间为两次。

测试评价:取两次测试中的最佳值,记录测验成绩,具体评价标准参考表 7-7。

表 7-7　闭眼单脚站立测验评价标准(单位:秒)

性别	年龄(岁)	P_{10}	P_{25}	P_{50}	P_{75}	P_{90}	P_{97}
男	20—24	6.0	13.0	27.0	59.0	99.0	150.0
	25—29	5.0	11.0	24.0	49.0	86.0	143.0
	30—34	5.0	10.0	20.0	42.0	75.0	125.0
女	20—24	6.0	12.0	25.0	53.0	97.0	150.0
	25—29	5.0	10.0	22.0	46.0	84.4	148.0
	30—34	5.0	9.0	19.0	40.0	73.0	128.0

(3)动作频率感觉

动作频率感觉不仅能对个体摆臂和抬腿的动作频率感加以反映,还能对最高动作频率加以反映。在对动作频率感觉加以测试时,要详细准确地记录摆臂、摆腿的最高频率以及复制误差,通常频率越高,则表明误差越小,同时也反映出运动员动作频率感越强。

3. 循环机能测评的方法

在体质健康测评过程中,脉搏与血压是测量个体身体循环机能使用次数最多的测量指标,测量目的是全面掌握大学生机体运动前后心血管系统表现出的变化规律和详细特征。在测评心血管机能水平时,联合技能试验最为常用,具体如下。

原地高抬腿跑、30 秒 20 次蹲起、15 秒快跑是构成联合机能试验的三个部分。与其他试验相比,负荷强度大和试验时间长是联合机能试验的显著特征。

测试仪器:血压计、心率检测器、秒表。

测试方法:先利用一次负荷试验方法,测量安静状态下的心率与血压,随后根据先后顺序开展三个一次的负荷试验。详细试验方法是:首先,按照每分钟 180 步的速度,男性原地慢跑 3 分钟,女性原地慢跑 2 分钟,跑完指定时间后,测量 5 分钟恢复期的心率与血压;其次,完成 30 秒 20 次蹲起后,进行为时 3 分钟的恢复期心率测量和血压测量;最后,在完成 15 秒原地快跑时,应当按照百米赛跑的速度,跑完之后对恢复期心率与血压进行仔细测量,测量时间是 4 分钟。

测试评价:在密切联系 15 秒快跑一次负荷试验的 5 个反应类型的基础上,科学评定受测者心血管系统机能的实际水平。

三、高校大学生身体素质测评的内容与方法

(一)身体素质测评的内容

1. 力量素质

多次研究与实践表明,人体所有活动均是有赖于肌肉收缩力量完成的,即人体肌肉收缩对机体基本运动能力有维持作用。倘若肌肉丧失力量,则难以展开活动。在体育运动过程中,各类运动项目对参与者力量素质提出了不同要求,该项素质可通过特殊力量训练取得。

机体或机体某部分肌肉在工作(收缩与舒张)时,克服内部阻力(肌肉的黏滞力、关节的加固力、肌肉间的对抗力等)和外部阻力(重力、支撑反作用力、摩擦力、空气或水的阻力)的能力,即力量素质。在训练力量素质的过程中,克服外部阻力是发展人体力量素质的有效手段。

2. 速度素质

人体或人体某部分做快速运动或快速改变原有运动状态的能力,即速度。就绝大部分体育运动项目而言,速度是决定运动成绩的一项重要因素。除此之外,速度素质也属于许多运动项目开展运动选材的关键指标与客观依据。由此可知,在大学生身体素质培养过程中,速度素质培养具有重要作用。速度素质包含快速完成动作的能力、快速经过规定某种距离的能力、对外界刺激或各种应激反应的快速判断能力三个方面,这三方面表现形式可简单表述成动作速度、周期性运动中的位移速度、反应速度。

3. 耐力素质

耐力素质指个体战胜工作中产生疲劳的能力,是组成人体身体素质的一个重要部分,也是反映个体健康状况或体质强弱的关键性标志。不管哪种类型的运动项目,均要求运动者拥有对应的耐力素质。运动生理学研究表明,产生疲劳的原因是机体长时间工作导致的工作能力暂时性降低,具体表现是工作相对困难或彻底无法继续按照过去强度工作。由此可知,运动者耐力水平可通过运动者克服疲劳的能力表现出来。最大吸氧量水平、个性心理、无氧酵解供能水平、中枢神经系统功能等,均属于制约耐力素质的重要因素。

4. 柔韧素质

"柔韧素质指的是人体各个关节的活动幅度以及肌腱、肌肉和韧带等软组织的伸展能力。"[①]对于柔韧素质的概念,可从以下两方面展开理解:一方面,人体骨骼和关节解剖结构对关节活动有影响,重点反映于限制关节活动的幅度范围;另一方面,概念中提到的包括肌腱、肌肉、韧带等在内的软组织的伸展性主要指跨过关节的那部分软组织的伸展能力。

5. 灵敏素质

运动员应对不断变化的条件和形势,能够快速、协调、准确地完成动作的能力,即灵敏素质。灵敏素质不仅能反映运动员实际技术水平,还能反映运动员的其他运动素质。建立灵敏素质必须将其他素质作为基础,如速度素质、力量素质、柔韧素质、耐力素质等。神经系统灵活性和可塑性是影响灵敏素质的决定性因素,此外灵敏素质也受运动员已建立的动作储备数量影响。运动员其他身体素质发展、综合素质发展以及熟练掌握运动技能,都是提升灵敏素质的重要条件。

6. 平衡素质概述

(1)平衡素质的概念

平衡素质是人体基本身体素质之一,具体是指抵抗破坏平衡的外力,以使全身维持在稳定状态的能力。只有保障身体状态的平衡性,方可顺利参与相关锻炼。大肌肉活动对人体平衡能力要求较高。发展平衡能力的意义主要体现在以下几个方面:第一,较高的平衡能力对顺利完成大肌肉活动有

---

① 张英波. 现代体能训练方法[M]. 北京:北京体育大学出版社,2006.

重要作用;第二,发展平衡能力能有效强化运动器官功能和前庭器官机能;第三,发展平衡能力可以有效改善中枢神经系统调节肌肉组织和内脏器官的功能;第四,发展平衡能力可以使顺利完成身体活动得到有效保障;第五,发展平衡能力可以增加身体应对各类环境的适应能力以及自我保护能力。一般情况下,通过静态平衡活动和动态平衡活动可以有效发展平衡能力。例如,单脚站立、前脚掌支撑地面站立、半蹲都是静态平衡活动;走步、用前脚掌走、曲线或障碍跑、立定跳远、行走于较窄平衡板、原地转圈后停止都是动态平衡活动。在做静态平衡活动和动态平衡活动的过程中,均可有机结合调整素质的其他能力要素,最终进行综合培养。

(2)影响平衡素质的因素

下支撑平衡是人体在运动过程中的主要平衡,其本质是一种有度的稳定平衡。制约人体下支撑稳定性的因素包括很多,常见的有力学因素与生物因素。

①力学因素

人体重量越大,则稳定度越大:稳定度和人体重心存在密切联系,伴随着身体重心的下降,稳定度会逐渐升高;人体重力作用线和边界支撑点的距离也是制约稳定度的重要因素,两者间关系是正相关关系,人体重力作用线和边界支撑点间距离越大,人体越容易维持平衡状态。

②生物因素

人体平衡和一般身体平衡存在很大区别,人体存在高级神经活动等特殊因素。

A. 神经系统的影响

外界因素和内在因素都会对人体平衡产生制约作用。其中,内在因素是指人体本身的影响,如视觉误差和本能感觉误差是造成身体肌肉用力不均的主要原因,当支撑面内压力分布发生改变时,平衡性也会被随之破坏。

B. 心理因素的影响

在心理变化的作用下,人体收缩肌群的协调工作被破坏,进而使支撑面内出现压力不均的问题,最终使人体丧失平衡。

C. 肌肉的影响

通过肌肉收缩来固定关节,并由此维持平衡是人体平衡的特点之一。由此可知,肌肉力量大小对人体平衡具有直接性作用。

(二)身体素质测评的方法

1. 力量素质测评的方法

正常情况下,原地纵跳摸高、立定跳远、握力、屈膝仰卧起坐是测评大学生基础力量素质的常见方式。原地纵跳摸高是表现下肢伸肌的指标,尤其能对膝关节伸肌与足跖屈肌垂直向上跳起的爆发力进行详细体现;立定跳远能够对下肢肌进行测评,尤其能对膝关节伸肌与足屈肌向前跳的爆发力进行反映,并且也能对受试者灵敏性加以反映。这里主要对握力和屈膝仰卧的测试方法展开介绍。

(1)握力测试

测试仪器:受试者结合自身手掌大小,在大型号握力计、中型号握力计、小型号握力计中选择出适宜自己的。

测试方法:选出适合自己的握力计后,用左手或右手持握力计使劲抓握,左手和右手分别测试两次。

注意事项:在测验过程中,应使身体处于正直状态,并且让两臂自然下垂。

测试评价:每次抓握后,记录握力计指针读数(千克)。

①握力单一评价(百分位数)。

②握力指数评价。相关研究证实,握力和体重之间存在紧密关系,身材存在很大差异的两个人,在握力方面往往也会存在很大区别。为保障测试的公平性,可以将握力体重指数作为评分标准。握力体重指数每千克体重表的握力,能够体现出个体的肌肉相对力量。握力是前臂肌肉力量与手部肌肉力量的主要反映,此外握力也能体现受试者的其他肌群力量。握力指数可以有效体现人体肌肉总力量。

(2)背力测试

测试目的:对受试者背部肌肉力量展开全面测试。

测量器材:背力计或弹簧秤、磅秤。

测量方法:受试者将双脚放在背力计底盘上,对拉杠高度进行适度调整,使握杠高度和受试者膝盖上方平齐。受试者身体上部分朝前方倾斜,两手正握拉杠,身体使劲朝上方抬起,使肘关节和膝关节处于伸直状态,切莫突然发力。连续测试两次,对先后两次的测验读数进行详细记录(以千克为单位),随后让指针回到零的位置。取最大值且减去受试者体重,以其商为成绩。对于背力测验来说,如果将体重因素排除在外,则可以当成绝对力量测量。

2. 速度素质测评的方法

(1)动作速度测评

人的动作速度快慢属于测试速度素质的关键指标。在对动作速度进行测定时,应当有专门性仪器。倘若没有专业性仪器测试,则应当让受测者在比较短的规定时间内重复完成某个动作,并对规定时间内的动作次数加以记录,如此就能测量出动作速度。正常情况下,规定时间应当处于 10～30 秒钟,如此能够有效规避速度耐力、力量耐力等因素对测量结果的影响,保证个体动作速度的准确性。

在现阶段,使用频繁的动作速度测评方法有很多,如手指摆动指频仪测试等,这些测试能够对神经系统发放速度、完成动作速度与频率等进行清晰体现。

测试评价:反应时越短越好。

(2)位移速度测评

遗传因素对位移速度的作用很大,通过后天训练产生变化的难度很大,一般来说,会采用测 50 米跑成绩的方式评判受测者位移速度。

3. 耐力素质测评的方法

耐力素质的常用测试方法有很多,这里主要对定时计距离跑进行阐析。

在规定时间内努力跑较长的距离,即定时计距离跑。9 分钟跑、12 分钟跑、15 分钟跑等都属于定时计距离跑的主要测试方式。在测试过程中,受测者站在起跑线后,接收发令者的发令信号后,应当使用最快速度坚持跑完 9 分钟或 12 分钟或 15 分钟,承担计时任务的人员应当详细记录受测者在规定时间内跑过的距离。米是记录单位,不计小数。在规定时间内,跑过距离越长,表明受测者耐力素质越好。

4. 柔韧素质测评的方法

柔韧素质测评方法包括很多种,这里主要对坐位体前屈展开阐析。

测量目的:测量受试者髋、背弯曲以及腘肌伸展的能力。

测量器材:地板、坐位体前屈测试计。

测量方法:首先根据受试者脚的大小调节标尺的高度,使受试者脚尖接近标尺背面下沿。测试时,受试者在有垫物的平地上坐好,伸直两腿,并拢脚跟,脚尖以 10～15 厘米的距离分开,踩在测试计平板上,然后并拢两手,伸直两臂和双手,渐渐向前弯曲上体,用两手中指尖将标尺上的游标轻轻推动,使之向前滑动(不得有突然震动的动作),直到上体不能继续向前伸展为止。做两次,单位为厘米,对最好的一次成绩进行记录。测试计的 0 点以前为负值,0 点以后为正值。

评价标准:如表 7-8 所示。

5. 灵敏素质测评的方法

从本质来讲,灵敏素质属于综合性素质,12 分钟跑(米)、立定跳远(厘米)属于常见的测试灵敏素质的方法,测评方法具体如下。

表 7-8　坐位体前屈评价标准

得分	男子(厘米)	女子(厘米)
1 分	−0.2～4.4	−0.6～3.7
2 分	4.5～9.9	3.8～8.9
3 分	10.0～17.3	9.0～16.1
4 分	17.4～22.7	16.2～20.9
5 分	22.8 以上	21.0 以上

(1)12 分钟跑(米)

当 12 分钟跑(米)测试开始后,受试者应当利用站立姿势起跑,并且围绕跑道跑 12 分钟。当测试者发出"停跑"口令时,测试者应当记录受试者所在位置,并且准确测量受试者所跑距离,对相应成绩进行详细记录。

(2)立定跳远(厘米)

在测量过程中,受试者脚尖不能踩到线,不能做出垫步连跳动作。每位受试者拥有 3 次试跳机会,记录成绩最好的一次。

6. 平衡素质测评的方法

(1)静力性平衡能力的测量

①闭眼单脚站立

测量目的:主要反映人体的静态平衡能力。

测量仪器:秒表。

测量方法:受测者闭眼,用习惯脚单脚站立,另一腿屈膝,脚离开地面,使小腿贴靠在站立腿的膝部。从离地脚离开地面开始计时至离地脚落地或站立脚移动停表,计算闭眼单脚站立的时间。记录以秒为单位,不计小数。

评价标准:如表 7-9 所示。

表 7-9　男、女闭眼单脚站立评价标准(单位:秒)

	年龄(岁)	上	中上	中	中下	下
	18—30	80 以上	50～80	31～50	20～30	20 以下
	31—40	72 以上	44～72	26～43	14～25	14 以下
男子	41—50	60 以上	39～60	20～38	10～19	10 以下
	51—55	50 以上	30～50	16～29	5～15	5 以下
	56—60	45 以上	26～45	9～25	4～8	3 以下

年龄（岁）		上	中上	中	中下	下
女子	18—30	65 以上	41～65	26～40	15～25	15 以下
	31—40	55 以上	31～55	21～30	10～20	10 以下
	41—50	50 以上	25～50	11～24	5～10	5 以下
	51—55	47 以上	21～47	7～20	3～6	3 以下
	56—60	40 以上	26～44	9～25	4～8	3 以下

注意事项：受测者离地脚可以离开站立腿；整个测定过程中受测者不得睁开眼睛。

②踩木测验

静态平衡与支撑面的大小、重心的高低有着直接的关系。通过减小支撑面，提高重心，进一步测试受试者保持静态身体姿势的平衡能力。

测量对象：男女 10 岁至大学生。

场地器材：3 厘米×3 厘米×30 厘米的窄木条、计时秒表、胶布、宽敞平坦的地面。

测量方法：受试者听信号后，用单脚的前脚掌踩木（踩木可分为纵向和横向两种），另一脚离地，记录受试者维持平衡的时间。左右脚各测 3 次。6 次测验的总时间即为测验成绩。

评价标准：如表 7-10 所示。

表 7-10　男女学生纵向、横向踩木测验评价标准（单位：秒）

男学生（成绩）		等级	女学生（成绩）	
纵向	横向		纵向	横向
346 以上	225 以上	优	336 以上	180 以上
306～345	165～224	良	301～335	140～179
221～305	65～164	中	206～300	60～139
181～220	15～64	下	166～205	15～59
0～180	0～14	差	0～165	0～14

注意事项：受试者支撑足的足尖或足跟着地，即停止计时；在头 3 秒钟内受试者如失去平衡，可重测；要用胶布把木条粘贴在地板上，以免滑动。

（2）动力性平衡能力的测量

对于动力性平衡能力的测量，这里主要对平衡木行走实验进行详述。

场地器材：高度适当、长 3～5 米、宽由 10 厘米逐渐变窄至 6 厘米的平衡木一副，秒表。

测量方法:令受试者由平衡木的最宽处中速行至最窄处,维持平衡姿势不变,身体任何部位触及地面即停表。

评价:保持中速,行走距离越长(或时间越快)平衡性越好。

第三节 高校网球运动锻炼效果的测评

一、高校网球运动锻炼效果测评的意义

开展高校网球运动锻炼效果测评具有多重意义。参照评价结果,不仅能对运动锻炼效率和详细成效进行及时反馈,还能提供富有参考意义的建议与看法。高校网球运动锻炼效果测评的意义主要体现在以下几个方面。

(一)锻炼效果测评中的身体检查,能防止盲目锻炼

在参与系统性的运动锻炼前,开展严格的身体检查是必不可少的,如此不但能对身体有无患病或患某种疾病的具体风险有清晰了解,而且还能明确认识身体运动锻炼的禁忌,进而使网球运动锻炼者所做的医疗保健措施更具针对性,有效避免因锻炼不当造成的不良后果。

(二)能够为运动锻炼效果提供基础指标

在运动锻炼开始之前展开身体状况测定与评价,能够让网球运动参与者进一步明确自身在身体机能、身体素质、运动能力等方面的基础条件,有利于增加锻炼内容、锻炼方法以及负荷量度的有效性,同时也能为阶段性网球运动锻炼结束后评价锻炼效果提供富有客观性的基础指标。

(三)能够为运动锻炼提供阶段性的改善资料

网球运动锻炼过程中或锻炼结束后开展的测定和评价,有助于深入剖析网球运动参与者在锻炼过程中身体所受刺激的程度大小以及"阶段性"锻炼效果,能够为网球运动锻炼过程中的负荷控制提供参照性数据,为健身运动锻炼的全过程提供阶段性鲜明的改善资料。

(四)能够调动大学生的积极性与兴趣,提高运动锻炼效果

网球运动锻炼效果评价中的良性结果,对提升网球锻炼者的主动性和激发其兴趣具有推动意义;网球运动锻炼效果评价中的不良结果,对改善运

动锻炼方法有警示意义。由此可知,网球运动锻炼效果测评不但能推动运动锻炼的科学性,还能为提升运动锻炼的实际效率提供保障。

二、高校网球运动锻炼效果测评的方法

(一)小球锻炼的生理功能评价

一般情况下,运动效果生理评定会选用安静状态、定量负荷状态以及最大负荷状态条件下的生理学指标,进而有效评价与判定运动锻炼的实际效果。

1. 安静状态时的生理学评定

在评定锻炼效果时,常用指标包括测定脉搏(心率)、血压、心电图、呼吸频率、呼吸深度、闭气时间、肺活量、反应时、前庭器官功能稳定性及视觉深度等。

2. 定量负荷时的生理学评定

完成某种已经明确规定运动强度、持续时间的运动,即定量负荷。在现阶段,国内外通用的定量负荷的生理评定方法包括心功指数、阶梯试验指数、台阶指数和 Pwc 试验等。在参照测试结果的情况下,能够将受试者的运动锻炼效果评定为优、良、中、下、差 5 个等级。

3. 最大运动负荷时的生理学评定

要求受试者尽自身可以达到的最大能力参与到运动中,即最大运动负荷。通常情况下,测定内容包括最大吸氧量、氧脉搏、心搏出量、无氧功率和专项练习后一些生理指标变化(如脉搏、呼吸频率、血压、肺活量及心电图)等。参照这些测试结果,能够科学评定受试者获取的实际运动锻炼效果。

(二)生理机能指标测评

1. 脉搏测量法

脉搏是指动脉搏动,脉搏频率简称心率,测心率属于评价心血管功能的关键指标之一。在测量脉搏时,被测者应当坐着或者平躺,测量者应当使用食指、中指以及无名指的指端按住被测者腕部的桡动脉,把 4 秒钟设定为单

位,连续测三个 10 秒钟,计算得出平均值。运动时脉搏和安静时脉搏的测量方法相同,不同之处是运动时脉搏是在运动结束后立刻以 10 秒钟为单位,连续测量 3 次,获得平均值再乘以 6,即每分钟脉搏次数。

在正常情况下,成年人安静状态下每分钟脉搏是 70(60~80)次/分钟,长时间坚持参与网球运动锻炼,也有安静状态下心率处于 60 次/分钟以下的。该情况不仅反映了网球运动者的心脏机能有所强化,同时还标志着网球运动者心脏能量节省化以及身体健康状况较好。

2. 血压

心脏排出血液在血管流动时,对血管壁产生的压力,即血压。收缩压又称高压,是指收缩时压力的最高值;舒张压又称低压,是指舒张时压力的最低值。在正常情况下,测量时应当先静坐 10 分钟,正常人的收缩压与舒张压分别是 100~120 毫米汞柱以及 60~90 毫米汞柱。心脏收缩力、心搏出量、外周血管阻力、血液黏滞度、年龄等都是影响血压高低的重要因素。随着被测者年龄的持续增长,其血管壁弹性会随之下降,硬度会随之增加。因此,老年人血压均相对较高,通常收缩压处于 95~160 毫米汞柱。

3. 肺活量的测量

肺活量是指人体尽最大努力吸气后,再尽最大努力呼出的气体总量。肺活量计能够准确测试出肺活量。在测量尚未开始前,应当先做 1~2 次深呼吸,随后尽全力吸气,然后再尽全力呼气。呼气过程中切勿做任何附加动作,再一次呼吸测试次数为 3 次,测试结果取其中的最大值。正常情况下,成年人肺活量是 3 500 毫升。对于长期锻炼的人来说,男性肺活量可达到 4 500 毫升,女性肺活量可达到 4 000 毫升。

(三)身体素质指标测评

身体健康是指人体的基本活动能力,其能够反映出人体各器官系统的机能在肌肉工作中的详细状况。人们通常会将身体素质视为人体机能在肌肉工作中表现的力量、速度、耐久性、灵敏性、柔韧性、协调性、平衡性等方面的统称。人体运动过程中掌握并高效完成专门动作的能力,即运动能力。运动能力主要反映于大脑皮层主导下的各个肌肉,如主动肌、对抗肌、协同肌、固定肌的协调性。

在人类日常的生活、学习、工作中,身体素质与运动能力往往会以潜在形式表现出来,同时还会自然地表现在体育锻炼方面,其能够反映出人体身体素质的好坏。通常情况下,运动能力强的人也有着较高的身体素质,身体素质好的人提升运动能力的难度相对较小,运动能力和身体素质的关系是相辅相成、彼此影响的。相关研究表明,遗传因素对身体素质有密切关系,同时身体素质也有显著的可塑性,换句话说身体素质和后天体育锻炼与营养补充有紧密联系。体育运动证实,人类身体素质提升与运动能力发展存在年龄变化的规律与特征。

1. 力量素质

力量素质和肌肉发育存在一致性。力量素质发展时间相对较晚,其在青春期后期可以发展到较高水平,同时还可以持续至 35 岁左右。力量是体育锻炼后天改造的最大因素,其中绝对力量属于改变程度最大的因素,相对力量和速度力量比绝对力量的后天改变程度小很多。

2. 速度素质

肌肉系统、肌纤维类型以及神经系统的反应速度、灵敏、协调,是影响人类速度素质能力的重要因素。对于反应速度来说,9—14 岁是男女儿童增长最快的阶段,16 岁以后会慢慢趋于平稳。因为先天性遗传对速度素质的影响很大,且其后天改造和提升幅度相对较小,增长百分率也相对较低。

3. 耐力素质

一般来说,24—30 岁是耐力项目最高水平表现的定型期。然而,青春发育期依旧是耐力水平的奠定时期,尤其是在自然增长最快的阶段,男性和女性分别位于 12—16 岁和 11—13 岁,18—19 岁的自然增长会逐步走向稳定。由此可知,耐力是在青春期全面发展的情况下,男性和女性分别还存在 7％和 10％的提高潜力。

4. 灵敏性素质

相关研究证实,儿童期灵敏性素质的发展程度较大,7—9 岁发展最快,男性和女性均会在 19 岁左右达到最高水平。

5. 柔韧性素质

在儿童阶段,人体柔韧性与骨骼弹性最好,可塑性最强,关节韧带伸展度最大。倘若自儿童时期就坚持练习柔韧性,则对提升柔韧性素质有积极影响。一般来说,女性的柔韧性比男性的柔韧性好。

经过一段时间锻炼后,人们会想了解自己身体素质与机能的提升幅度,这里主要对盛行于日本的衡量身体素质的测验方法进行详细介绍。

（1）平衡性（计 15 分）

要求：双手叉腰，闭目站立，抬高一条腿，站立 30 秒，不能移动位置，或明显摇摆晃动。再另换一条腿测验。

（2）敏捷性（计 10 分）

要求：坐在椅子上，双手叉腰，用脚的大趾触地，在 10 秒钟内使两腿张开闭合 20 次。

（3）爆发力（计 15 分）

要求：原地并足跳远，男子为 200 厘米，女子为 150 厘米。要求有下蹲摆臂动作，达到要求即可得分。

（4）持久力（计 10 分）

要求：捏鼻屏息，男子 46 秒，女子为 30 秒，达到要求即可得分。

（5）肌力（三套动作各得 10 分）

要求：俯卧撑，男子为 18 次，女子为 10 次；腹肌运动，男子为 30 次，女子为 20 次；握力，使用握力器男子左手为 45 千克，右手为 52 千克，女子左手为 38 千克，右手为 45 千克，达到要求即可得分。

第八章　高校大学生网球运动开展的科学指导

对于高校的大学生来说,网球运动已经成为他们体育课程中的重要内容之一,并且以其特殊的魅力征服了学生,受到学生的广泛欢迎与喜爱。同时,网球运动对大学生的身体、心理、社会适应能力以及审美能力等方面都有着显著的作用和价值,因此,为了保证网球运动的重要意义,对高校大学生网球运动的开展进行科学指导是非常有必要的。本章主要从大学生网球运动锻炼的准备与注意事项、竞赛的编排与组织以及安全保健等方面入手来进行分析和阐述。

第一节　大学生网球运动锻炼的准备与注意

一、大学生网球运动锻炼的装备设施

(一)网球场地

网球场整体为长方形,类似篮球场大小。在国际比赛中,对网球场地的规定为:端线以外至少有 6.40 米(21 英尺)的空地,边线以外至少要有 3.66 米(12 英尺)的空地。球场除端线宽度为 10 厘米(4 英寸)外,其余各线宽度为 5 厘米(2 英寸)。单打场地(长 23.77 米、宽 8.23 米)略窄于双打场地。球网中央低,两端高,把球场横隔为两个区。一般,可以将球场内划分为两个部分,即前场与后场。其中,前场由中线划分为右发球区与左发球区。"中点"是长 10 厘米、宽 5 厘米有中线假想延长线与端线相交的一段线段(图 8-1)。

一般的,可以将网球场分为两种,即室内和室外。具体来说,以材料的不同为依据,可以将网球场地分为以下几种。

1. 草地场

通常,又可以将草地场地分为两种:一种是历史最为悠久、最具传统意义的天然草地网球场地,这种类型的球场具有球落地时与地面的摩擦小,球

的反弹速度快,所以对球员的反应、灵敏、奔跑速度、奔跑技巧等要求非常高的显著特点,适合发球上网、随球上网等各种上网强攻战术的运用,但是同时也存在着一定的缺点,就是维护费用昂贵;一种是近几年才兴起的人造草坪网球场地,球场面层弹性好,不易使运动员受伤,而且质量非常稳定,返修率很低,是这种类型场地的主要特点,同时,这种类型场地也具有球的弹性不高、容易改变方向、场地比较滑等不足之处。

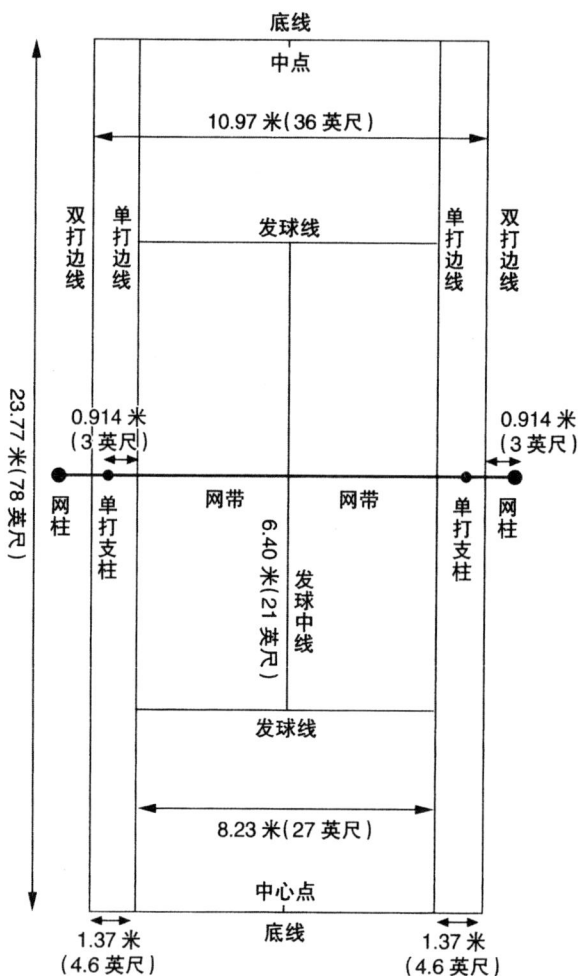

图 8-1

注:所有场地的测量值应以各条线的外沿为基准。

2. 红土场

红土场地是沙地球场最典型的代表,也就是所谓的"软性球场"。沙地球场的类型有很多,其中,各种绿土、泥地等都是较为常见的形式。这种网球场地具有较为显著的特点,主要表现为:场地的坚硬程度较低,这种场地上球速是比较慢的,对球员的意志品质和奔跑、移动能力有着更高的要求。需要强调的是,沙地或土地网球场的是造价比较低的,但是,在保养和维护方面却是相当麻烦的。因此,这就要求在这种类型的场地上进行网球运动锻炼的人更加爱护场地及场地上的一切设施。

3. 硬地场

硬地场,是网球运动场地中使用最广泛的一种了。一般来说,硬地球场是由水泥和沥青铺垫而成的,其上涂有红、绿等漂亮的涂料或铺有一层高级丙烯酸塑胶面层,具有表面平整、硬度高,球的弹跳非常有规律但球的反弹速度很快,平时易于清扫和维护等显著特点。但是,这种类型的球场也存在着一定的不足之处,就是不如其他质地的场地弹性好,初学者在硬地场上练球时应加强自我保护,特别是膝、踝关节等部位,因为硬地场地表的反作用很强并且很僵硬,初学者很可能会因为奔跑、移动的方法不正确,容易对一些部位造成伤害。

4. 地毯场

地毯场,从字面上就能知道这是一种"便携式"可卷起的网球场,其表面是塑胶面层、尼龙编织面层等,一般来说,地毯场往往可以直接铺展或粘接于任何有支持力的地面上,也可以用专门的胶水粘接于具有一定强度和硬度的沥青、水泥、混凝土底基的地面上,由此可以看出,这种类型的场地具有的显著特点为:铺卷方便、适于运输且有非常强的适应性,室内室外甚至屋顶都可采用。场地表面的平整度及地毯表面的粗糙程度都会对球的速度产生相应的影响。另外,这种场地对保养的要求也非常低,只要保持地面清洁、不破损、不积水(需相应的排水设施配套)即可。

(二)球拍(图 8-2)

网球拍最早是木制的。在 20 世纪 80 年代,球拍的制造工艺有了进一步的突破,碳素、石墨等新材料被广泛用于球拍的制造。因此,球拍的重量逐渐减轻,击球的手感有所提高,网球技术也得到了进一步的改善。

1. 拍面

网球拍拍面的形状一般有四种:一种是击球点需要很精确,挥动灵活,击球力量集中,适合力量较大、动作稳定的中、高级业余球手的小型头拍(拍面穿线面积小于 95 平方英寸)；一种是容易控制球,打底线时球感较好,适合力量中等、动作比较稳定的中、高级业余球手的中型头拍(95～100 平方英寸)；一种是适合力量较弱、动作不够稳定的初、中级业余球手的大头拍(100～115 平方英寸)；还有一种是适合力量弱的女士和中老年初级业余球手的超大拍(大于 115 平方英寸以上)。一般来说,拍面较大的大头拍,在网前截击时比较有把握,有些名牌大头拍的球拍弹性很好。

图 8-2

2. 拍长

27 英寸(69 厘米)为标准长度。

27 英寸(69 厘米)以上的为加长球拍。通常情况下,加长球拍在球拍力量、发球威力方面会有增加,但是,在网前截击的灵活性会有所损失。

3. 拍厚

通常来说,球拍的厚度越薄,球拍越容易变形,力量越小,灵活性较好;反之亦然。

4. 拍弦

网球拍弦的种类根据材料划分主要有两种:一种是由猪、牛、羊等的小肠做成的天然肠弦;一种是应用较为广泛的人造复合弦。具体要根据实际情况进行有针对性的选择。

5. 材料

网球拍往往有木质、铝质、玻璃纤维、碳纤维、铝合金等着几种质地。对于大多数人来说,碳拍是较为合适的选择。需要强调的是,碳素材料的质量和不同碳素材料相互之间搭配的设计,是影响球拍质量的关键所在。

6. 重量

对于不同运动水平的球手来说，其所使用和适合的球拍重量也会有一定的差异性。

对于力量弱小的女士和中老年初级业余球手来说，空拍 260 克以下的重量是较为适合的。

对于力量中等的初、中级选手来说，空拍 260～300 克的重量是较为适合的。

对于力量中上的中高级球手来说，空拍 300～320 克的重量是较为适合的。

对于力量强大的高级球员来说，空拍 320 克以上的重量是较为适合的。

7. 硬度

一般来说，硬度数值越高的球拍，在受到网球撞击拍面的时候变形越小，造成球拍本身的力量越大，但是需要强调的是，这样的球拍击球时，力量越大球在拍面上停留的时间就越短，越少时间对球的方向进行控制。

因此，这就要求力量小的初级球员要选择高硬度的威力球拍，究其原因，主要是由于能够满足他们把来球打回去的要求；而对于力量大的中高级球员来说，低硬度的控制球拍是他们的最佳选择，能够符合他们把球控制住的要求。

（三）球（图 8-3）

比赛用球用橡胶化合物制作，外部由纺织材料统一包裹，颜色为白色或黄色，外表毛质均匀接缝处没有缝线。球的直径为 6.35～6.67 厘米，重量是 56.7～58.5 克，球的弹力从 2.54 米的高处自由落下时，能在硬地面弹起 1.35～1.47 米高，球在气温为 20 摄氏度时，如果在球上加压 8.165 千克，推进变形应大于 0.56 厘米、小于 0.74 厘米，复原的平均值为 0.89～1.08 厘米。

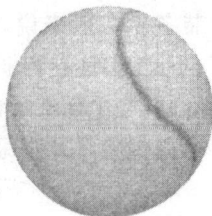

图 8-3

有三种类型的球均符合网球规则的要求,可用于比赛:(1)快速球,一般用在慢速球场;(2)中速球,一般用在中、快速球场;(3)慢速球,一般用在快速球场(表 8-1)。

表 8-1　不同类型球的规格

	快速球	中速球【1】	慢速球【2】	高海拔用球【3】
重量	1.975～2.095 盎司 56.0～59.4 克	1.975～2.09 盎司 56.0～59.4 克	1.975～2.09 盎司 56.0～59.4 克	1.975～2.0 盎司 56.0～59.4 克
直径尺寸	2.575～2.700 英寸 6.541～6.858 厘米	2.575～2.70 英寸 6.541～6.85 厘米	2.570～2.875 英寸 6.985～7.303 厘米	2.575～2.700 英寸 6.541～6.858 厘米
弹性	53～58 英寸 135～147 厘米	53～58 英寸 135～147 厘米	53～58 英寸 135～147 厘米	48～53 英寸 122～135 厘米
向内变形【4】	0.195～0.235 英寸 0.495～0.597 厘米	0.220～0.290 英寸 0.559～0.737 厘米	0.220～0.290 英寸 0.559～0.737 厘米	0.220～0.290 英寸 0.559～0.737 厘米
反弹变形【4】	0.265～0.360 英寸 0.673～0.914 厘米	0.315～0.425 英寸 0.800～1.080 厘米	0.315～0.425 英寸 0.800～1.080 厘米	0.315～0.425 英寸 0.800～1.080 厘米

注:【1】这种球可以是有压球或无压球。在海拔高度 4 000 英尺(1 219 米)以及以上的地方比赛时,无压球有内压且内压不得超过 1 磅/平方英寸(7 千帕),并且在规定的比赛海拔高度或高于该海拔高度存放 60 天。

　　【2】这种球也可用在海拔高度 4 000 英尺(1 219 米)以上的任何球速的场地。

　　【3】这种球是有压球,只用在海拔高度 4 000 英尺(1 219 米)以上的比赛中。

　　【4】这两种变形的数据应该是从球的三个垂直轴方向测试后得到的平均值。任何两数据之间的差异不得超过 0.30 英寸(0.076 厘米)。

(四)网球鞋

"网球是用脚来打球的",由此可以看出脚对于网球运动的重要性,可以说,鞋是和网球拍同等重要的装备。一般来说,网球鞋有这样几种类型:一种鞋底是细致条纹的室内鞋;一种是鞋底是粗犷条纹的室外鞋;一种是鞋底耐磨、较厚的硬地鞋;还有一种是鞋底采用普通的橡胶的沙地鞋。不同的网球鞋底的性能是不一样的,要根据脚尖以及脚弓的高低来进行挑选。

(五)网球服装

一般的,在选择网球服装时,最基本的要求是美丽大方、舒适方便。如果参加正规比赛还必须按组委会的要求进行着装。

传统网球衫一定是白色、翻领、短袖,身两侧有开叉,前襟的长度比后部略短。现代网球中男子的服装基本没什么大的变化,上身短袖 T 恤衫,下身短裤。而女子却有了很大的变化,从以前的长裙,到短裤,再到现在的比较个性的超短裙、连体裙,更显示青春动感、活力。

(六)网球背袋

参加网球运动最好有一只大背袋,背袋以单肩为主,有三层以上隔断,可以容纳网球拍、球、网球鞋等用品。专业选手的网球背袋中一般带有两只以上网球拍,在比赛或练习过程中万一断弦,马上可以更换球拍。

(七)吸汗带

吸汗带用于缠绕在球拍的拍柄上,其主要作用是吸汗、防滑。通常情况下,可以将吸汗带分为用皮革制成的和毛巾布两种,具体根据个人情况进行选用。

(八)减震器

减震器是一种安装在拍面底部网弦上的用于减小击球时球拍震动力量的缓冲装置。减震器的安装要视各人的喜好而定,但网球规则中明确规定横竖弦交错的地方是不可以安装减震器的。

(九)其他装备

除了上述这些必备的装备之外,还有一些小件用品可供网球爱好者选择。较为主要的有:用于遮阳的网球帽,尽管这在比赛场上并不常见,但是在练习时却大有必要;护腕,其主要功能在于保护腕关节,也可以在打球时用来擦汗;发带不仅能够管束头发,而且还能够吸汗,还具有显著的装饰作用。

二、大学生网球运动健身原则方法

(一)大学生网球运动健身原则

1. 积极性原则

要想将网球运动健身的积极性充分调动起来,就必须确定一个明确的目标。具体来说,首先要提高对网球运动的认识,将网球运动视为一种健身、健美和延年益寿的重要手段;其次,要将锻炼的目的明确下来,可以说,目的对行动的质量有着重要的决定性作用。

一般来说,通过对网球运动的认识,以及在自己有了一个明确的运动目的之后,网球运动的积极性就会得到有效的提升。

2. 针对性原则

锻炼身体应从个人的实际情况和外界环境条件的实际出发,确定锻炼的目的,选择适宜的运动项目,合理地安排运动时间和运动负荷,这就是所谓的针对性原则。对于网球运动健身来说,所谓的针对性原则主要包括两个方面的内容:一个是从个人的实际情况出发,一个是从外界环境条件出发。

3. 循序渐进原则

网球运动锻炼的内容、方法和运动负荷等,必须要以人对事物的认识规律、动作技能形成规律和生理机能的负荷规律为主要依据确定下来,同时,还要遵循由小到大、由易到难、由简到繁、由低级到高级的原则逐步进行。

和其他体育运动一样,网球运动在运动锻炼中也要避免急于求成。不存在"一步登天"的事情,因此,这就要求在进行网球运动健身时,严格遵循学习动作由易到难、运动量由小到大、运动强度由弱到强的原则来进行。

4. 经常性原则

网球健身运动必须持之以恒,使之成为日常生活中的重要一部分,这就是所谓的经常性原则。

不管做什么样的事情都要有恒心,对于网球运动健身也是如此。经常参与网球运动锻炼,才能够有效提高打球技术水平,人体各组织系统机能才能得到有效的改善。否则,锻炼效果不显著,是不会取得理想的健身效果的。

5. 适量性原则

在进行网球健身运动锻炼时要有适量的生理负荷,这就是所谓的适量性原则。运动刺激的强度在很大程度上决定着锻炼的效果好坏。一般的,如果运动刺激的强度太小,身体功能的变化会不显著;但是,如果运动刺激的强度太大,又会对身体产生损伤。因此,为了更好地消耗能量、锻炼好身体,就要求保持适宜的刺激强度。

6. 全面性原则

在进行网球健身运动锻炼的时候,应全面发展身体的各部位、各器官系统的机能、各种身体素质和活动能力,追求身心的和谐发展,这就是所谓的全面性原则。

身体各系统都是相互联系、相互制约的,身体某一方面的发展必然会影响到其他方面的发展,而全面发展,就能相互促进,共同提高,对健身能起到积极的促进作用。因此,在进行网球运动健身时,要使身体不同部位得到活动,同时,还要与多种项目和不同性质的活动配合起来,从而保证锻炼的全面性。

(二)大学生网球运动健身方法

1. 确定目标

古人云:"凡事预则立,不预则废"。不管做什么事情,都要首先给自己设定一个正确、合理的目标,然后朝着这个目标努力,往往就能够获得成功。需要强调的是,在确定这个目标时,一定要从自己的实际情况出发,不能过高也不能过低。

2. 保持良好的心态

将目标确定下来之后,就要保持一个良好的心态,做好相应的准备活动。由于网球运动是一项连续性的耐力运动,因此,对打球者的耐心和恒心有着较高的要求。因此,进行网球运动健身切忌急于求成、心浮气躁。

同时,网球运动的对抗性也很强,因此,提醒网球爱好者,一定不要被刚开始打不好球、接不住球而产生的挫败感打倒。运动者在网球运动健身中要保持一颗平常的心态来对待,让自己浮躁的心态稳定下来,一步一步地练习,相信自己一定能够打出一手好球,锻炼出好身体。

3. 运动健身之前要做好充分准备

在进行网球运动健身之前,要做好的准备工作主要有以下几个方面:第一,在进行运动之前,要对自己的体质有所了解(表8-2);第二,要以自己目前的运动量来进行运动健身锻炼,运动量要逐渐增加;第三,要以自己的实际情况来选择适当的运动强度;第四,要根据天气情况选择在室外还是室内进行运动健身;第五,选择适当的运动健身时间;第六,充分的准备活动也是必不可少的。

表 8-2 打网球前自我检测要点

要点	身体状况
（1）	身体是否感到乏力？
（2）	有无发烧？
（3）	有无食欲？
（4）	前晚睡眠是否充足？
（5）	是否腹泻？
（6）	有无头痛或胸痛？
（7）	有无关节疼痛？
（8）	是否过度劳累？
（9）	是否还感到上次运动的疲乏？
（10）	今天打球的欲望是否强烈？

4. 必须掌握正确的基本动作

要进行网球运动健身，乱打一通是不会取得理想的健身效果的，因此，这就要求一定要掌握正确的网球健身动作，这对于良好打球习惯的养成也是有所助益的。掌握好正确的基本动作之后，在以后增加打球方式的时候，就能够顺利掌握利用，打球的技术水平会越来越高，这对于进一步感受网球运动的魅力也是有利的。

5. 要及时对步调及运动强度进行适当的调整

在网球运动健身中，要严格遵循循序渐进的原则，切忌急于求成和过量过强的运动，因为这些不仅不利于良好健身效果的取得，还会对身体健康带来极大的危害。对于网球健身的初学者来说，要缓慢地调整运动量和运动强度，从轻微运动向剧烈运动发展，使身体逐步适应运动。

一般来说，刚开始以低强度运动量每天进行 30 分钟即可。经过数周后，可以根据自身的运动情况适当增加运动量，并且及时进行适当的调整，以取得理想的健身效果。

三、大学生在不同季节进行网球运动锻炼的注意事项

(一)春季进行网球运动锻炼的注意事项

1. 要做好充分的准备活动

冬去春来,要进行网球运动锻炼,必要的热身活动还是必不可少的,要注意运动量和运动强度最好稍小一些。由于冬天天气寒冷,运动次数会有所减少,因此,在初春进行网球运动锻炼,造成运动损伤的概率会有所提高,这就要求通过一些热身活动,来对身体肌肉、关节、韧带等部位进行练习,提高身体机能水平。从简单的技术动作开始,逐渐过渡到高难动作,从而保证运动量和运动强度的合理性。

2. 着装要恰当

在网球运动锻炼之前到参与热身活动中,在着装方面要遵循慢慢脱掉的原则。

一般来说,切不可一上场就穿太少的衣服,因为这样不仅容易着凉感冒,而且身体过于寒冷还会造成肌肉、关节、韧带的僵硬,而无法正常练习,甚至引起运动损伤。正确的做法是可以多穿一些衣服,随着热身运动的不断进行,可以适当脱掉衣服。

在网球运动锻炼的过程中,身体开始微微出汗时,就可以开始脱掉衣服。但是需要强调的是,不管脱衣服的时机和数量,最外面的衣服都要极可能是运动风衣,因为这样能够较好地挡风保温。

网球运动锻炼技术之后,立即将汗湿的内衣换掉,同时,还要注意一定要在身体感到冷之前穿上衣服,并适当地做些放松练习,使身体得到一定的缓冲,这样能够使着凉感冒得到有效的避免。

3. 网球用具的使用要合理

对于大部分的网球爱好者来说,受冬季天气的影响,网球锻炼的次数和时间都相应较少。因此,入春后再进行网球运动锻炼,往往会产生不太会打球的状态,究其原因,主要是由于技术生疏了,或者拍弦有问题。另外,还需要注意的是,以前用过的网球,可能因为球内的压力有了变化,变软或是变重了,这也会让你产生不适应的感觉。因此,从某种程度上来说,及时更换拍弦和球,也是一种有助于找回球感的途径。

4. 雨季期间进行网球锻炼的注意事项

第一，锻炼的地面一定不要有积水，应尽量保持干燥，从而使不滑脚、不会沾湿球的前提得到有力的保证。

第二，如果在打球时又下雨了，为了避免着凉感冒，或者摔倒等不必要的损伤的发生，应迅速离开场地，不要冒雨打球。

（二）夏季进行网球运动锻炼的注意事项

在炎热的夏季进行网球运动锻炼，需要对以下几个方面的事项加以注意。

1. 坚持做好充分的热身活动

一般的，人们往往会存在一些误解，比如认为冬天运动需要做好充分的热身活动，而在夏季就不需要了。实际上，夏季进行网球运动锻炼也是需要做充足的热身锻炼的。这样不仅能够让身体机能兴奋起来，进入良好的运动状态，而且还能使拖着懒散、疲惫的身体练习而更容易造成运动损伤的现象得到有效避免。由此可以看出，在夏季进行网球运动锻炼，做好充分的热身活动是非常重要且必要的。

2. 尽量使长时间阳光暴晒身体的现象得到避免

由于夏季烈日当空，如果长时间地把身体暴晒于阳光下，不仅会加快身体疲劳的速度和程度，中暑的几率也会大大增加。另外，由于目前臭氧层的保护越来越少，阳光对皮肤的损伤也是较大的，要对此加以重视。由此可以得出，在烈日下打球时，最好是戴一顶浅色的帽子。除此之外，还要穿一些防晒的衣服，避免对皮肤造成不必要的损伤。

3. 要适当、多次地喝水

一般的，在炎热的夏季进行网球运动锻炼或者比赛前一个小时左右，可以先饮用 300～600 毫升的水。较为理想的补水形式，是皆稀释的运动饮料，这样不仅具有较好的口感，而且吸收的容易程度也更高一些。

在网球运动的练习和比赛中，少量多次的饮水原则也是要遵循的。一般来说，每次只要喝上一两口即可，千万不要太多，否则会对身体造成一定的负担。

在网球运动的练习和比赛后，经常会看到这样的情况，即立即开始"暴饮"。这种做法是绝对不可取的,究其原因,主要是由于这样会进一步加重胃的负担。还有,为了使过度刺激喉咙的现象得到有效的避免,切记不要喝真正的"冰水",否则造成"哑然失声"便后悔莫及了。

4. 湿掉的 T 恤要及时更换

由于夏季气温太高,出汗较多,因此这就要求在夏季打球尽量多带上几件全棉 T 恤。如果 T 恤汗湿,就需要及时进行更换,否则,湿掉的 T 恤在风干过程中会消耗掉体内更多的热量,使疲劳的产生时间提前,疲劳的程度也会大大增加。另外,如果不及时更换汗湿的内衣,皮肤细菌的滋生几率也会大大增加,并且会出现"汗斑"等情况。

5. 对运动量和运动强度加以控制

由于每个人在身体素质方面存在着一定的差异性,因此,这就要求每个个体要以此为依据,来对运动时间和运动强度进行很好的控制和调整。一般来说,在炎热的夏季进行网球运动锻炼,要控制好运动的时间,不要长时间进行网球运动锻炼,如果在锻炼过程中出现疲劳或不适,要及时停止练习,从而使中暑等运动伤害的发生得到有效的避免。另外,也要对运动强度进行有效的控制,一般只用平常练习的百分之七十左右即可。

6. 要保持正常的睡眠和适当的饮食

在夏季进行网球运动锻炼,本来疲劳产生的速度就快,如果再加上睡眠不足,就会大大提高中暑的概率。另外,夏季进行网球运动锻炼,体内的维生素和矿物质都会随汗水流失得更多,因此,还要保证适当的饮食,具体来说,就是要求多安排些碳水化合物和富含维生素、矿物质的食物,从而使体内的营养平衡得到有效的维持。

7. 不要采用过激的方式纳凉

夏季本来就炎热,再加上网球运动锻炼,以致在锻炼结束后,人们往往会想着通过凉水浇头或者用凉水冲身等方法,让身体尽快地凉快下来,但是,这些做法都是非常不可取的,这样不仅会造成不必要的体能消耗,更易中暑,而且还会使热的身体突然感受到冷刺激,会对身体机能造成一定的伤害,较为典型的当属"静脉曲张"了。

(三)秋季进行网球运动锻炼的注意事项

秋季,往往具有"南多雨,北多风"及"一场秋雨一场寒"等气候条件,这个季节进行网球运动锻炼,就需要对以下几个方面的事项加以注意。

1. 早上进行网球运动锻炼的注意事项

在早晨进行网球运动锻炼时,练习的内容以球感、球性和基本技术练习为主,同时,还要注意不要有太大的运动强度和运动量。对于大多数爱好者,秋季晨练是个不错的选择。但是,安排合理的练习内容,适当地控制运动强度和运动量,从而使正常的工作和学习都能够得到保证。

2. 下午进行网球运动锻炼的注意事项

在下午的时候进行网球运动锻炼,要注意衣着的冷暖,同时,还要密切观察天气的变化。尽管秋天感觉挺热,但在下午接近傍晚时,却会比较凉爽,气温下降的速度也非常快。这时候,需要做的就是随着太阳的西落,在身体稍微感觉有些凉意时,及时加件运动外衣,否则,很可能会着凉感冒。

3. 运动锻炼后要及时更换干爽的衣服

秋天气温已经较为凉爽,如果在汗湿衣服后不立即换上干爽的衣服,很可能会着凉。因此,这就要求当你练习停止,跟队友进行闲聊时,一定要及时更换汗湿的衣衫,再穿上外衣。

4. 要注意气温的变化,适当增减衣物

"一场秋雨一场寒",当你从身着单薄衣服的夏季进入秋季时,一定要注意天气的变化,并且根据天气的变化适当增减衣物。一般来说,在上场打球之初,要保持适当的外衣御寒;而随着秋意的渐浓,适当地增加衣服,尤其是在晚间灯光球场打球尤为重要。

(四)冬季进行网球运动锻炼的注意事项

在严寒的冬季进行网球运动锻炼,为了保证锻炼效果和避免不必要的损伤的发生,需要对以下几个方面的事项加以注意。

1. 要做好充分的热身活动

冬季进行网球运动要进行充分的热身活动,这不仅是指在室外进行运动,对于室内的网球运动锻炼也是适用的。不管是平时的锻炼,还是比赛,都要进行充分的热身活动。具体来说,要求遵循从近到远、由慢到快的原则来进行练习,这样,能够使运动损伤和关节慢性劳损症状等得到有效的避免。通常情况下,在寒冷的冬季,身体的肌肉、关节、韧带往往会处于冷缩状态,进入温暖的室内球场,只是体表的温度有所提高,而肌体仍处于寒冷状态,因此,这就要求进行网球运动锻炼之前,都必须进行充分的热身活动,这是非常重要且必要的。

2. 要对网球拍弦进行适当的调整

在冬季进行网球运动锻炼,由于受到冷缩的影响,球拍和拍弦会与正常温度下有一定的差别。通常情况下,球拍的热胀冷缩系数比拍弦要小一些,因此,在冬季进行网球运动锻炼,往往会觉得拍弦比往常更硬更紧。这就要求可以将穿弦的磅数进行适当的调整,从而保证正常的打球状态。

3. 练习的球要选择气压较正常的

旧的网球在冬天往往会显得太软、太重,并且有打不动球的感觉,在这样的情况下,手腕和手臂的负担就会非常重,长时间处于这种状态就会造成手的损伤。因此,这就要求将这些旧球及时更换掉,用较正常气压的球来练习。

4. 切忌在雪未扫尽或有薄冰的场地上打球

冬季会经常有降雨、雪等天气,由于网球场的面积较大,为了保护场地面层,有时不易彻底清扫,经常会有少部分冻雪或冻冰。这时切记不要贸然上场进行网球运动锻炼,避免不必要的摔伤等损伤的发生。

5. 控制好冬季打球的时间

在太冷的环境中打球,不仅球拍和球会受到一定的影响,身体的负担也会有所加重,危险系数较高。另外,由于冬季太冷,身体的肌肉、关节、韧带的活动都会受到相当的限制。如果在这样的情况下勉强做往常的一些难度动作时,就很容易造成损伤。因此,这就要求在这样的环境下打球,要选择较暖和的时间段进行,一般来说,较暖和的 10:00~15:00 之间是最佳的选择。

第二节　高校网球运动竞赛的编排与组织

一、网球运动竞赛的编排

(一)单淘汰制

单淘汰制在网球比赛中是应用最为广泛的。具体来说,将所有参赛的选手(或对)编排成一定的比赛程序,由相邻的两个选手(或队)进行比赛的方式,就是单淘汰制。具体来说,就是一方在比赛中失败一次就失去继续比赛的权利,胜者进入下一轮比赛,直到淘汰剩下最后一个选手(或队),比赛也就结束。最后剩下的一名选手(或队)也就是冠军。

单淘汰制有着一定的优势,主要表现为:可以在很短的时间内,安排大量的选手(或队)进行比赛,而且将比赛逐步推向高潮,能够积极促进参赛的球员力争胜利。但同时,其也存在着一定的缺点,主要表现为:使得有些球员参赛的次数少,实践锻炼的机会就会有所减少,这对于运动员相互之间的学习是不利的。同时,这种比赛方法具有很大的偶然性,名次的评定难以完全公平合理,冠军只能是相对的。

1. 单淘汰制的抽签办法

一般的,在开赛前 24 小时之内,就会进行网球比赛的抽签程序;在预选赛中,抽签往往是在开赛前 1 小时进行的;而对于基层单位的比赛来说,是可以自己确定抽签时间的。但是,要想保证参赛人员的稳定性,从而有利于抽签工作的顺利进行,就要求尽量在比赛开始前进行。

当参加比赛的运动员人数是 2、4、8、16、32、64、128 时,往往会采用累进的淘汰制进行比赛。但是,如果人数多于 128,那么预选赛的次数就会增加。

当参加比赛的运动员人数不是 2 的乘方时,第一轮将有"轮空"。这样,能够使运动员在第二轮中形成一个"满档",即 2 的乘方数,这样,才能保证比赛的顺利前进,一直到最后产生两名运动员参加决赛。

"轮空"数的计算方法是:所选定的号码位置数减去参加比赛的运动员人数。以 27 名运动员参赛为例,这样索要选择的号码位置就有 32 个,其中,轮空的有 5 个。因此,与这 5 个号码相遇的运动员,将直接参加第二轮比赛,然后他们和第一轮比赛的 11 名优胜者形成 2 的乘方数(16)(表 8-3)。

2. 种子选手的确定与抽签

要将种子选手确定下来,并进行抽签活动,就需要根据以下要求进行。
(1)种子选手的确定
以中国网球协会比赛规程的规定为主要依据,可以得知,要以前一年同一比赛的名次为依据来将种子确定下来。在被批准的比赛中,每 4~8 人有一个种子,但是需要注意的是,种子要少于或者等于 16 人。如果种子选手不够,那就有多少算多少,其他人通过抽签的方式来将位置确定下来。另外,在双打比赛中,如非原配对,则不得当种子,除非另有明确的标准。

表 8-3　32 个位置的抽签表（27 名运动员参加比赛抽签时用）

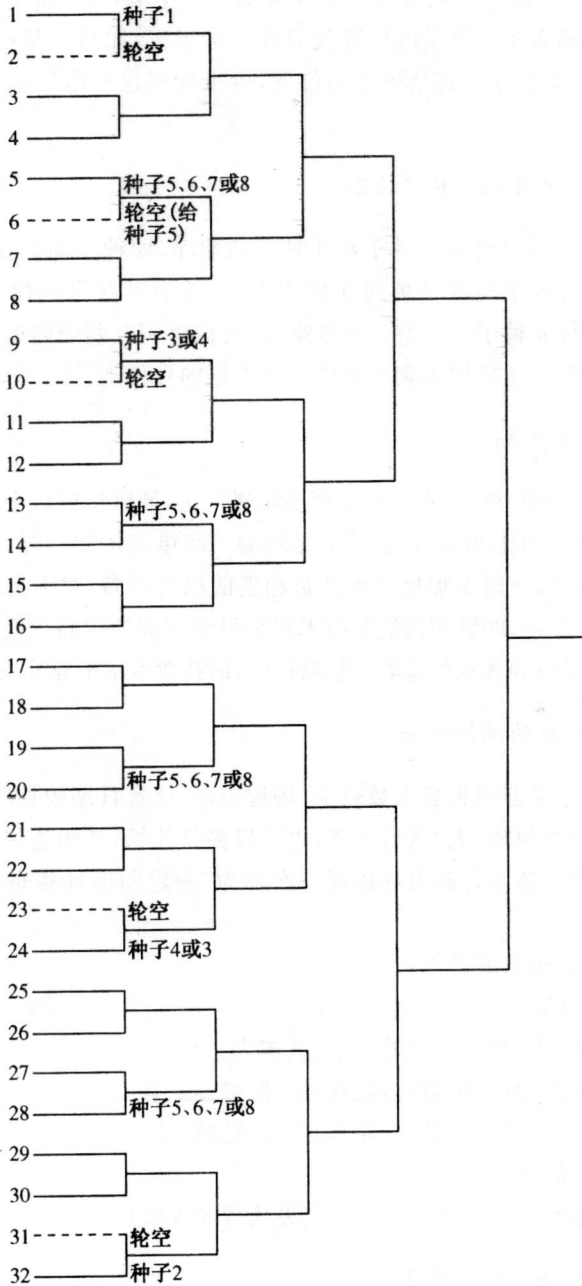

1	种子1
2	轮空
3	
4	
5	种子5、6、7或8
6	轮空(给种子5)
7	
8	
9	种子3或4
10	轮空
11	
12	
13	种子5、6、7或8
14	
15	
16	
17	
18	
19	
20	种子5、6、7或8
21	
22	
23	轮空
24	种子4或3
25	
26	
27	
28	种子5、6、7或8
29	
30	
31	轮空
32	种子2

（2）种子选手的号码位置与抽签

除 1、2 号种子外，其他种子的位置都是通过抽签的方式来决定的。一般的，1 号种子安置在最上端，2 号种子安置在最下端，如果抽签决定 3 号种子在上半区，那么 4 号种子的位置就应放在下半区，如果 3 号抽在下半区，则 4 号应抽入上半区。其余种子的位置，也可按照这一原则来分别进行抽签决定。

3. 非种子的号码位置与抽签

在抽签时，一定要注意种子和非种子的顺序，即种子抽签在前，非种子抽签在后，在将种子运动员填写在位置上，并注明哪些号码位置代表轮空后，才能够进行非种子的抽签。一般来说，可以将所有剩余的运动员姓名凭抽签的顺序，经抽签后填入剩下来的未经占据的号位上。

（二）单循环制

参加比赛的所有球员在比赛中都要相遇一次，最后按照各个球员的全部成绩来排定名次的比赛方法，就是单循环制。和单淘汰制一样，单循环制也有其优势所在，即使得参加比赛的球员相遇的机会增多，对于运动员之间的相互学习是有利的，能够使他们的技术水平得到有效的提高。经过这一比赛方法，能够得出较为客观的排名，能够将球员的技战术水平充分反映出来。

1. 单循环制的编排方法

一般的，如果遇到报名人数较少，场地较多，比赛日期较长的情况，各队（人）均要求和其他队（人）进行比赛，也可以多打几场，从而达到有效增加比赛经验的目的。各队普遍出场比赛一次称为"一轮"，循环赛每轮比赛场数是相等的。

轮数、比赛场数的计算：
（1）轮数计算
轮数与队（人）数有一定的关系，具体为：
第一，队（人）数为单数时，轮数等于队数。
第二，队（人）数为双数时，轮数等于队数减 1。
（2）比赛场数计算
比赛数场数＝N（N－1）/2（N 代表队数或人数）

2. 比赛顺序的确定方法

通常情况下，会采用逆时针轮转法来将比赛的顺序确定下来，该轮转的具体方法为:先将1号位置固定不动。第一轮次序是将比赛队数的前一半号码依次写出,排在左侧,再将后一半号码,从下向上依次写出排在右侧,并用横线联起来就可以了。第二轮次序的轮转方法是1号固定不动,其他号码按逆时针方向轮转一个位置,即可排出。第三轮次序按第二轮次序的位置,逆时针轮转一次,依次类推可排出其他各轮比赛秩序。

3. 决定名次的方法

获胜场数多少往往是单循环制决定名次的重要依据,但是,如果遇到积分相等的情况,则按净胜盘数来决定名次;但是,如果净胜盘数相等,那么就按净胜局数来决定名次;而如果按净胜局数再相等,那么就只能按净胜分数来决定名次了。

(三)分组循环制

所谓的分组循环制,就是所有参加的球员在比赛中都要相遇2次,具体来说,就是进行2次单循环,最后按各球员在双循环赛中全部比赛成绩排名次的比赛方法。这一比赛方法的优势主要表现在两个方面:一方面,是将循环制中各队相遇机会较多的优点保留了下来;另一方面,时间得以缩短,因此,能够将比赛的实际水平充分反映出来。

(四)混合制

所谓的混合制,就是在一次竞赛中分为两个阶段进行,前一阶段采用循环制,后一阶段采用淘汰制,或者先采用淘汰制,后采用循环制的比赛方法。具体来说,就是第一阶段先分几个小组进行单循环赛,将各组的名次排列出来,然后第二阶段淘汰赛时,两组的第1名比赛决出第1、2名,两组的第2名决出第3、4名,依次类推。

混合制有效综合了循环与淘汰的优点,并且弥补了两者的不足,从而使竞赛各方面的要求得到较好的照顾。

二、网球运动竞赛的组织工作

通常情况下,网球竞赛的组织工作大体可以分为三个阶段,即赛前、赛期和赛后。每个阶段都有不同的组织工作内容,具体如下。

(一)赛前阶段的组织工作

网球运动比赛之前,需要做的组织工作比较多,具体包括以下几个方面的内容。

1. 拟定竞赛规程

一般的,比赛主办单位会以比赛的目的、性质、规模、时间和场地情况为依据来将竞赛规程制定出来。因此,这就要求在比赛之前,要尽可能早地将竞赛规程发给参赛单位,从而使他们能够做好充分的准备。

竞赛规程所包含的内容非常多,最为主要的有:竞赛名称、竞赛目的、竞赛日期、竞赛地点、竞赛项目、竞赛办法、报名资格、报名人数、报名截止时间、报到日期、录取名次、采用的竞赛规则以及其他有关规定。

2. 接受报名

抽签、编排工作往往都是依据报名表进行的。及时催交报名表是接受报名的一项重要工作。因为如接到报名表过迟,就会给抽签和编排比赛秩序等工作造成困难。

收到报名表后,应逐项审核与规程规定和填表要求是否相符。如有问题,必须立即与有关单位联系,加以解决。

报名表应及时汇总,将各竞赛项目的参赛人(队、对)数、名单及编号迅速准确地提出来,从而以此为依据来进行抽签、编排及编印秩序册。

3. 安排赛前练习

运动员到达竞赛地点后,需要有一定的时间来适应场地、气候等比赛环境。这就要求主办单位应在规定的报到时间至比赛开始之前,为各队安排好练习场地。

安排赛前练习应尽量保持各队机会均等,并努力满足运动队提出的合理要求。

4. 组织抽签

由于网球比赛的参加人(队)较多,因此,采用的竞赛办法往往是淘汰赛和分组循环赛两种。这种竞赛办法的优势在于可以在较短的时间内完成全部比赛,但是,也存在着不足之处,就是运动员(队)在竞赛过程中只能与较少的运动员(队)进行比赛。因此,运动员(队)在竞赛中所处的号码位置在很大程度上影响着比赛结果的好坏。鉴于此,就不能允许人为制定运动员(队)在竞赛中所处的号码位置,"抽签"是最好的办法。但是,网球竞赛的抽签难度较大。这就要求组织抽签时要仔细研究抽签方案,充分做好抽签的各项准备,确保抽签工作公正、合理地顺利进行。

5. 编排竞赛次序

在确定好参加比赛的队数、人(队)数后,应立即着手编排各个项目的竞赛次序,也就是将全部比赛的日期、时间和场地排出来。编排竞赛次序的工作是非常重要的。编排方案涉及很多方面,其中,较为主要的有运动队、裁判组、办事机构及观众等各方面人员,同时,还会对比赛、场馆、交通、住宿等各项工作产生直接的影响。在进行编排工作时,要做到精益求精,力求科学合理,因为其最终效益要受各方面人员、各方面工作的综合检验。

6. 印发秩序册

各参赛单位、运动员参加比赛及各有关部门工作的开展,往往都是以秩序册为主要文件依据的。完成编排工作后,要尽快地编制和印发竞赛秩序册。

一般的,秩序册的内容包括:竞赛规程、组织委员会名单、裁判员名单、领队和教练员名单、运动员姓名及号码、竞赛日程、各项目竞赛秩序表、场地平面图等。

(二)比赛期间的组织工作

比赛期间的组织工作主要包括两个方面:一个是组织比赛,一个是公布比赛成绩,具体如下。

1. 组织比赛

网球竞赛的中心任务和核心内容就是组织好各场比赛。在组织比赛的过程中,裁判人员有着非常重要的职责,不仅要各司其职,各负其责,而且还要协调配合,通力合作,严肃、认真、公正、准确地完成好每场比赛的临场裁判工作。

2. 公布比赛成绩

要及时公布比赛成绩,这样能够使竞赛工作顺利进行得到有力的保证。较大规模的网球竞赛需设立记录组。负责审核记分表,准确记录比赛结果,及时公布比赛成绩是记录组的主要任务所在。

除了及时用成绩公布大表公布每场比赛的成绩外,根据竞赛需要,还可以印发成绩公报。

(三)比赛结束后的组织工作

比赛结束后,还有两项组织工作需要做,一个是编印成绩册,一个是竞赛资料归档。

1. 编印成绩册

成绩册,不仅是本次竞赛活动的重要资料,同时,其还是下次竞赛举办的重要依据和参考,要仔细制作。

成绩册的主要内容是各个竞赛项目的比赛成绩。一般来说,要随着比赛的开始而开始编印成绩册的工作,比赛一结束,成绩册也应该编辑完毕。

2. 竞赛资料归档

竞赛活动结束后,应及时将各种文件、记录、通知、计划、方案、表格、总结等竞赛资料整理归档。

第三节　高校网球运动开展的安全保障指导

一、网球运动中常见运动损伤的防治

尽管网球运动并不是有身体接触的直接对抗的运动项目,但是,这也算是运动强度较高的一项球类运动,因此,往往会造成一定的运动损伤,这是不可避免的。所以,了解网球运动中经常出现的运动损伤,并且掌握一定的防治方法是非常重要且必要的。

网球运动中常见的运动损伤主要有以下几种。

(一)水疱

1. 水疱概述

由于挤压、摩擦和湿气等造成的皮下淤水小泡,就是所谓的水疱。一般的,手上和脚上会常出现水疱。

在网球运动中,导致水疱产生的原因有很多,最主要的原因是握力较差,手掌皮肤较细嫩,当不能有效击球而使球拍被动转动时,就会使手掌皮肤与拍柄的转动摩擦有所增加,就会磨出水疱。除此之外,由于技术动作的不准确,使得手掌与拍柄的摩擦强度增加;在击球准备、引拍、挥拍的整个过程中,手腕过于紧张,握拍太紧、太死;拍柄不合适,拍柄太粗或太细,柄皮太硬或不吸汗而太滑等,这些不正常的原因也会导致水疱的产生。

2. 水疱的处理方法

如果手掌上已经磨出了水疱,一定要保持水疱周围皮肤的干燥、消毒、无菌,避免感染。

如果磨出的水疱比较小且没有破裂,就不需要进行特殊的照顾,经过一段时间之后,水疱会自然变好。但是,如果是一些大水疱,就需要进行特殊处理。具体来说,就是要用消毒的针头刺穿水疱边缘,轻轻挤出水质,再盖上消毒纱布,轻轻简单包扎即可。需要注意的是,要尽量保留形成水疱时的松弛的表皮,切不可将其随意撕去,否则可能会导致水疱下的真皮感染。

3. 水疱的预防措施

如果是由于皮肤细嫩而磨出的水疱,那么要预防水疱的产生,只要不断加强练习,增加常与球拍摩擦部位的皮肤厚度,让其生成"茧"即可。

如果是由于其他一些非正常原因造成的水疱,那么可以通过以下几种措施来加以预防:第一,要使击球技术动作的准确性得到有效的提高,从而增加击球效果,固定球拍的击球点在甜区内;第二,要对自己时刻进行提醒,即握拍时不要死死地握住,要留有一定的空隙,只有在球拍击球的瞬间,才用力握紧球拍;第三,选择拍柄合适的球拍打球,粗细度以自然握住拍柄、手指与手掌间的缝隙恰好能放入一只手的食指为准。另外,还要注意的是,要选择软一些的柄皮,同时还要有吸汗和减震的作用。

(二)肌肉酸痛

1. 肌肉酸痛概述

一般的肌肉酸痛,往往会在网球运动结束后的一两天出现,会持续数天才会逐渐消失。由于这种现象不是发生在运动过程中或运动后立即产生,因此,也把这种肌肉酸痛称为肌肉延迟性疼痛。

一般来说,导致肌肉酸痛的原因主要是对网球运动的次数和强度没有进行很好的控制,因此,肌肉酸痛往往发生在网球初学者或者爱好者身上,职业选手或水平较高的业余球员,由于能保证有一定的打球次数和运动强度,使肌肉不断地得到锻炼,提高了身体素质,所以很少发生这种肌肉酸痛的现象。

2. 肌肉酸痛的治疗方法

肌肉酸痛产生后,可以根据实际情况来采取以下几种方法来加以治疗。第一,热敷酸痛的局部肌肉,能够使血液循环得到有效的促进,新陈代谢能力增强,肌肉酸痛缓解和消除的速度进一步加快。

第二,对局部酸痛肌肉进行按摩,从而使其能够彻底放松。

第三,对酸痛局部进行静力伸展练习,保持"较劲"的伸展状态 2 分钟,放松 1 分钟。然后按照上述要求反复进行练习,每天坚持 3～4 次,这样就能起到较为理想的缓解肌肉酸痛的效果。

以上三种是较为常见的治疗肌肉酸痛的方法,而下面两种则可以作为辅助手段加以运用。

(1)适当的口服维生素 E。

(2)利用电疗、针灸等手段也能使肌肉酸痛得到一定的缓解。

3. 肌肉酸痛的预防措施

一般的,可以通过以下几个方面的措施来预防肌肉酸痛的产生。

第一,进行网球运动锻炼之前,一定要将热身活动做好,尤其是对击球用力的局部肌肉、韧带要充分活动开。

第二,刚开始网球运动锻炼时,一定要注意速度和力量的增加,具体来说,就是要求严格遵循由近到远、由慢到快的原则,等身体完全适应之后,才能进入正常练习状态。

第三,在网球运动锻炼期间,要尽可能避免全力击打球的状况。

第四,要保证合理的练习时间,如果运动过长,就会导致肌肉过度疲劳的现象的发生,有损健康。

第五,打球时,应注意多喝水多做深呼吸,从而使肌肉的持久力得到有效的增强。

第六,网球运动锻炼结束后,充分的放松和整理练习也是非常重要且不可忽视的,同时,还要适当地做些肌肉再伸展练习,从而能够有效提高韧带的柔韧素质。

第七,在网球运动锻炼之后,如果有条件,也可以适当进行一定时间的游泳,因为这对于全身肌肉得到彻底的放松是有利的。

第八,要制定出合理的网球计划,并且尽可能地做到每周打球 2～3 次。如条件有限,也要保证每周用其他运动方式来对肌肉进行 2～3 次的刺激活动。

(三)小腿抽筋

1. 小腿抽筋概述

小腿抽筋的现象在网球运动中经常出现。小腿抽筋,也就是学术上所说的腓肠肌肌肉痉挛,是小腿的腓肠肌发生不能控制的强力收缩所表现出的一种生理现象。一般来说,很多网球爱好者在发生一次小腿抽筋之后,在小腿的同一位置还会经常发生抽筋的现象,好像成了习惯性抽筋。

2. 小腿抽筋的处理方法

在网球运动中出现小腿抽筋后,首先应保持冷静、放松。然后,原地坐下,伸直膝关节,自己用同侧手拉住脚尖,慢慢地、静力向后拉;或者由同伴帮助,握住脚尖固定,自己双手放在身后,撑住地面,防止身体后移,同时慢慢用力向前蹬、伸小腿。切忌用力过大、过猛而损伤肌肉。如果条件允许,也可用热毛巾热敷小腿,从而对血液循环起到积极的促进作用,使疲劳恢复的速度也进一步地加快。

3. 小腿抽筋的预防措施

要预防网球运动中小腿抽筋的出现,可以采取以下几个方面的措施。

第一,在上场打球前,一定要做好充分的热身准备活动,尤其要重点进行腓肠肌的伸缩练习。

第二,加强身体素质的锻炼,使肌肉的耐久力得到有效的提升,从而使因一般疲劳而导致的抽筋现象得到避免。

第三,要控制好运动量,使肌肉过度疲劳的现象得到有效避免。

第四,在网球运动锻炼结束之后,要求将肌肉的放松活动做充分,这样就会使肌肉僵硬造成的肌肉紧张与放松不协调的现象得到有效的避免。

第五,对于一些经常发生小腿抽筋的网球爱好者来说,在进行网球运动锻炼之前,不仅要做好充分的伸展小腿肌腱的活动,还要适当按摩小腿肌肉,从而使其能够尽可能地保持放松。

第六,如果在炎热的夏季进行网球运动锻炼,尤其在长时间的运动时,应注意补水,多喝水,同时,也要及时补充体内的水分和电解质,可以适当喝一些运动饮料。

第七,在冬季室外进行网球运动锻炼时,要做好充分的保暖工作,不可穿的衣服太少而使肌肉迅速冷却。如果条件允许或者有一定必要时,可戴上护腿或穿上网球袜来使小腿得到较好的保护。

(四)踝关节扭伤

1. 踝关节扭伤概述

踝关节扭伤,也就是平时所说的扭脚,是网球场上最常见的一种损伤。

一般来说,网球运动中导致踝关节扭伤的原因主要有:踝关节力量较差,打球跑动时起动和急停动作过于短促、用力;身体出现疲劳现象,并且在精神状态不佳的情况下继续进行训练;运动前没有做好充分的准备活动,踝关节的韧带未得到充分伸展,就迅速进入激烈的运动状态;思想上有所放松;对打球环境的不适应;网球运动的运动量过大,脚踝的紧张时间过长。踝关节扭伤后,如果情况较为严重,当时就可以听到较响的韧带撕裂声,之后踝关节内开始充血、肿胀,并且脚踝疼痛剧烈。在踝关节韧带损伤处,有明显的压迫痛。

2. 踝关节扭伤的治疗方法

在网球运动锻炼中发生扭脚之后,首先要对关节内的充血进行处理,具体方法为:抬高踝关节,并立即冷敷。如果情况特别严重,就应该及时送到医院进行诊治。

如果是一般的扭伤,在 24 小时内,要禁止在扭伤部位进行任何活动。扭伤处要迅速冷敷,从而使关节内继续充血、肿大的情况得到有效的预防,同时,也使痛苦有所减轻。冰块冷敷也是较好的方法,如果采用这一方法,则需要注意应用毛巾包住冰块,直接将冰块放在脚踝上是不允许的,否则会导致皮肤冻伤。若在水龙头下用冷水冲洗伤处,则应保持踝关节的适当高度。

为了更好的消肿,还可以采取这种方法:在伤情稳定以后,取一盆较热的水和一盆凉水,分别把受伤的踝关节浸泡在热水里 15 秒钟,然后迅速移至凉水中 5 秒钟,再反复更换,利用温度的变化产生的热胀冷缩,促进踝关节的血液循环,使肿胀最快、最有效地得到恢复。

需要注意的是,脚踝扭伤之后,在没有彻底痊愈之前,需要经常裹上护踝或弹力绷带来保护踝关节。

3. 踝关节扭伤的预防措施

第一,要进一步加强安全意识教育,使运动损伤的防范意识得到有效的提高,切忌在疲劳状态下打球,也不要做危险的动作。

第二,运动前的热身运动要做充分,开始运动锻炼时应由近到远、由慢到快,运动强度逐渐加大。

第三,平时要注重脚踝周围肌肉力量的练习和踝关节的柔韧性练习。

第四,要穿合适的网球鞋,网球鞋应轻便、舒适、大小合适、有弹性,并与场地相适应。

（五）网球肘

1. 网球肘概述

在网球运动中，因挥拍击球造成的肘部损伤疼痛，就是所谓的网球肘。

从击球动作分析，挥拍姿势不正确，用力不合理，是造成网球肘的主要原因，具体表现为：技术动作不正确，从而导致手臂用力过度，对肘部造成一定的损伤；对自己的身体条件和特点没有正确的认识，一味地模仿职业球员的暴力打球动作，选择的击球方式不够恰当；打球时不能经常击中甜区，击球时肘部常常远离身体腋下；对于一些比较容易打的"软"球，过于暴力地回击。除此之外，网球拍的减震效果差，穿弦磅数过大，就会使手臂的负担加重，也会导致网球肘的产生。

网球肘产生后，往往会表现出以下症状：前臂肌肉的两端肌腱之间产生红肿和疼痛，尤其是靠近肘部外侧和内侧肌腱上端的骨附着点。需要强调的是，网球肘的损伤程度不同，所表现出来的症状也会有所不同。比如，网球肘的产生初期，肘关节附近会出现酸胀和轻微疼痛，用力背伸手腕和前臂向内、向外旋转时，局部疼痛感加强；症状加重时，局部疼痛会加强，并由肘部向前臂扩散；如果症状严重到做徒手挥拍都很痛时，就需停止任何肘部的活动，立即就医了。

2. 网球肘的治疗方法

网球肘产生之后，要以症状的轻重、疼痛程度为依据来选择相应的方法进行治疗。

如果是在损伤发生的早期，疼痛的症状较轻，可采用的理想的治疗手段为按摩和理疗。但是需要注意的是，如果要继续打球，为了能够使疼痛得到有效的减轻，就需要在肘部缠绕弹力绷带或戴上护肘。如果疼痛减轻，就可根据自身情况恰当、慢速、多次地做橡皮带的恢复练习。

如果是在损伤发生的急性发作期，疼痛剧烈，则应该以静养、休息为主。临时绑上绷带或戴上护肘继续上场打球的情况是严格禁止的，因为这样只会使病情加重。在有条件的情况下，最好使用冰敷来缓解疼痛，但要注意冰敷时间以 10～15 分钟为宜，不要太长，否则会使皮肤冻伤。

如果是在损伤发生的一般急性发作期，疼痛有所减轻之后，就可以缓慢地做些适当的练习，但是需要注意的是，在受伤后的三个星期内切忌重复做造成损伤肘部的动作，以后可逐渐练习改进过的技术动作，两个月后方可参加正常练习。

而如果是一般慢性网球肘,那么可以采用手臂的各种伸展运动练习,从而有效缓解伤痛。

3. 网球肘的预防措施

要预防网球肘的发生,可以采取以下措施。

第一,要通过相应的练习来使手臂、手腕的力量和柔韧得到有效的提升。

第二,平时打球前,一定要做好充分的热身准备活动,尤其要做好手臂和手腕的内旋、外旋、背伸练习。

第三,在网球练习中,要选择适宜的运动强度,要使手臂过度疲劳的现象得到有效避免。

第四,必要时可有效地使用弹力绷带和护肘,这样能够有效限制慢性网球肘的伤情扩展。

第五,对错误的击球动作一定要及时纠正,这是根治网球肘的最好方法。

第六,每次打球后,都要做好充分的放松练习。最好是按摩手臂,使肌肉更加柔软不僵硬,从而使手臂肌肉紧张与收缩的协调性得到有力的保证,使网球肘的产生几率也有所降低。

第七,要以自己的击球特点为主要依据,来选择软硬适当的球拍。一般来说,可以选用甜区大、重量轻、拍柄合适、穿弦松的球拍,这样能够使出现网球肘的几率大大降低。

第八,不要在太硬的球场上强力击打速度很快的球,不要打湿重的球。

(六)关节疼痛

1. 肩关节痛

(1)肩关节概述

一般来说,发球、高压球用力过猛,往往就会造成肩关节的屈伸肌、固定关节的韧带及关节囊等软组织运动负荷量过大,从而导致肩关节痛。在击球、发球、高压球的过程中肩关节出现疼痛,并使手臂痉挛。

(2)肩关节痛的治疗方法

出现损伤后,采用超声波疗法及消炎药物治疗。通常,也会采取一定的紧急措施,比如,停止训练或比赛,短时间固定肩关节。

(3)肩关节痛的预防措施

平时加强肩部肌肉的训练;提高发球、高压球、击球的技术动作;赛前准备活动充分。上述几种措施都能够有效防止肩关节痛的发生。

2. 腰痛

(1)腰痛概述

一般来说,网球运动中的腰痛,往往是由以下几个方面的原因引起的:腰部肌肉紧张过度;脊柱负荷过重;脊柱出现畸形或腰椎间盘突出等。腰痛产生后,往往会出现腰部僵直,严重的刺痛,无法做简单的转体动作等症状。如果腰椎突出,严重压迫坐骨神经,就会使下肢麻木甚至失去知觉。

(2)腰痛的治疗方法

损伤出现后应及时做热敷处理、按摩或椎骨复位等。

(3)腰痛的预防措施

经常加强腰部肌肉的锻炼,使腹部和背部的肌肉力量得到加强,建立身体肌肉平衡。

3. 膝关节痛

(1)膝关节痛概述

膝关节韧带紧张过度、场地地面坚硬以及先天性膝关节脆弱,往往是造成膝关节痛的主要原因。出现膝关节痛之后,如果剧烈运动或负荷过重时会有疼痛并伴有水肿。

(2)膝关节痛的治疗方法

通常,会采用冰块冷敷、按摩、使用消炎软膏、缠绷带、超声波等方法来进行紧急治疗。

(3)膝关节痛的预防措施

运用合理的技术动作,准备活动充分,加强关节部位肌肉力量的练习,关节部位先天性力量较弱者,每次运动最好带上护膝。

(七)半月板损伤

1. 半月板损伤概述

在抢占最佳位置,屈膝制动击球,变向而膝关节同时完成快速伸膝并伴随有旋内旋外的动作时,往往就会使半月板造成一定的损伤。损伤产生后,往往会出现半月板突出、变形、剧烈疼痛等症状。

2. 半月板损伤的治疗方法

半月板损伤后需要长时间休息,使用消炎软膏或注射剂或手术。另外需要强调的是,包扎后要及时就医。

3. 半月板损伤的预防措施

要做好充分的准备活动,规范技术动作,选择合适的鞋子,使用护膝,加强膝关节力量的练习。

二、网球运动中常见运动疾病的防治

(一)肌肉痉挛

1. 肌肉痉挛概述

肌肉痉挛,也就是日常所说的"抽筋"。导致肌肉痉挛产生的原因有很多,比如常见的是有寒冷的刺激、高温环境下电解质的丢失过多、疲劳过度、肌肉连续过快收缩而放松不够等。肌肉痉挛产生后,往往会表现为疼痛和无法控制的僵硬感。网球运动中,小腿的腓肠肌及足底的屈拇肌和屈趾肌是最常发生肌肉痉挛的部位。

2. 肌肉痉挛的治疗方法

第一,肌肉痉挛发生之后,要以相反的方向牵引痉挛的肌肉,从而使肌肉得到一定的拉伸,使痉挛的程度有所降低。但是需要注意牵引的力度,不能用暴力,宜缓、均匀,否则会造成肌肉拉伤。除此之外,还可以与局部推拿如按压、揉捏等恢复手段配合使用,从而进一步提高治疗效果。

第二,不同肌肉发生痉挛,采用的治疗方法也会有所不同,比如,屈拇肌和屈趾肌发生痉挛,正确的治疗方法应为:用力将足和足趾背伸;腓肠肌产生痉挛,正确的治疗方法应为:伸直膝关节,用力将足背伸。不管什么肌肉发生痉挛,都要注意拉伸的力度要合理。

3. 肌肉痉挛的预防措施

第一,在进行网球运动锻炼之前,要做好充分的准备活动,使身体得到一定的活动,尤其对容易抽筋的部位,更要做好适当的按摩。

第二,在冬季进行网球运动锻炼时,一定要做好保暖工作;而在夏季进行长时间运动时,水分和盐分的摄入是重点,从而使电解质得到有效的补充,另外,维生素 B_1 也要进行相应的补充。

第三,不要在疲劳和饥饿时进行剧烈网球运动锻炼,另外,吃得过饱时,也不要进行剧烈的网球运动锻炼活动。

第四,网球运动锻炼结束后,整理和放松活动也要做充分,从而使疲劳得到有效的缓解和消除。

(二)运动中腹痛

1. 运动中腹痛概述

一般来说,没有做好充分的准备活动、运动时间和运动强度不得当、腹部有疾病、在高温下进行大强度的运动等,都会导致运动中腹痛。在运动时腹部会有剧烈的疼痛。

2. 运动中腹痛的治疗方法

通常来说,运动中腹痛的症状较轻时,要缓解疼痛,可采取的方法为:减低速度,加深呼吸,用手按压疼痛部。如果是在炎热的夏天发生运动中腹痛,正确的治疗方法则为:口服十滴水或普鲁苯辛(每次 1 片),针刺或用手指点揉内关、足三里、大肠俞等穴位。病情更加严重的,应立即送医院,请医生诊治。

3. 运动中腹痛的预防措施

第一,在运动前,一定要做好充分的准备活动,使身体技能与运动强度相符。

第二,运动时间和运动量的增加要遵循循序渐进的原则,还要使呼吸与动作之间的节奏配合好。

第三,运动前的合理膳食方面要加以注意,从而使吃得过饱就进行剧烈运动的情况得到有效的避免。另外,盐分的补充也要引起注意。

(三)运动性贫血

1. 运动性贫血概述

在网球运动中,往往会由于肌肉对蛋白质和铁的需求量得不到相应的满足,或者红细胞的脆性增加,再加上血流速度加快,从而导致运动性贫血的发生。

运动性贫血产生之后,所出现的症状主要有:头晕、乏力、易倦、记忆力下降、食欲差等。如果在运动中出现运动性贫血,所表现出的症状主要为:

皮肤和黏膜苍白,心率较快,气促、心悸,心尖区可听到收缩期吹风样杂音等。

2. 运动性贫血的治疗方法

第一,要保证运动强度的合理性,同时,还要将运动与治疗合理搭配起来。如果贫血程度较轻,可边治疗边训练,但是,运动强度要适当减少一些,耐力性运动也要尽可能地避免;如果贫血程度较为严重,则应该尽量停止运动,积极进行治疗。

第二,要保证营养膳食的科学合理。一般来说,要多食用富含蛋白质、铁质和维生素的食物。必要时还可以服用相应的保健品,从而使贫血的恢复速度进一步加快。除此之外,还可以配合中药进行,较为常见的有白术、当归、炙甘草、党参、熟地黄、白芍等。

3. 运动性贫血的预防措施

第一,要遵循循序渐进的训练原则,逐渐增加运动量和运动强度。
第二,要科学合理地安排营养膳食,多进食富含蛋白质、铁的食物。

(四)低血糖

1. 低血糖概述

一般来说,网球运动中的低血糖,往往是由于运动前(或比赛前)已处于饥饿状态,再加上由于比赛产生的过分紧张,或者身体不舒服;长时间进行运动,大量的血糖被消耗;运动者本身已有不同程度的糖代谢紊乱疾患等方面的原因引起的。较轻的低血糖症状主要有:饥饿,头晕,极度疲乏,心悸,面色苍白,出冷汗等;较为严重的症状为:语言不清,四肢发抖,神志模糊,呼吸短促,烦躁不安或精神错乱,甚至惊厥、昏迷等。

2. 低血糖的治疗方法

对于症状较轻的低血糖患者来说,可以采取的治疗方法为:保持平卧,注意保暖,摄入热糖水或进食少量流质食物,休息片刻即可得到恢复。

对于症状较为严重的低血糖患者,甚至出现昏迷者来说,正确的治疗方法为:静脉注射50%葡萄糖50～100毫升,同时针刺(或指掐)人中、涌泉、合谷等穴。

3. 低血糖的预防措施

在进行网球运动锻炼之前，首先要对自己的身体情况进行一定的了解，然后对症下药，采取一定的有效预防措施。比如，平时缺乏锻炼或患病未愈及空腹饥饿时，一定不要长时间进行剧烈的网球运动锻炼。而对于有一定运动基础的网球爱好者来说，在进行长时间或高强度的运动时，应准备一些含糖的饮料，以便在途中饮用，从而保证机体糖分。

第九章 高校大学生网球运动技术能力培养

在网球规则允许的条件下,运动员所采用的各种合理的击球动作和为完成击球动作而采用的其他配合动作统称为网球技术。在高校网球运动中,技术是非常重要的教学内容,因此要注重对大学生网球技术能力的培养。本章主要就高校大学生网球运动技术能力培养进行研究,主要内容有网球运动技术原理及发展研究、高校大学生网球技术能力培养以及网球游戏实训研究。

第一节 网球运动技术原理及发展研究

一、网球运动技术原理

(一)网球技术的动作结构

网球运动中,完整的击球动作包含准备姿势、向后引拍、向前挥拍和触球、随挥和还原等几个环节,这几个环节是密切衔接和相互连贯的,下面就这几个动作结构进行分析。

1.准备姿势

网球运动员在击球之前,要先做好准备姿势,基本的准备动作是,与球网相对而立,双脚之间的距离稍宽于肩,放松膝部,稍微向前倾斜上身,主要以前脚掌来支撑体重。右手将拍柄轻轻握住,左手将球拍扶住(以右手持拍为例),球拍不要低于肚脐,不要高于胸,位于二者之间。两肘与腰侧部轻贴,目光对准来球方向。要特别注意放松上体和肩部,握拍力度要适当,如果握拍力度太大,就难以向下一环节的引拍动作过渡。要以来球情况为依据来做相应的反应,随时做好分腿垫步的准备。

2.向后引拍

在挥拍击球之前,要先把球拍向后引。引拍路线大体上有直线、由上而下、由下至上三种情况。通常而言,由上而下的引拍路线多用于正手击球,而直线和由下至上的引拍路线常用于反手击球时。例如,运动员如果是正手击球,一般就从上往下向后引拍,这样运动员不需要花费很大的力气就可以挥动球拍,能够较为轻松地完成引拍动作。但也有一些运动员在正手击球时采用其他引拍路线。反手击球时,要及时引拍,引拍时间要比正手击球时早一些,引拍时,收肘、转肩、向后挥摆,拍面的高度要与手腕齐平,或稍比手腕高,这样横向后摆时更方便。

向后引拍时,需要用力握拍,但其他身体部位要放松,注意各部位之间的协调,这样能够为前挥拍击球动作的顺利进行提供有利的条件,能够使击球效果大大提高。

3. 向前挥拍和触球

面对来球时,运动员要将引向身后的球拍向前挥动,以迎击来球,这就是向前挥拍动作。球拍击中来球就是球拍触球,这个动作环节是很短暂的。

运动员在击球时,为了对来球的撞击力进行克制,应将球拍击球的拍面牢牢固定好,这时倘若球拍的角度发生了变化,球拍与球相触后,拍面就会晃动,这会严重影响击球效果。向前挥拍和触球这两个动作环节是紧密衔接的,运动员需具备一定的握力与臂力才能将这两个动作高质量地完成。

初学者在击球时,球拍碰触球后,很难牢牢握好球拍,因此就会导致击球不稳或失误现象出现,这对初学者来说是正常现象,但在经过一段时间的练习后,一定要避免此类错误的发生。从下向上挥动球拍后,击球时球就会上旋,从上向下挥动球拍后,击球时球会下旋,同样,向侧上挥动球拍和向侧下挥动球拍,打回去的球分别具有侧上旋和侧下旋的性质。球拍触球时,击球路线主要由拍面的方向决定,触球部位主要由拍面角度决定,击球动作的稳定性直接受拍面角度的影响。击球方向和落点在一定程度上主要取决于这两个动作环节。

4. 随挥和还原

球拍击球后有一段随势前挥的动作,这一动作环节就是随挥。随挥动作对于加大击球力量,避免身体受伤具有积极的作用,在击球的结束阶段,高质量的随挥动作有利于使击球动作的稳定性和协调性得到有效的保障。

随挥动作结束后,将手臂平缓地收回,为下一次击球做好准备的过程就是还原。

运动员在击球时,要将移动的步法重视起来。选择正确的移动步法主要是为了提高击球的准确性与击球质量,只有移动到位才能稳定有力地将球击出,在移动脚步的同时要注意身体重心的移动。在连贯完成引拍、向前挥、随挥等动作时,倘若无法保持身体重心的稳定,击球的质量就会大打折扣。例如,在正手击球时,移动身体重心关键在于确定支撑脚位置,对支撑脚位置进行确定后,另一只脚立即迈向打球方向。正手击球时选择开放姿势的站位更有利于击球。反手击球时,多采用关闭姿势的站位,这样脚移动起来也比较方便。总之,在持拍运动的过程中,保持身体的平衡特别关键。因此,运动员要不断强化平衡意识,在保持平衡时,要注意将不持拍手的作用充分利用起来。

我们之所以将以上几个动作环节分开来讲,是为了分析网球击球动作的结构,为了满足研究需要,但我们必须要意识到,这几个动作是密不可分的。在学习网球击球动作时,不仅要对以上几个动作环节连贯地加以掌握,还要对以下几个内容予以注意。

(1)击球点。高质量完成击球动作首先要选好击球点。一般而言,选择击球点时需要考虑两个要素,即击球时球离身体的前后距离和左右距离。运动员在将前后和左右适当距离确定好后,就可以对球的高度进行合理控制了,这时必定会打出漂亮的回击球。正手抽击俯视图可以帮助我们将击球点距离身体前后左右的距离看清楚,选择最佳击球点时,应注意前后距离在前脚附近,左右距离在距身体重心右侧70~80厘米处(图9-1)。

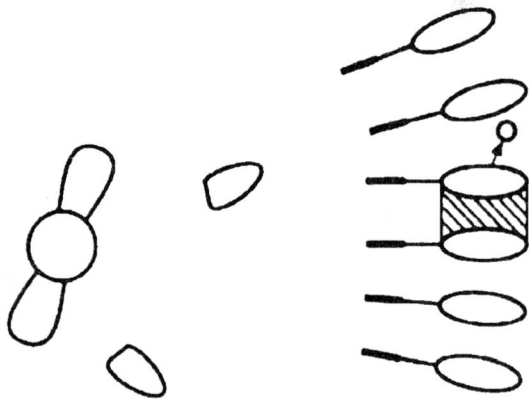

图 9-1

(2)拍面角度和击球的部位。击球时拍面与地面之间构成的角度就是所谓的拍面角度。球拍撞击球的位置就是所谓的击球部位。击球时,只有将击球部位选好,才能把握好击球方向。很多运动员都擅长打各种不同形式的旋转球。击球时作用力线偏离球心就很容易使球旋转,运动员只有全面掌握了不同的拍面角度和挥拍方向(图9-2),才能打出高质量的旋转球。

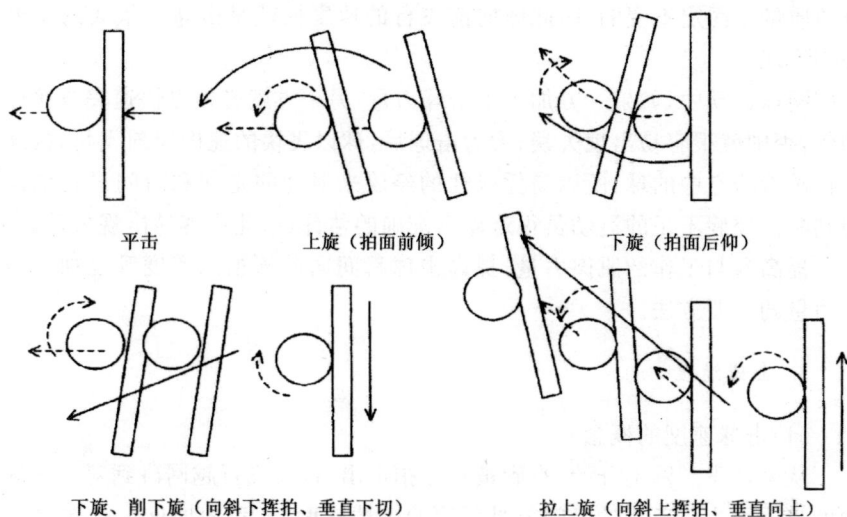

平击　　　　　　上旋（拍面前倾）　　　　　下旋（拍面后仰）

下旋、削下旋（向斜下挥拍、垂直下切）　　　　拉上旋（向斜上挥拍、垂直向上）

图 9-2

（3）仔细观察对方的动作，并对来球的方向、落点等进行判断。

（二）网球运动的击球原理

1. 击球弧线

击球弧线包括以下两种类型。

（1）出手弧线

运动员将球击出后，球从离开球拍到落在对方场区为止的这段飞行弧线就是所谓的出手弧线（图 9-3）。打出距高、弧线高度、弧线方向以及弧线弯曲度等是出手弧线的几个要素。

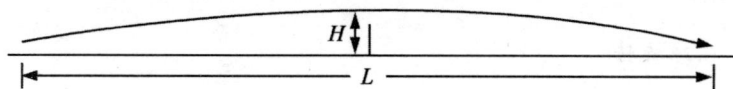

图 9-3

（2）弹起弧线

球落后对方场区后，从地面弹起到碰到地面、球拍、球网等为止的这段弧线就是所谓的弹起弧线。弧线高度、弹起距离和弧线方向等是弹起弧线的几个要素。其中弧线方向可以是前后左右任何方位，而且对于面对面站立的网球运动员而言，前后左右的方向是相对的。

2. 击球力量

击球力量大就是说动量（mV）大，这是物理学上的解释。因为球体本身的质量是固定不变的,因此球向前飞行的速度快就是击球力量大的主要外在表现。

网球运动中,如果一方加大了击球力量,另一方就必须以快速完成接球动作,否则就很容易出现失误;大力击球后,球以飞快的速度向前飞行,接球者很难看清空中的球,所以需凭以往的经验来对球的走向和时间进行估计与判断。经验不足的运动员很难做出准确的估计,因此也容易出现失误。

提高参与工作的肌肉力量;提高击球瞬间向前挥拍的速度等是加大击球力量的主要方法。

3. 击球速度

(1)击球速度的概念

从来球飞至网上开始,直到被我球拍击出后,又飞行越网碰到对方场区内的障碍物为止所用的时间就是所谓的击球速度。[①] 这段时间一般被分成两个阶段,即来球过网后的飞行时间和球被击出后在空中飞行的时间。缩短这两段时间是提高击球的速度的关键。

(2)提高击球速度的方法

网球运动员可以采取如下方法来提高击球速度。

第一,靠近球网站立,在接近球网的情况下选择击球点。

第二,适当降低球的飞行弧线高度。

第三,稍微将击球时间提前一些,动作幅度要小,触球瞬间应将小臂的爆发力充分发挥出来,击球后的还原要迅速。

第四,加快移动速度和反应速度,提高判断能力。

第五,注意适当配合腰部动作,合理的腰部动作有助于提高击球的稳定性和球速。

4. 击球旋转

(1)网球产生旋转的原因

球拍作用于球,球就会向特定的方向运动。球拍作用于球时,如果力矩为 0,则球不会旋转;当力矩非 0 时,球的运动就会带有旋转性质。可见力矩是球旋转的必备要素。从力学上来讲,只有具备了旋转力矩(M),物体才会产生旋转性运动。

旋转力矩(M)、作用力(F)及力臂(L)之间的关系如下。

$$M = F \cdot L$$

---

① 王泽刚. 网球运动实训教程[M]. 武汉:武汉大学出版社,2016.

一般而言,作用力越大,力臂也就越大,因而旋转力矩也随之增大,旋转力矩的增加会使物体发生强烈的旋转运动;反之,作用力越小,物体旋转的程度也就越小。如果力臂为0,作用力则通过球心,这时不管有多大的作用力,球都不会旋转。作用力只有施加在除球心外的其他部位,才会产生旋转。

(2)网球旋转的力学原理

从 F＝M·L 这一公式可知,作用力的大小和力臂的长短直接决定了球旋转的强弱。

球旋转的轴心(O)与作用力线的垂直距离就是力臂,如图 9-4 所示。

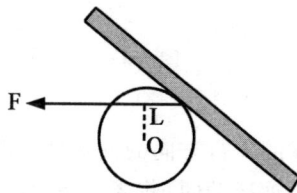

图 9-4

(3)网球的基本旋转轴

网球这个物体本身是没有固定旋转轴的,只有在其旋转起来时,旋转轴才会产生,这是很自然的一种现象。网球可以向不同的方向旋转,因此其旋转轴也非固定不变,下面主要就几种常见的旋转轴进行分析。

①上下轴(竖轴)

通过球心且垂直于地面的轴就是上下轴,也称竖轴。一般侧旋球就是绕着这个轴旋转的。侧旋球可分为左侧旋球和右侧旋球两种类型,以击球时球拍触球的某一点为基准,前者指的是向左旋转的球,后者指的是向右旋转的球(图 9-5)。

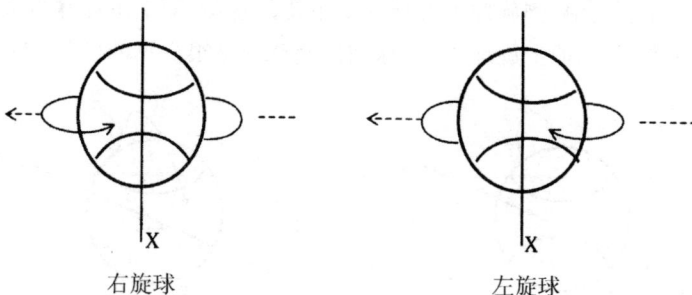

右旋球　　　　　　　　左旋球

图 9-5

②左右轴(横轴)

通过球心且垂直于球飞行方向的轴就是所谓的左右轴,也称横轴。上旋球和下旋球都是绕着左右轴运动的,前者是球绕此轴向前旋转,后者是球绕此轴向后旋转(图 9-6)。

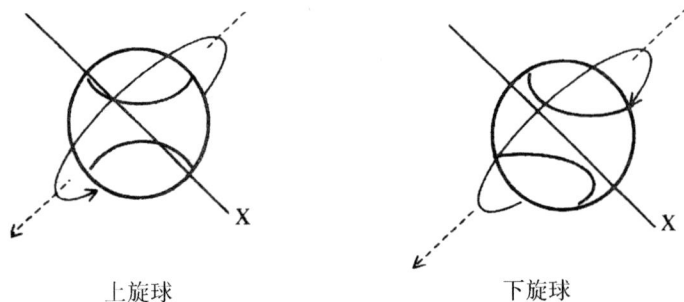

上旋球　　　　　　　　　　下旋球

图 9-6

③矢状轴(前后轴)

通过球心且平行于球的飞行方向的轴就是所谓的矢状轴,也称前后轴。顺旋球和逆旋球是按照此轴运动的,前者是绕此轴顺时针旋转,后者是绕此轴逆时针旋转(图 9-7)。

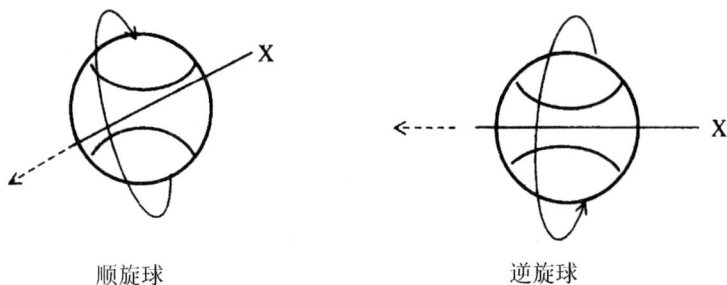

顺旋球　　　　　　　　　　逆旋球

图 9-7

在网球运动中,侧旋球大都伴有上下旋的现象,而上下旋球也大都伴有侧旋的现象,单纯的上旋球、下旋球和侧旋球都是很少见的(图 9-8)。

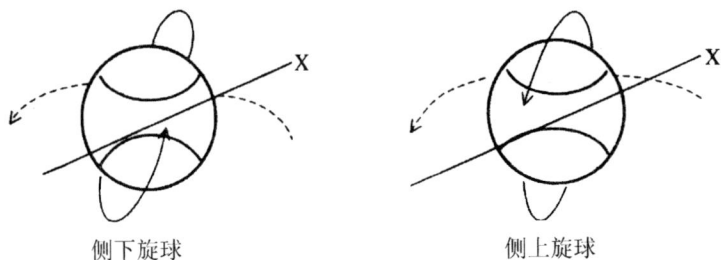

侧下旋球　　　　　　　　　　侧上旋球

图 9-8

（三）网球运动的旋转原理

1. 网球旋转运动的几种形式

（1）平击球

只有主击球力 P_1 的球就是平击球，即击球时只有一个单一的力量正对来球。

如图 9-9 所示，球拍与来球方向保持正对，挥拍击球瞬间对球产生打击力 P_1，这个打击力是正向的力，也是主击球力。之所以说网球技术中的高压球、高空截击球、平击发球等都属于平击球，主要是因为这些技术只存在主击球力。运动员在做平击球动作时，都是正向击打来球的，因此球与拍面只在很小的区域内碰撞摩擦，而且摩擦也只是在瞬间完成的，时间很短。

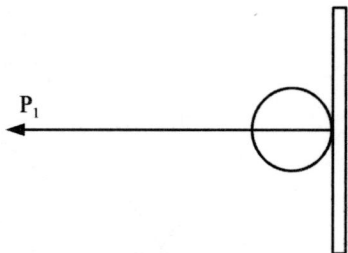

图 9-9

（2）上旋球

①上旋球的原理

如图 9-10 所示，在击球时，不仅有正向主击球力 P_1 作用于球，还有一个上下的力作用于球，这个力使得球垂直向上运动，这个力具体是旋转力 T，拍弦从球的后侧对球进行搓旋是产生这个力的主要原因。在旋转力的作用下，球绕其球心轴线旋转，主要是向前旋转，因此就出现了上旋球。球旋转的速度主要取决于旋转力，旋转力越大，旋转越快。

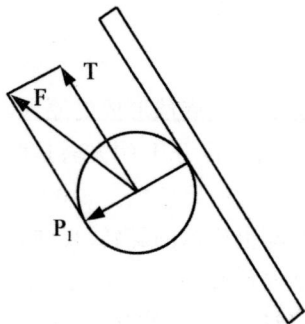

图 9-10

②上旋球的旋转与反弹

上旋球主要是球的上半部分绕左右轴向前旋转的,在重力和阻力的影响下,上旋球在飞行过程中飞行弧线更陡,当然这是与不转球相比而言的。换言之,上旋球下落的速度要快于不转球,上旋越强,下落速度也就越快。

旋转球落地时,其底部旋转方向刚好是球运行的反方向,球下落后,其与地面接触的瞬间会给地面施加一个力,这个力的方向与球的运行方向相反,地面同时也会对球体一个力,这个力与球施加给地面的力大小相等、方向相反,在这两个力同时产生的情况下,球的反弹角度会发生一定的变化(图9-11),所以,球落地反弹时,前冲力较为明显。需要注意的是,球只是具有明显的前冲力,而其自身的速度并没有加快,只是在入射角与反弹角的影响下,我们用肉眼看就很容易感觉球速加快了。

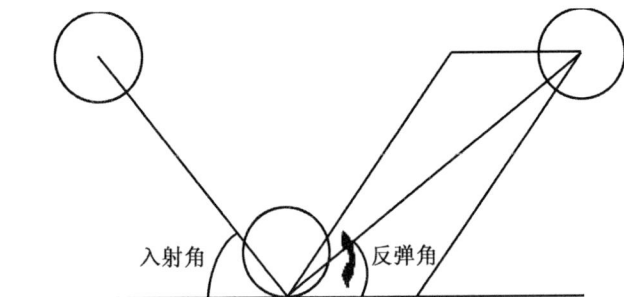

入射角　　反弹角

图 9-11

上旋越强,落地反弹后就会产生越明显的前冲力,这是上旋球的最大特点。上旋球极强的话,其在空中飞行后会以飞快的速度下落,这时即使球的飞行弧线很高,出界的问题也很少发生,这样因为击球弧线高而造成球出界的现象就能够得到有效避免。

当前,许多网球运动员正因为掌握了上旋球的原理与规律,所以才能打出更有威力的球。

(3)下旋球

①下旋球的原理

下旋球的基本原理类似于上旋球形成的原理,二者最大的不同就是,附加在 P_1(正向主击球力)上的旋转力 T 的方向是向下而非向上(图9-12)。

②下旋球的旋转与反弹

下旋球的旋转与反弹与上旋球的旋转、反弹是完全相反的,下旋球主要是球体的上半部绕左右轴向后转动的。下旋球在空中飞行的过程中,由于受到重力和阻力的影响,球的飞行弧线比较平直,下落速度也比较慢,这是与不转球相比而言的。下旋球越强,飞行弧线平直、下落速度慢的迹象也就越明显。

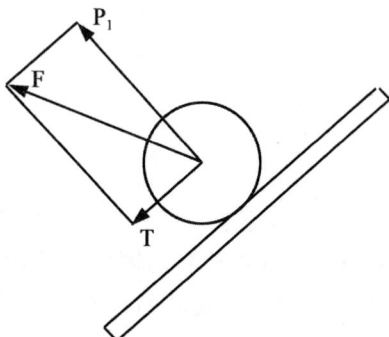

图 9-12

下旋球落地时,球底部的旋转方向与球运行的方向是一致的,球体触地的瞬间,会给地面带来一个力,这个力的方向与其运行方向是一致的,与此同时,地面也会给予球体施加一个反作用力,这个力与球体给地面带来的力大小相等、方向相反,在这两个力同时产生的情况下,球的反弹角度会发生相应的变化(图 9-13)。所以说,下旋球落地反弹后,其不会产生明显的前冲力,因此人们感觉球在向上反弹。

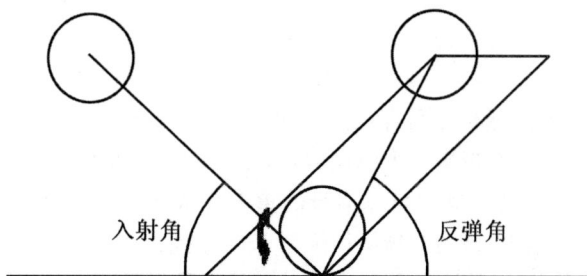

入射角　　反弹角

图 9-13

(4)侧旋球

侧旋球的基本原理类似于上旋球和下旋球的形成原理,主要区别是附加在 P_1(正向主击球力)上的旋转力 T 既不在球的上方,也不在球的下方,而是在球的边侧,这个力既可以垂直于 P_1,也可以平行于 P_1。如果旋转力 T 在球的右侧,且平行于 P_1,与 P_1 的方向相同,那么击球后,球的旋转方向为逆时针。反之,击球后球的旋转方向为顺时针。

(5)复合旋转球

从各种类型的网球比赛中可以看出,运动员在球场上运用最多的旋转球就是复合旋转球。这类旋转球既有上下旋的性质,又有侧旋的性质,而且正向主击球力 P_1 和旋转力 T 是相互协调、相互补偿的关系,上下旋球及侧旋球的优势在复合旋转球中都能够反映出来。

最后需要指明一点，在网球对抗实践中，运动员不管是采用正手击球技术还是采用反手击球技术，只要技术动作与上述各种形式的旋转球的条件相符，都能成功打出旋转球。

2. 旋转球的飞行

流体力学压力差原理指出，流速与压力是反比的关系，即前者越快，后者越小，前者越慢，后者越大。球在旋转的同时，周围的空气也在相应地旋转，在球向前飞行的过程中，球体上沿旋转的气流因为受空气阻力的影响，流速不断降低，而球体下沿的气流因为与球飞行方向相同，所以流速就不断加快，这样上旋球的上沿空气压力就会增加，下沿空气压力就会降低(图 9-14)。

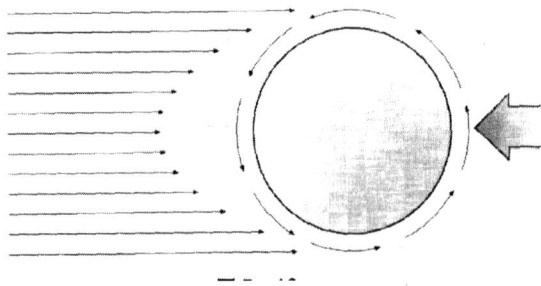

图 9-14

因此说，与平击球相比而言，上旋球的飞行弧线高度较低、距离较短。上旋球落地时，球给地面带来一个摩擦力，这个力的方向是向后的，球飞向地面后下方的力就是由该摩擦力与球本身的重力合成的；与此同时，地面也会给球带来一个反作用力，该力与球给地面带来的摩擦力大小相等，方向相反，因此会有一定的前冲力产生，这就是上旋球落地后跳得低而远的主要原因。

下旋球与上旋球是相反的，下旋球上沿的空气压力较小，球体下沿的空气压力较大。所以，与不转的平击球相比而言，下旋球的飞行弧线高度较高，距离较长。在球下降的刹那，球的转动速度与其之后的下落速度是成反比的，即转动速度越快，下落速度就会越慢。球落地后只会产生微小的前冲力，这就是下旋球落地后弹跳得高而近的主要原因。

二、网球技术的发展趋势研究

(一)技术向着更加全面、精细的方向发展

随着网球比赛场地类型的增多，网球技战术也在不断发展与完善。不

同类型的比赛场地对运动员的技战术有不同的要求。例如,如果是在沥青混凝土涂塑硬场地上比赛,要求运动员熟练掌握进攻型打法,基本上各类网球大赛对运动员的进攻性技术都有较高的要求。英国的温布尔登网球比赛是在草地球场上进行的,举办法国网球公开赛所用的场地仍然是土地球场,此外,各种新型场地不断出现,如人造草地、合成材料的地毯等,不同类型场地的性能是不同的,因此球的运行速度和弹跳规律也各有差异,运动员在不同场地上需采用不同的跑动步法和调整方式,这就要求运动员具有良好的适应能力,掌握更加全面的技术,从而能够从容应对不同场地的比赛。

此外,现代网球运动赛事频繁,对抗性与竞争性十分强烈,攻防矛盾往往在瞬间就发生了转换,主动与被动也经常交替。面对这一形势,运动员必须掌握全面的网球技术才能适应这种制约与反制约的需要。

当前网球运动的技术在全面化发展的同时,也正向着精细化的趋势发展。现代网球运动员并非一味追求速度,发球的时速在 200 公里/小时以上的运动员毕竟是少数的,而大多数运动员发球的时速在 150~180 公里/小时,这样也可以达到得分的效果。发球时速的控制并不意味着发球技术水平在下降,而是当今运动员对发球技术的精细化更为注重。

(二)进攻打法成为网坛技战术发展的主流

随着网球赛事水平的不断提高,各类型的打法流派不断出现,这直接推动了网球技术的进步与完善。从防御转变为进攻是网球技术在发展与完善中呈现出来的一个突出特征。就传统的网球打法来说,正手进攻是典型的打法,只有在防御时才会用反手,击下旋球时采用反手的情况较为常见,而正手进攻时也多为平击球,很少见其他的变化形式。目前,运动员采用正反手都可以打出上旋球,而且上旋球落地后的前冲力较大,这就给对方的回击造成了困难。同时,很多运动员都开始采用双手反手击球来加强反手击球的力量和稳定性。此外,大角度的切削发球也得到了广泛的运用,该技术直接给对手的回击造成了威胁。

进攻型网球技术的发展与普及直接促进了网球比赛激烈程度的加深。现阶段,网球比赛中双方的攻守技术又提高到了一个新的水平。发球队员发的球具有力量大、速度快和落点刁的特点,而且多为变化莫测的旋转球;正手击球和反手击球技术的运用频率几乎相同,加力上旋抽击的运用更为普遍;网前进攻和底线破网技术的质量与水平得到了快速的提高。在网球比赛中,优秀网球运动员普遍掌握了全面的进攻技术,并能够将各种进攻型的技术充分发挥出来,大力发球抢攻和底线迎上进攻的技术更是达到了炉火纯青的地步。高水平的网球运动员还善于在自己的发球局中通过强有力的发球来达到发球上网的目标,同时又具备高超的底线快速进攻技术。一般来说,优秀网球运动员在技术运用与发挥方面的缺陷很少,出现失误的几率也比较低,因而占有很大的优势。

总之,现代网球技术正向着进攻型打法的趋势不断发展。所以,网球运动员一定要在具备良好进攻能力的基础上对网球技术加以全面的掌握,这样才能在激烈的网球竞赛中取得优异的成绩。

(三)力量、速度、旋转是网球技战术的主旋律

网球运动员只有动员全身力量,各部位协调配合,全力挥拍才能完成网球技术动作,这就要求运动员在掌握各种打法时将击球速度和力量重视起来,从而促进进攻威力的增强。在高水平的网球比赛中,不管是男运动员还是女运动员,每次击出的球基本上都是力量大、速度快(网前反弹球、放小球等除外)、旋转强的球。在整体打法中,速度慢的一方就很容易失去优势,很难获取主动权,只有在关键时候勇于快速抢攻才能获取主动权,成功得分。

(四)商业化、职业化刺激技战术的高速发展

当前,网球比赛允许职业球员参加,这就使世界网球大赛事充满了浓浓的商业气息,不管是四大网球赛事,还是其他形式的巡回赛、大满贯、大奖赛等,都设置了高额的奖金。在这一刺激下,优秀网球选手的职业化发展趋势越来越明显,参与专项训练和各类比赛的积极性也越来越高,而这对网球技术的变革和提高具有积极的促进作用。

第二节 高校大学生网球技术能力培养

网球技术可分为有球技术和无球技术,无球技术主要包括基本姿势、握拍及移动步法,有球技术主要包括击球、截击球、发球、接发球、反弹球、挑高球、放小球、高压球等,下面主要对几种常见有球技术的动作要领及训练方法进行分析,以科学培养大学生的网球技术能力。

一、高校大学生网球技术学习指导

(一)击球技术

下面以反手击球为例来分析网球击球技术的动作要领。

1. 准备姿势

将球拍握在右手,左手将拍颈扶住,拍面垂直于地面,拍头朝着对方,对对方来球进行观察,调整站姿和身体姿势准备击球。大学生如果是初学网球击球技术,必须注意用左手将拍颈扶住,这样不但能够使右手的负担减轻,而且对顺利变换握法、迅速向后转肩引拍也十分有利。

2. 后摆引拍

如果对方发来的球飞向你的反手方向,左手在扶住拍颈的同时及时帮助右手变换握拍方法,采取反手握拍来击球,变换握法的同时,肩部与髋部向左转,并将球拍引向左后方,后摆球拍时自然弯曲肘关节,稍上抬拍头,使其朝向后方,右脚向左前方移动,右肩与球网保持背对,左脚支撑身体重心。反手击球时开始做后摆动作的时间要比正手击球时早一些,要连贯且协调地完成整个后摆引拍动作,始终以左手来扶拍颈,直到进入挥拍击球环节为止。

3. 挥拍击球

以由后向前上方的轨迹挥出球拍,注意手臂始终都是弯曲的,在随挥结束之前不要伸直手臂,击球点在右脚左侧前方,击球时保持球拍与右脚处于同一直线,击球高度在膝部以上、腰部以下,拍触球时手腕处于紧张状态,拍面垂直于地面,球的中部为主要击球部位,在转体和转肩的同时调整身体重心,以右脚来支撑体重。

4. 随挥跟进

击球后,沿着球飞行的方向继续向前挥动球拍,直到球拍到达右肩上方时停止前挥,拍头朝前,稍提左手以维持身体平衡,向球网方向转动身体,还原到准备动作阶段。

(二)发球技术

1. 准备动作

双脚分开,侧着身子站立,两脚之间的距离约同肩宽,左肩与左边网柱相对,脸朝着右边网柱,前脚与底线之间的夹角大约为 45°,脚尖朝着右边网柱,自然地向前倾斜身体;以左脚支撑体重,左手持球与球拍相合在腰部,拍头朝前,自然呼吸,集中注意力观察来球。

2. 抛球动作

做好准备动作后,要同时做抛球与后摆拉拍动作,向下向后引拍时,自然伸直持球手的肘部,并向持球手同侧的大腿靠近,在球拍以大弧度向头上方移动的过程中,转动身体,弯曲膝部,伸展肩部,持球手的手臂在身前左脚前自然伸直并向上举,上举的高度要超过头顶,充分伸展手臂后再抛球。

3. 挥拍击球

挥拍击球的动作要领如下。

（1）后摆球拍

抛球的同时,髋部与上体向持拍手一侧转动,同时自然下移持拍手,持拍手与身体相贴近,掌心朝身体,自然地将球拍摆到身体后面。球拍到达一定高度后大臂与体侧保持一定的距离。

（2）背弓动作

继续向上摆动球拍,手臂保持放松,小臂、手和拍头以肘关节为轴依次垂向体后,这时就形成了一个绕圈,绕圈的同时向前顶髋部,双膝弯曲,身体向后展开,呈现出"弓"形的姿势。

（3）击球

做好"弓"形姿势后,当球下落到击球点时,依次蹬后脚,伸展膝部,转动髋部和肩膀,反弹背弓,以肘关节为轴,自下而上带动手臂旋内,充分伸展手臂和身体,向上挥拍对空中的球进行击打,触球刹那转动手腕,配合小臂旋外,稍向内侧转动拍面,形成鞭打动作,击球速度要尽可能快,击球后将球拍收到身体左侧。当向上伸展身体并击球时,肩和手臂已经转回,双肩平行于球网,挥拍击球时,关键在于带动小臂旋内,形成鞭打动作。

4. 随挥动作

击球后,向场内方向倾斜身体,连续、完整地完成向前上方随挥的动作,随着惯性的作用,收腹、转肩、屈肘,将球拍收到持拍手异侧体侧,注意适当调整身体重心以保持平衡。

（三）截击球技术

1. 准备姿势

准备截击时,双脚自然开立,两脚间的距离约同肩宽,稍向前移动身体重心,稍微上抬两脚脚后跟,以双脚前脚掌支撑身体重心,双手持拍,稍稍向前伸双手,使拍头竖起,拍头的高度约与眼齐平,两肘与身体分离,左肘比右肘稍高,双眼紧盯对方。

2. 引拍

拉拍动作幅度不宜太大,先不要使拍头的高度超过耳朵,挥拍时高度低于鼻子,稍竖起手腕,拍头要比手腕高,举拍的同时转动肩部和髋部,并带动上臂将球拍引向体侧。引拍时,肘领先于小臂和球拍,肘关节与身体相分离,大小臂之间的夹角为锐角。

3. 挥拍击球

固定肩关节,以肘关节为轴向前转动球拍并击球。击球时,腕关节保持封闭,手掌、网拍和球基本上处于一条直线,击球瞬间屏息,撞击球动作是极为短暂的。击球点在身体前方且与眼睛高度齐平的位置。如果所选择的击球点比较靠后,就容易出现挡球现象,如果太靠前,容易造成球下网或重心不稳的现象。以击球点、落点为依据来调整拍面角度,站位与步法不需要固定,灵活调整。

4. 随挥动作

击球后随挥动作的幅度较小,稍稍移动身体重心即可,不必做大幅度的重心调整。

(四)高压球技术

1. 准备姿势

打高压球时,准备姿势与发球姿势基本相同。但如果是在网前既准备打截击球,又准备快速后退打对方挑高球,一旦对方挑高球,应及时转动身体并用短促的垫步、侧滑步或交叉步快速后退,双眼紧盯来球。

2. 后摆球拍

在调整脚步、变换位置的同时侧身转动身体,右手迅速抬起,肘部约与肩膀齐平,拍头朝上(图9-15)。在这一环节需注意两点:第一,非持拍手应指向来球;第二,做适度的背弓动作。

3. 挥拍击球

选好击球点,移动到位,手臂充分伸展,挥动球拍击球的后上部。发力顺序和感觉类似于发球,但选择击球点时,一定要确保球能过网,在此基础上,站位越靠前,越有利于发力和对球出手的角度进行控制,这样回击的球也更有杀伤力。拍头到达击球点时,转体动作应已经完成。手臂做挥拍动作时,应该有一个"搔背"再迎击来球的过程,手腕转动击球时会产生一个鞭打动作。当站位与球网之间的距离较远且击球点偏后时,手腕要有一定的"旋内"动作。打高压球时,不对球的旋转做过分的强调,只要将击球力量和角度重视起来就可以了。

图 9-15

4. 随挥动作

击球后,将球拍摆到持拍手异侧的腿侧。选择恰当的击球点有利于随挥动作的顺利完成。如果所选的击球点比较靠后,那么要正常发力是很难的,这时也不容易做随挥动作,大都只能做扣腕或旋腕动作,这就对大学生的腰腹力量及手腕控制能力提出了较高的要求,大学生初学这一技术时,要量力而行。

(五)挑高球技术

挑高球技术分进攻性挑高球和防守性挑高球,下面以进攻性挑高球技术为例来分析挑高球技术的动作要领。

1. 准备姿势

准备运用进攻性挑高球技术时,要集中注意力,对来球落点和对方的站位及移动路线进行准确判断,并在此基础上迅速调整站位和身体姿势,侧身对网,保持重心的稳定与身体的平衡。

2. 后摆引拍

后摆引拍时,手腕后屈动作的幅度应大一些,这样对方就不容易判断你的意图。

3. 挥拍击球

球的后下方为主要击球部位,拍面向后上方倾斜的角度越大,击球的部位也就越低,这样挑出的球也就越高。挥拍击球时,要绷紧手腕,将球拍握紧,按照由后下向前上的轨迹平缓地将球击出,这个动作就像是"舀送"动作一样,需要注意的是,应适当延长球与球拍接触的时间,以对球的高度和深度进行更好的控制。

4. 随挥

击球后,球拍朝着出球方向跟进,做随挥动作时,要保持自然与放松状态,在身体左侧结束随挥动作。

(六)放小球技术

1. 准备动作和引拍

放小球技术的准备姿势和引拍动作基本上等同于正反手击球技术,按照正反手击球的准备动作来调整准备姿势有利于使放小球技术的隐蔽性进一步提高,这样对方就很难判断你的意图,你可以趁机获取主动权。

2. 挥拍击球

挥拍时,手腕在小臂的带动下向前下方挥动球拍,使球拍削击球的中下部,这样能够使来球的冲力得到有效的缓冲。击球时,绷紧手腕,以下旋击球为主,正反手都可,眼睛要始终紧盯来球,切削球时主要是发挥前臂的力量,球拍击到球的下部时适当减速,向目标方向送球。

3. 随挥

击球后,沿击球方向继续挥动球拍。随挥的动作幅度不必太大,随挥结束后,迅速还原到准备动作。

二、高校大学生网球技术训练与提高

(一)击球技术训练与提高

(1)进行徒手挥拍练习或持拍挥拍练习,对挥拍时向后引拍的动作环节进行体会,将转肩、转腰和移动重心等动作要领重视起来。

(2)将完整的击球动作分解成单个动作一一进行练习。

(3)先进行原地挥拍练习,然后结合步法进行挥拍练习,对步法与上肢的配合进行体会。

(4)侧身与挡网相对,手持球拍,教师或同伴站侧面,高举球直至到达击球点位置,松手放球,球落地反弹后,及时挥动球拍击球。

(5)原地与挡网相对而立,自己抛球,球落地反弹后下降到腰部高度时,用正手打球,下落到肩部高度时,用反手打球。

(6)在底线后站立,先正手击打落地弹起的球并使球过网,然后正手击打不落地的球过网,此为多球练习法。

(7)站在距离墙稍远的位置,用正手对落地球进行击打,对着墙击打,在球反弹落地两次后再用正手击打球上墙,如此反复练习,熟练后反手进行练习。

(8)站在与墙相距较远的位置,先练习正手连续击球动作,再练习反手连续击球动作。

(9)一名学生在底线中间站立,同伴站在其前方,两人相距 5 米,同伴向该名学生抛球,学术练习正手击球动作。经过一段时间的练习后,两人相距 10 米继续练习。然后互换角色进行练习,正手击球熟练后,练习反手击球。

(10)学生在底线中间站立,教师在网前站立,教师用球拍连续将球击向学生,学生连续进行正手击球练习,熟练后再进行反手击球练习。

(二)发球与接发球技术训练与提高

1. 对墙发球练习

对墙发球练习能够帮助大学生提高发球成功率,具体练习方法如下。

(1)练习者站在与墙相距 12 米的位置,发球上墙,将球击到目标处(图 9-16)。

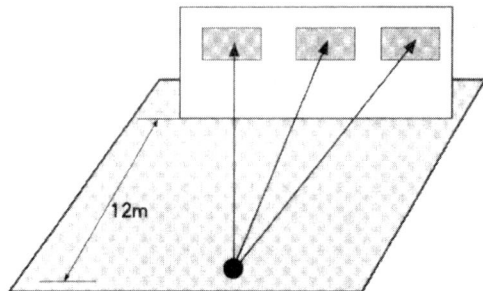

图 9-16

(2)如果大学生是初学网球技术,可先练习切削发球。练习时可以把墙上的目标设置得大一些。

2. 与同伴配合练习

（1）发球控制练习

两人站在球场两侧面对面发球，每人发四球，具体发什么球，要听取对方的口令指示，对方发出"下旋"的口令，就发下旋球，发出"平击"的口令，就发平击球（图 9-17）。

（2）接发直线练习

接发直线练习有利于促进大学生接发回击直线的能力的提高，具体练习方法如下。

①两个发球者站在中线同时发球。

②每个接发者回直线（图 9-18）。

③每次击完之后双方互换位置。

④每发 10 次后双方角色互换。

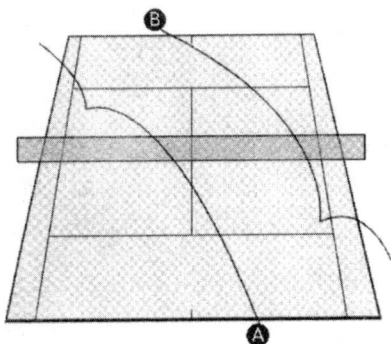

图 9-17

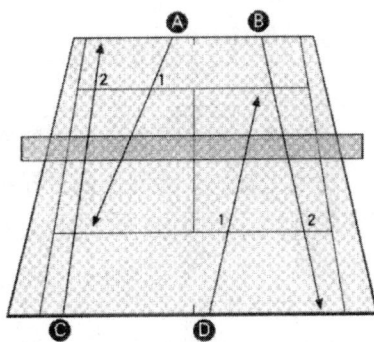

图 9-18

（3）单打接发球控制

单打接发球控制练习能够帮助大学生提高自身的底线接发落点的能力，具体训练方法如下。

①两名发球者同时发球，对侧的接球方同时接发球者发来的球。

②发球者发斜线球，接发球者尽力接球，争取一次能够成功 10 个来回（图 9-19）。

③接球方与发球方互换角色进行练习。

（4）快速接发球练习

快速接发球练习有利于促进大学生接发球时反应速度的提高与反应能力的增强。

①两名发球者站在中线同时向对方发球。

②接发者回直线,站在发球线后面接发球(图 9-20)。

③10 个来回后发球方与接球方交换方位。

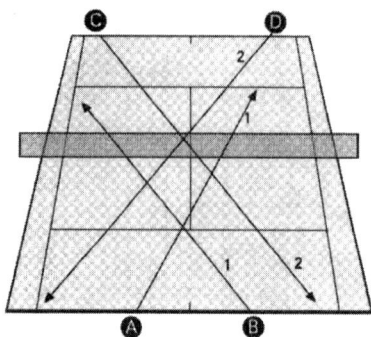

图 9-19

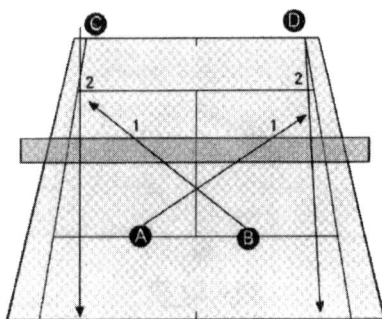

图 9-20

(三)截击球技术训练与提高

1. 对墙练习

(1)目标练习

目标练习有利于促进截击的准确性的提高。

在墙上画一个圆圈作为目标物,练习者站在与墙相距 2 米远的位置,将球截击到目标圆圈内(图 9-21)。对击球的速度力量不作严格要求,但要有一定的准确率。

(2)截深练习

截深练习有利于促进截击深球的准确性的提高,熟练掌握截击深球技术能够给对方造成严重的威胁。

练习者站在距离墙 7 米远的位置,对着墙连续击凌空球(图 9-22)。注意快速移动脚步,如果反弹球较低,需弯曲膝盖,降低身体重心来击球上墙。

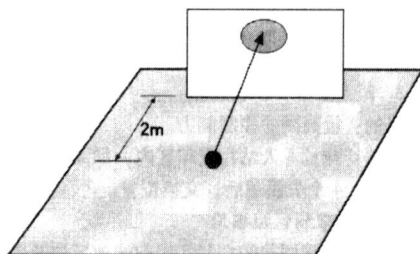

图 9-21

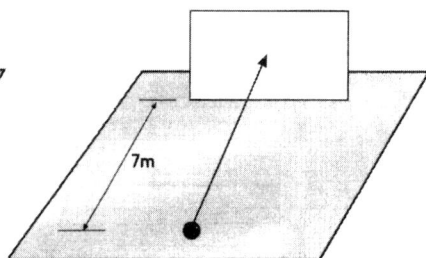

图 9-22

（3）近墙截击练习

近墙截击练习有利于促进快速截击能力的提高。

在墙上画一个圆圈作为目标物，练习者站在与墙相距 1.5 米左右的位置，对着目标物进行截击球练习（图 9-23）。练习过程中尽量避免双手持拍。

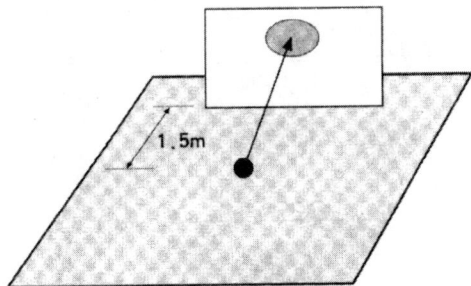

图 9-23

2. 与同伴配合练习

（1）近网互击凌空球

该练习能够帮助大学生对截击球感进行体会。

两名练习者分别站在两侧的发球区内，朝着对方互相击凌空球（图 9-24）。练习过程中要加强协调与配合，有意识地提高击球质量。

（2）抗截击练习

该练习能够促进大学生网前截击能力的提高。

练习者 A 站在网前，练习者 B 站在底线，B 给 A 送两侧的低平球。A 将来球击向 B，反复进行练习（图 9-25）。练习过程中，要提高送球的质量。

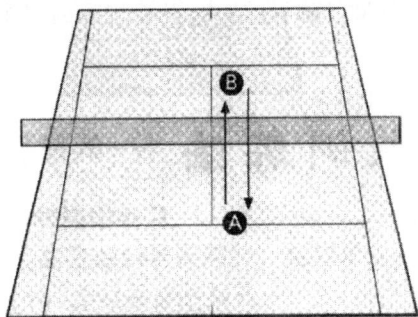

图 9-24

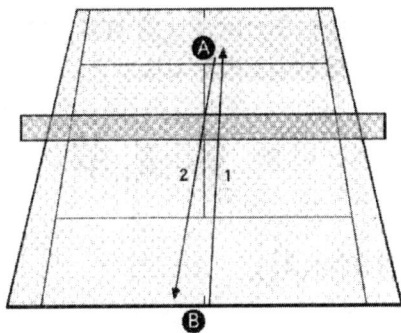

图 9-25

（3）四人互击凌空球练习

该练习有助于大学生网前控制能力的增强。

如图 9-26 所示,4 名练习者分别在两侧的发球区内站立,按照顺序循环击球。如果出现 4 个失误球,练习者交换位置继续进行练习。

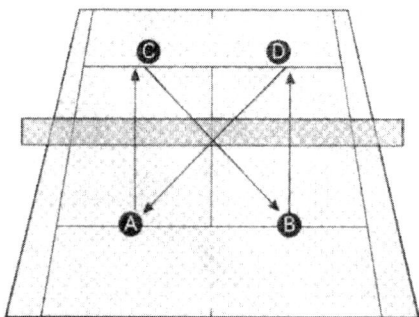

图 9-26

(四)高压球与挑高球技术训练与提高

1. 对墙练习

(1)连续对墙高压练习

该练习有利于促进大学生熟练球性。

①练习者站在与墙相距 7 米远的位置,以发球的方式向与墙相距 1.5 米距离的地面击球。

②球反弹后,练习者快速靠近球,降低身体重心向与墙相距 1.5 米距离的地面击高压球(图 9-27)。

(2)反弹高压接挑高对墙练习

该练习有助于大学生对球性的熟练和球性的提高。

①如图 9-28 所示,在墙上画两个目标圈,面对墙站立,对着较高的那个目标圈进行挑高球练习。

②球落地反弹后,将球击向较低的那个目标圈。

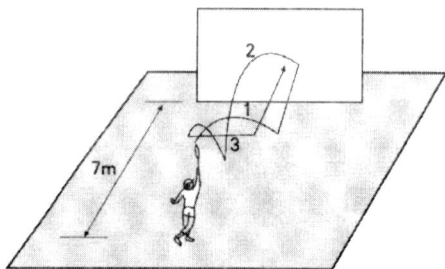

图 9-27

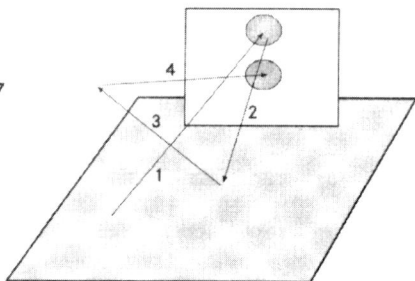

图 9-28

2．与同伴配合练习

（1）一人挑高、一人高压练习

该练习有助于提高大学生的协调配合能力和快速反应能力。

①一名练习者站在底线处练习挑高球，另一名练习者进行高压球练习。

②尽量使球的来回次数能够延长，练习几分钟后，双方互换角色反复练习（图9-29）。

（2）进攻上旋挑高练习

该练习有助于增强大学生挑高球的进攻性。

①站在底线处的练习者 A 向练习者 B 送球，B 迅速对来球进行截击，使 A 猝不及防，转向被动。

②处于被动地位的 A 击进攻型上旋挑高球，B 以高压扣球的方式回击来球（图9-30）。

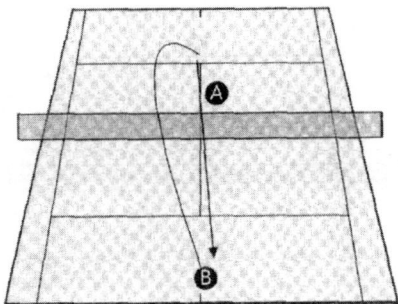

图 9-29

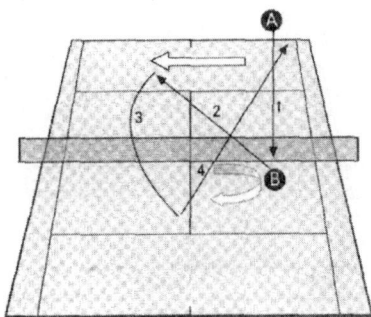

图 9-30

（3）角度高压练习

该练习能够提高大学生的高压控制能力。

①练习者 A 以正手位高球的发球形式向练习者 B 送球，B 采取高压直线深球的方式回击来球。

②A 向左侧底线移动及时挑高球，B 采取高压斜线深球的回击方式来争取优势（图9-31）。

3．变换练习

（1）强制高压球

该练习有助于对大学生的高压击球技术进行改进与完善。

发球队员 A 发球上网，接发球员 B 挑高球，A 迅速移动打高压球（图9-32）。让挑高球落地再打或打完高压球即退至端线者，都算输一局。

（2）上网挑高

该练习能够使大学生在网球对抗中的攻击性得到进一步提高。

在练习过程中，如果遇到对手上网的情况，必须以挑高球的形式反击（图9-33）。上网球员应随时做好打高压球的准备。

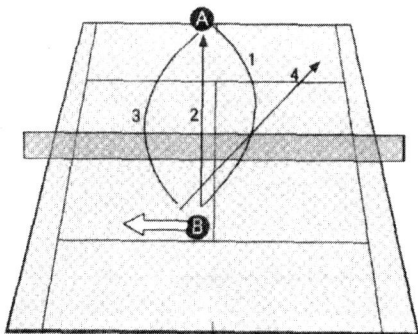

图 9-31

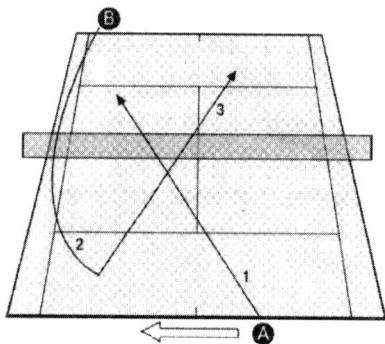

图 9-32

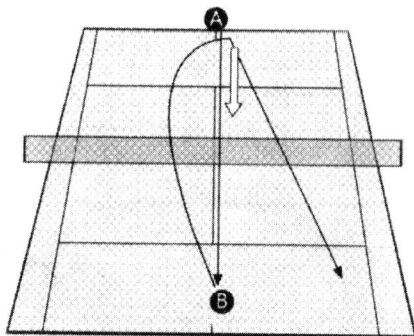

图 9-33

（五）放小球技术训练与提高

1. 对墙放小球练习

该练习有助于大学生熟练击球的手感。

练习者站在与墙相距7米距离的位置，采取正、反手切削球的方法向与地面相距1.2米高的墙面上轻击球（图9-34）。在这一练习中需要注意以下两方面的内容。

（1）球反弹落地，经过两跳后所在的位置与墙之间的距离不能超过7米。

（2）球反弹落地，经过两跳后再放小球进行练习。

2. 二人对练放小球练习

该练习有助于提高大学生放小球动作的一致性。

练习者 A 和 B 在近网处互放小球,主要以放直线球和斜线小角球为主(图 9-35)。尽可能保证球的落点与网之间的距离不要太远,球的高度要与网高相近。

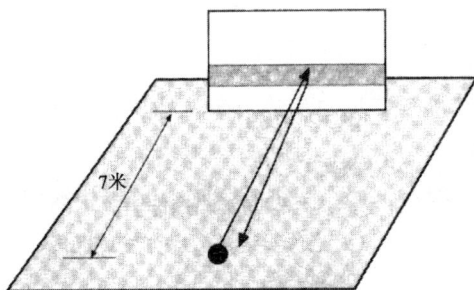

图 9-34

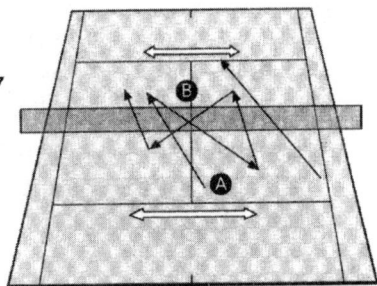

图 9-35

3. 自我的多球练习

大学生通过该练习可以熟悉手感。

练习者站在中场附近,同伴向练习者抛球,练习者向对方左右小角处击球(图 9-36)。注意要确保球的落点准确,避免球大力反弹。

4. 实战性小球练习

该练习有助于提高大学生的实战应对能力。

(1)同伴在后场向练习者送球,注意所送的球应慢而浅。

(2)练习者迅速从后场向前场移动,对准来球进行放小球练习(图 9-37)。

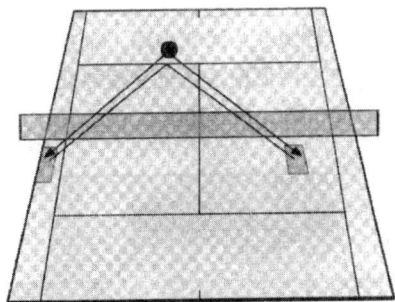

图 9-36

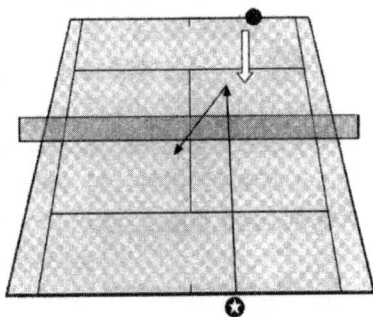

图 9-37

5. 放小球后上网拦封练习

该练习主要是为了提高大学生接小球被动上网后快速回防争取主动的能力。

一名教练专门向练习者送小球,另一名教练专门向练习者送网前球,练习者连续进行放小球练习(图 9-38)。

6. 放小球接后场反击练习

该练习有助于促进大学生放小球和后场起拍能力的提高。

(1)教练第一次向中区送小球,练习者进行放小球练习。

(2)教练第二次将球送到练习者较深的反手侧,练习者从前场快速向后场移动展开进攻(图 9-39)。

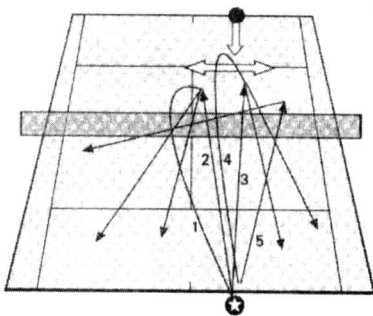

图 9-38

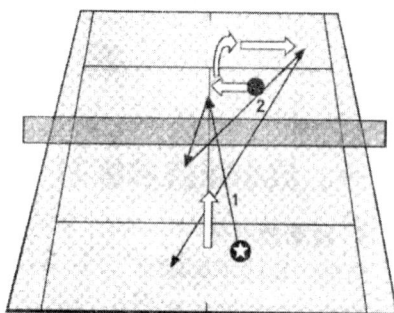

图 9-39

第三节　高校大学生网球游戏实训研究

一、网排球比赛

游戏器材:网球、网球拍。

游戏目的:对大学生的控球能力进行锻炼。

游戏方法:

(1)参与游戏的学生按照排球规则站位,6 人一队站在排球场两侧,手握球拍依据排球规则来练习打球。

(2)挑球一方持球拍接球超过 3 次后必须将球打到对方场地,球落地反弹后,如果对方没有接到,则挑球的一方记 1 分,然后继续进行比赛。

游戏规则:

(1)不允许手触球,接球必须用球拍。

(2)用球拍将球托起并抛到对方场地也是可以的。

游戏建议:参与游戏的学生人数可适当增加。

二、击墙得分赛

游戏器材:网球、网球拍。

游戏目的:促进大学生正手击球准确性的提高。

游戏方法:

(1)将参与游戏的学生分成两队,两队学生以纵队形式与墙相对而立。

(2)在墙上画好得分区,第一名学生在与墙相距 5 米的地方持拍自抛自击球,并击球上墙,击到得分区域则得 1 分。

(3)后面的学生按照这一方法轮流击球上墙。

(4)最后计算两个队的总分,获胜的一方为分数高的那队。

游戏规则:

(1)学生击球时所站的位置与墙之间的距离要<5 米。

(2)学生必须按规范的动作击球,动作不规范的学生即使将球击到了得分区,也不得分。

游戏建议:

(1)学生熟练后,可站在稍远的位置继续练习。

(2)每个学生可以连续 2 次击球。

三、击球入筐

游戏器材:网球、网球拍、筐子。

游戏目的:促进学生控球能力的提高。

游戏方法:

(1)将参与游戏的学生分成两个队。

(2)两队各派一人,两人一组相向而立,其中一人持一个球拍和一个球,对方发球,己方接球并向场地上的筐中击球,球进筐则得 1 分。

(3)然后换做己方发球,对方接球并向筐中击球。

(4)哪个队打到筐中的球最多,哪个队就是获胜的一方。

游戏规则：

（1）发球员在发球时要站在区域边线内，不能跨过边线。

（2）放置筐子时，筐子与接球一方的距离不能超过 2 米，如果发球一方将球发到了偏离这个区域的其他位置，这个球就无效。

游戏建议：

（1）不要用太大的力量发球，防止将球发到无效区域内。

（2）教练可以对击球方式做出规定。

四、托球跑

游戏器材：网球、网球拍、标志物。

游戏目的：促进大学生手腕控球能力的提高。

游戏方法：

（1）在场地上划一条起点线、一条终点线，将一个标志物放在终点线上。

（2）把参与游戏的学生分成两队，两队人数要相同，每队排头的第一名学生用球拍托球，做好准备。

（3）教师发出口令，排头学生托着网球向终点线前进，到达终点线后需绕过标志物，然后返回起点线。

（4）排头学生返回后将球拍和球交给第二名学生，该学生按照相同的方法进行比赛。

（5）看哪队率先完成任务，哪队就获胜。

游戏规则：

（1）向终点线前进的过程中，如果球落地，原地捡球后继续前进即可，不需要重新回到起点。

（2）绕过标志物时要按照顺时针方向进行。

（3）后面的学生不能抢跑。

（4）交拍的两名学生之间应有一个击掌动作。

（5）托球前进时要伸直手臂。

游戏建议：

（1）可以用一个球拍托两个球。

（2）可以左右手各持球拍托球。

五、发球接力

游戏器材：网球、网球拍。

游戏目的:促进大学生发球能力的提高。

游戏方法:

(1)将参与游戏的学生分成两个队,依次给每队的学生编号。

(2)各队 1 号队员先发球,如果发球成功,则得 1 分。

(3)其他队员依次发球。

(4)算每队的总得分,得分多的那队为获胜方。

游戏规则:采用头上抛球的姿势来发球。

游戏建议:

(1)每名学生可连续两次发球。

(2)开展个人对抗赛也可。

六、一球定输赢比赛

游戏器材:网球、网球拍。

游戏目的:促进大学生争先能力的提高。

游戏方法:

(1)将参与游戏的学生分成两队,依次给每队的学生编号。

(2)各队 1 号队员先进行比赛,如果 1 号队员输球,则由 2 号队员进行比赛。如果 1 号队员没输球,则一直参与比赛。

(3)如果有一队没有队员可以继续上场比赛时结束比赛,还有剩余队员的一方获胜。

游戏规则:输的一方换参赛队员时,拥有发球权。

游戏建议:

(1)可以规定每名队员输两球再换其他队员。

(2)可开展双人轮换比赛。

七、三人制网球比赛

游戏器材:网球、网球拍。

游戏目的:促进大学生区域内击球的稳定性的提高。

游戏方法:

(1)将参与游戏的学生分成两队,每队学生中,三人为一组,学生可以自由组合。

(2)两队中先各派一组进行比赛,比赛形式为,一组的三名学生中,一名学生打网球,其余两名学生打后场。

游戏规则：

(1)打后场的学生不能到前场击球。

(2)打网前的学生不能跑到后场打球。

游戏建议：教师可以对具体的击球技术做出规定，要求学生按规定的击球技术进行比赛。

八、头上抛球迎接得分赛

游戏器材：网球、网球拍。

游戏目的：锻炼学生举拍迎接球的准确性。

游戏方法：学生分成两人一组，在一定范围内一人朝上抛高球，一人举拍迎面接球，击中一次得 1 分，共击球 10 次后，双方交换。学生在组与组之间进行竞赛。

游戏规则：

(1)两人之间的距离大于 5 米。

(2)击球的高度低于头部时为无效球。

游戏建议：

(1)双方各互抛两次以上，提高击球的稳定性。

(2)抛球的方式可以改变、变换。

九、放球比近

游戏器材：网球、网球拍。

游戏目的：锻炼学生对放球力量的控制。

游戏方法：学生站立网前固定距离，按照自抛平击球的方法，击球过网，球在对方场地落地后，距离球网最近的获胜。

游戏规则：

(1)与网的距离大于 5 米。

(2)击球的高度高于头部时为无效球。

游戏建议：

(1)与网的距离可设置成不同的值。

(2)放球的击球方式可以改变。

十、挑球比准

游戏器材：网球、网球拍。

游戏目的：锻炼学生朝上挑球的力度控制能力。

游戏方法:学生站立网前两侧,两名学生一组,其中一人拿球,一人持拍,持球队员抛球,持拍队员用球拍把球调到对方队员面前,对方队员用手接住过网的网球。

游戏规则:

(1)与网的距离大于5米。

(2)挑球过网,球距对方队员2米范围外为无效球。

游戏建议:

(1)与网的距离可设置成不同的值。

(2)挑球的方式可以变换。

十一、切西瓜

游戏器材:网球、网球拍。

游戏目的:锻炼学生截击球的准确度。

游戏方法:学生分成两队,两人一组面对面站立,一人一拍,一个网球,双方采用截击球技术,把球截击到对方面前,对方再把球截击过来,不让球落地,一旦落地则比赛结束,截击球一次得一分。

游戏规则:

(1)双方队员的距离大于5米。

(2)击球动作小的队不得分。

游戏建议:

(1)与网的距离可以设置成不同的值。

(2)每队队员可有2次机会。

十二、解铃系铃游戏

游戏器材:跳绳、标枪、松紧带。

游戏目的:锻炼学生手指活动能力,提高手腕灵活性。

游戏方法:相隔8米画两个直径为50厘米的圆圈,在两个圈中各插一支标枪,学生分成两队,各派一人参赛,两个参赛者各站在一支标枪旁,手拿一根长约20厘米的松紧带。教师发令后,两名参赛者立即将松紧带绕标枪一圈并打一个单结,然后赶快跑到对方的标枪旁,解开对方在标枪上扎的松紧带,并将其丢在地上,立即又跑回自己的标枪旁,捡起松紧带重新扎上去,这样反复解绳与系绳,并追逐对方,直到一方追上另一方为止。追上后,胜队记1分,换人再做,得分多的队为胜。

游戏规则：

(1)只能将松紧带扎一个单结,不能连扎两个单结。

(2)解开松紧带后,要丢在圈内,不能丢出圈外。

游戏建议：

(1)此游戏可以用树来代替标枪。

(2)如树皮粗糙,也可不用绳子,而将一小块化纤棉粘在树上,然后将粘在树上的化纤棉扯下丢在地上。

十三、架棒接力

游戏器材：体操棒 10 根。

游戏目的：训练学生架棒时的敏捷性、判断准确性。

游戏方法：将学生分成人数相等的两队,呈纵队站在起点线后,各队之间间隔 3 米,各队排头手拿 3 根体操棒。在各队前方 20 米处画一直径为 1 米的圆圈。教师发令后,各队排头迅速拿起 3 根体操棒往前跑,跑至圆圈处,将 3 根体操棒呈三角形架立在圆圈内(3 根棒下面分开呈三角形,上面靠在一起),架稳后,跑回本队与第 2 人击掌,第 2 人立即跑出,将 3 根棒拿回来交给第 3 人前去架棒,依次循环,直至做完为止,先做完的队为胜。

游戏规则：如有人没有架稳棒就跑回来,罚该队补做一次。

游戏建议：

(1)架棒有一定的技巧,底下的三角形要正,且要少张开一些。

(2)架棒时不要性急,越急、越忙乱则越架不稳。做游戏前,教师要亲自示范。

十四、网球击地运球

游戏器材：网球拍、网球、标志物。

游戏目的：训练学生对击地球的控制能力。

游戏方法：将学生分成人数相等的两队,呈纵队站在起点线后,各队之间间隔 4 米,各队排头手拿网球拍,拍上放一个网球。各队前方每隔 3 米放一个障碍物,共放 4 个。教师发令后,各队排头用网球拍拍打网球击地运球,并呈"s"字形的路线绕障碍物前进至最后,再用同样的方法将球运回交给第 2 人,依次循环,直至全队做完为止,先完成的队为胜。

游戏规则：

(1)要按照"s"字形路线一个一个绕,少绕一个算犯规一次。

(2)碰倒障碍物不算犯规,但要扶好之后才能继续前进,否则算犯规。

游戏建议:双人配合击球、运球。

十五、手指夺球战

游戏器材:网球、标志物。

游戏目的:训练学生的握力。

游戏方法:画两条相距 2～3 米的决胜线(长约 10 米),在两条线中间每隔 2 米放一个网球,共放 4 个。将学生分成人数相等的两队,分别站在决胜线的两旁。游戏开始,每队出 4 人,一对一地面对面站好,并将地上的球拿起,互相用同一手的同一手指抓住球。教师发令后,双方尽力将球夺到自己手中,胜者得 1 分,然后换人做,得分多的队为胜。

游戏规则:

(1)持球时,不得妨碍对方动作。

(2)夺球时,必须在听到口令后,方可用力。

游戏建议:可以交换抓球的手指,以便训练多个手指力量。

十六、五传网球

游戏器材:网球、网球拍。

游戏目的:训练学生之间配合控球的能力。

游戏方法:每队人数 5 人,在一块网球场地上,站位不分前排与后排,也不分几号位。用网球拍相互可传球 5 次过网,可以规定球不落地,也可以规定落地击球一次,每场打 10 次,三局两胜。

游戏规则:球落地为输,对方得分;击球过网不能出边线。

游戏建议:可以增加人数,变换相互击球的过网次数。

十七、网球颠球接力

游戏器材:网球。

游戏目的:训练学生脚腕的灵活性。

游戏方法:将学生分成两队,每队一个网球。游戏开始,各队第 1 名学生先用脚颠网球,颠至失误为止,记下次数,回到自己的位置。接着第 2 名学生颠球,直至全队颠完为止。累计次数多的队为胜。

游戏规则:

(1)只能采用脚内侧与脚外侧两种颠法。

(2)不许妨碍另一队学生的动作。

游戏建议:年龄小不会颠球的学生,也可采用用脚颠起来用手接住,再抛再颠的方法颠球。可在各组中选数名学生交叉到其他组计数。

十八、盲人找球

游戏器材:网球、毛巾。

游戏目的:训练学生的空间感。

游戏方法:将学生分成人数相等的两队,呈纵队站在起点线后,两队间隔 5 米,各队前面的两人用毛巾将眼睛蒙上做准备。另派两名学生站在各队前方 20 米处作为引导人。发令后,各队排头在引导人的指挥下向前走,寻找网球。找到网球后揭开毛巾,捡起网球运回本队,下一名学生继续,直至最后一人做完为止。先做完的队为胜。

游戏规则:

(1)各队只允许引导人一人指挥引导,其他人不许开口。

(2)触摸到前方网球后才能往回跑。

(3)队员偷看的算该队输。

游戏建议:可以用球拍拖球运球,可以触碰多个网球。

十九、打龙尾

游戏器材:网球、网球拍。

游戏目的:训练学生的躲避能力。

游戏方法:在场地上画 1 个直径为 $10\sim12$ 米的圆圈。教师将学生分为人数相等的 3 队。一、二两队的学生均匀地站在圆圈外,由一名学生持球准备掷击"龙尾"。第三队呈纵队,后面的人扶前面人的腰站在圆圈内。教师发令,游戏开始,圈外的人相互传递网球,捕捉时机,掷击"龙尾"。"龙头"可以用球拍阻挡抛出的球,保护龙尾。"龙尾"迅速奔跑躲闪,以避开来球。如果"龙尾"被球击中,则担任"龙头",圈外的人再打新的"龙尾"。游戏依次进行,直到全队均担任过"龙尾",并被击中为止;然后,各队角色轮换,游戏继续进行。

游戏规则:

(1)掷击者必须站在圈外,不得踏、越线。

(2)只准掷击"龙尾"腰部以下部位。

(3)"龙"队必须保持纵队队形。"龙尾"不能蜷缩在队伍内,队伍也不能断开。

游戏建议:

(1)被击中的"龙尾"也可站在圈外,帮助打其他"龙尾"。

(2)当2/3的人被击中出圈后,则换第二队为"龙"队。

(3)三个队可进行定时比赛,以在同样时间内被击中人数少的队为胜。

二十、打野鸭

游戏器材:网球、网球拍、标志物。

游戏目的:训练学生对来球运行路线的判断能力。

游戏方法:在场地上相距8～10米画两条平行线或直径为8～10米的圆圈,线(圈)内为"湖泊",作为"野鸭"栖息地,"猎人"在岸上,打击野鸭的子弹是3个网球。教师将学生分为人数相等的两队,以猜拳方法决定谁先做"野鸭"队或"猎人"队。教师发令,游戏开始,"猎人"用球打"湖泊"内的"野鸭","野鸭"可以用网球拍阻挡来球。凡被击中腰部以下位置者为输。输者退出场地。在规定时间内,两队交换角色。击中野鸭多者为胜。

游戏规则:

(1)"野鸭"不得离开"湖泊"上岸。

(2)"猎人"不得进入"湖泊""射击"。

(3)球出场外,"猎人"必须迅速捡回,时间计算在比赛有效时间内。

第十章　高校大学生网球运动战术能力培养

战术是以技术作为基础的,它是技术在比赛中的具体表现,也就是说,所有的技术在比赛中都要运用到战术之中。由此可见,在一定程度上网球战术的好坏直接决定了比赛胜负。本章就高校大学生网球运动战术能力培养进行研究,主要内容包括网球运动的主要打法、战术体系以及单打和双打战术能力的培养等。

第一节　网球运动的打法及战术体系分析

一、打法的定义

所谓打法是指在网球运动中运动员将相关技术与战术进行有效组合的具体形式。所谓打法类型是指技术与战术所组成的不同结构的组合形式。

二、各打法类型的演变及其特点

所有的打法类型都是以技术作为基础的,这就使得各个打法类型在演变与发展的过程中都会受到技术发展的限制。而技术的发展又会受到比赛规则以及相关器材的制约。

英国军官温菲尔德在 1873 年首先将古式网球创编成了一种能够适合男女在户外开展的网球运动,该项运动所使用的场地成两端宽、中间窄的形式,两端宽为 9.10 米,中间为 6.40 米,隔网中央的高度为 1.42 米,两条边线长为 18.28 米,隔网立柱的高度为 1.52 米。由于这种场地的隔网中央比较高一些,在打球时球的速度都不是很快,很难打出弧线较平的球,到了近代,广大网球爱好者所采用的打法都是比较单一的,进攻手段也大都是进行角度和力量方面的变化,防守型打法具有较大的优势,也就是说,谁在比赛中打得稳,很少失误,那么赢球的可能性就越大。

网球运动规则到了 1877 年发生了一些改变,网球场地呈长方形,长和宽分别为 23.77 米和 8.23 米,发球区长为 7.92 米,隔网中央的高度为 0.99 米。由于隔网中央的高度有所降低,这使得击打出去的球适当降低弧线也能够通过隔网,击打出的球的速度也有所增加,在力求打稳的基础上,球员通过提高击球的力量,使击出去的球更加具有攻击性。

到了 1878 年,网球运动规则又出现了一些变化,增加的双打的比赛,将原有单打场地的两边分别增加 1.37 米,隔网中央的高度为 0.914 米。隔网中央的高度再次降低,为击出去球的速度的不断提高创造出了非常有利的条件,但击球速度之所以得到不断加强,这主要归因于网球器材的变革。

网球运动器材主要有网球拍和拍弦。在网球运动初期,运动员所使用的球拍都是木质的,也就是说,在百年之前,网球拍都是用手工制作而成的。由于受到木头内在结构的制约,只有将木质球拍的厚度提高到一定的程度才能更好地承受外力,但这必然会造成球拍重量增加。在当时,每一支球拍的重量都接近 0.5 千克。木质网球拍的笨重,造成了当时运动员击球的方式只有几种:通过利用削球来对比赛的节奏进行控制;或者大力将球打向底线。也就是说,当对方来到网前时,通过借助于削球将球达到对手的脚下或者形成上旋球进行穿越。

发球上网型打法在 20 世纪 40 年代从杰克·克莱默开始便成为一种非常主流的打法,特别是在硬地和草地等快速球场,这种打法使用得更为广泛。之所以出现这种情况,是因为受到木质球拍的限制,挥拍距离长而且流畅,要想打出穿越球是非常困难的。

发展到 20 世纪 70—80 年代,网球拍出现了两种新的进展,一是霍华德·海德通过利用新的太空材料和合成材料设计出了一种超大派头的球拍,并进行了推广。这种新的材料非常结实,并且重量也比较轻。球拍突破了球弦张力的限制,使得球拍的弹性大大提升,并大大降低了球拍的重量,球员能够获得更快的挥拍速度,打出带有更多旋转的球,球的旋转既能够提高对球的控制,同时所击打出去的旋转球可以急速下降或者在落地之后快速弹起,这无形之中增加了对手回击球的难度。这种球拍具有非常明显的重量轻、弹性大的特点。球拍的变革,导致打法产生了很多变化,从以往发球上网或者与对手耐心进行周旋,转变为在比赛场地的任何一个位置都能够打出力量大、稳定好的球,进攻型接发球和大力发球并没有出现太大的变化。使用大力一发仍然是最为常用的打法,通过造成对手接发球质量下降,然后在下一拍进行直接得分。

高科技在球拍方面的应用,促使着球拍的结构更加趋于合理,球拍外形也更加美观,球拍也具有更加良好的功能和作用,这既能够保证运动员充分发挥出技术水平,同时还能够更好地保障运动员肌体,以防止出现意外损伤。球拍的改革加上各种高级的材质制成的网弦,使击球力的传导在瞬间几乎达到了完美的程度,促进球员的技术水平有了很大的提高,发球速度的增加、击球速度的加快,使网球运动发展到一个新的阶段。力量型外加智慧型的球员将统治网坛,谁的爱司(ACE)球多,谁移动的速度快,谁的底线、网前杀伤力强,谁的头脑灵活,谁就能称霸网坛。

三、打法的分类

(一)单打打法分类

1. 上网型打法

这种打法类型的得分手段主要是来到网前展开进攻,又可分为两种形式,一是发球上网;二是随球上网。这种打法能够起到先发制人的效果。发球员既可以打出不同的发球,如平击发球、上旋球等,又可以根据球落点的变化进行发球,目的就是为了给对方回球造成困难,然后迅速来到网前,利用高压球或截击球进行得分。随球上网打法主要是在双方进行底线对攻的过程中,一旦出现质量不高的中场回球后,要果断上前抢点抽击并随后上网。采用这种打法的运动员需要具备良好的发球技术,对上网时机的良好把握,优异的脚步移动能力以及网前判断能力。

采用这种打法类型的球员善于将发球上网截击、随球上网截击这两种击球进行结合使用,同时还要具备出色的快速向前移动的能力。通过较高的一发成功率以及较高的发球质量,迫使对手回球质量下降,然后快速来到网前利用高压技术和网前截击技术进行得分。同慢速场地相比,这种打法在快速场地使用能够获得更好的效果。该打法类型能够达到克敌制胜的目的。通常来说,使用这种打法类型的运动员,身材都比较高大,具有非常出色的发球技术和截击结束,有着良好的力量素质和速度素质,性格方面也多为外向型,在与人比赛的过程中喜欢速战速决,不恋战。

2. 底线型打法

这种打法类型将正反手抽击作为基础手段,能够通过凶狠、快速的底线筹集,以及稳定、准确的线路变化,来调动对手,迫使对手在场上疲于奔命而出现失误。这种打法要求要将球打深、打出角度,将旋转球和平击球结合交替使用。这种打法大都是在底线进行对攻,很少出现主动上网,这也使得耐力、敏捷的步伐以及击球落点等成为决定胜负的关键因素。这种打法类型又可分为跑动型底线打法和进攻型底线打法。优异的底线技术也从侧面显示出网前预判能力的缺失。

此打法又可分跑动型底线打法:其特点是具有良好的步法及耐力,意志顽强并具有灵活的头脑。由于移动是其特长而技术少有威胁,因此缺少主动得分的手段。进攻型底线打法:上旋发球技术稳定;接发球预判能力和手感非常优异;正反拍击球都具有很强的杀伤力。底线的优异突显出网前预判能力的缺乏。

此种类型打法的球员靠近底线抢点(提前)击球,以底线抽球的速度、节奏、旋转和落点变化来争取主动,善用这种打法的运动员,通常具有非常扎实的底线抽击球技术和快速灵活的移动能力,比赛中,主要凭借自己快速、凶狠、准确和稳定的底线抽击,迫使对手在场上疲于奔命而失误。采用这种打法的运动员,比赛中一般很少主动上网截击,只是在对方打出一个比较浅的球时,才"随击"上网进攻。一般在红土场地上比赛时更为有利。

3. 全能型打法

全能型打法是指通过对各种技术加以运用来进行进攻与防守的打法。这种打法要求运动员既能够在底线进行回击球,同时又能够创造出上网得分的机会或者把握住上网得分的机会;在对方来到网前时,能够击打出穿越球;在对手打出较浅的回球时,能够根据时机上网,凭借灵活多变来获得胜利。这种打法类型要求技术要均衡、全面,能够将各个位置的球处理好。全面型打法具有非常多的优势:在发球阶段,可以凭借上旋与平击结合来打出线路和旋转从而给对手带来最为直接的威胁;具有非常好的网前预判能力;在跑动的过程中也能够很好地完成击球技术;具有优异的掌控场上节奏的能力。

通常来说,技术全面的运动员会采用这种打法类型,并且没有特别明显的缺点。在具体的比赛实践中能够更好地对各种技战术加以灵活运用,在不同场地类型的球场上都能够较好地发挥出自身应有的技战术水平,并能够获得较好的比赛成绩。

(二)双打打法分类

1. 双上网型

这种类型的打法,其特征主要是:在发球和接发球之后采用上网战术,具有较强的网前截击能力,快捷、灵活的步伐,以及较强的进攻意识。

该类型打法的目的就是通过强有力的发球和接发球技术制造出有利的进攻条件和机会,占据上网先机,在空中拦截球,并通过求落点和球速的变化来创造出更多得分的机会。

2. 一底一网型

该类型打法，其特征主要是：具有均衡、全面的技术，不存在明显的漏洞。球员都有各自不同的分工，网前球员具有非常强的抢攻意识，通过利用站位来给对方击球造成压力，底线球员通过利用正反手进攻，以及击球节奏和落点的变化，来为网前球员创造出更多的抢攻机会或得分机会。

这一打法类型的目的就是通过利用底线落地抽球的力量、速度、旋转和落点的变化，来对对手进行调动，创造出场上主动的机会，并为网前球员创造出抢攻和得分的机会。

3. 综合型

这种打法类型，其特征主要是球员具有比较全面的技术，既能够进攻，也善于防守。除了具有较好的底线正反手极大落地球技术之外，还具有较好的中前场技术以及良好的发球和接发球技术，穿越球能力也非常强，能够根据对手的不同特点和不同打法，来制定出有效的应对战术。

该打法的主要目的是灵活多变，根据情况可以采用双上网的打法，凭借快、狠的手段赢得前场优势，从而为本方创造出更好的抢攻得分的机会；也可以采用一前一后的发球，底线球员通过借助于多变、快速的正反手击球技术，来对对方进行有效调动和控制，从而为网前球员创造出更多的抢点得分和进攻的机会。此外，在接发球时也可采用双底线打法，主要是进行防守，伺机反攻，从而获得比赛胜利。

4. 双底线型

这种打法类型，其特征主要是发球和接发球的质量不是很高，很难对对方造成威胁，两名球员都留在底线，通过强有力的底线抽球、旋转和落点变化来减少被动局面的发生。

这种打法的主要目的是在比赛处于不利局面时采用防守性站位，但这种站位可能会对比赛进程造成改变，优点是能够很好地降低在发球或接发球处于不利局面时所面临的压力，减少同伴在网前的被攻击状态，能够在比赛中发挥出稳定战局、过渡和转守为攻的作用。

四、战术体系

作为一项隔网对抗性项目，网球无论是采用进攻技术、防守技术还是控制技术都能够获得得分,根据相关运动研究表明,运动员大多数得分都来源于对手的失误,直接得分只占据很少一部分。

网球运动有着非常复杂的战术体系,包括单打战术和双打战术。其中,单打战术包括发球战术、接发球战术、底线战术;双打战术主要包括发球局战术和接发球局战术等。网球战术所具有的特点主要是通过技术、线路、落点、速度、弧线、旋转、力量和节奏等多方面因素的组合得以实现出来。

网球运动战术的实施是从发球技术开始的,在球员的意识控制下可以发出多种不同种类的发球,如不同落点、不同旋转、不同节奏、不同速度的球,并与后续的各个战术行为进行合理衔接,从而达到克敌制胜的目的。发球技术具有多种战术特征,如"进攻性""主动性""隐蔽性",这也使得该项技术在网球比赛中占据着非常重要的位置。接发球战术具有两方面意义,一是将对手发球的意图破坏掉;二是能够为本方后续战术得以顺利实施创造有利条件。

网球运动所具有的各种战术特征,其核心都是线路和落点的变化与组合,并同其他的战术因素变化进行结合来加以实施。通过进行落点的变化能够使对方得到有效调动,给对方回击球造成困难,降低其回球的质量,甚至迫使对手出现回球失误;其他战术因素的变化所产生的效果也要通过球的落点来得以体现出来。如图10-1所示为网球运动战术体系。

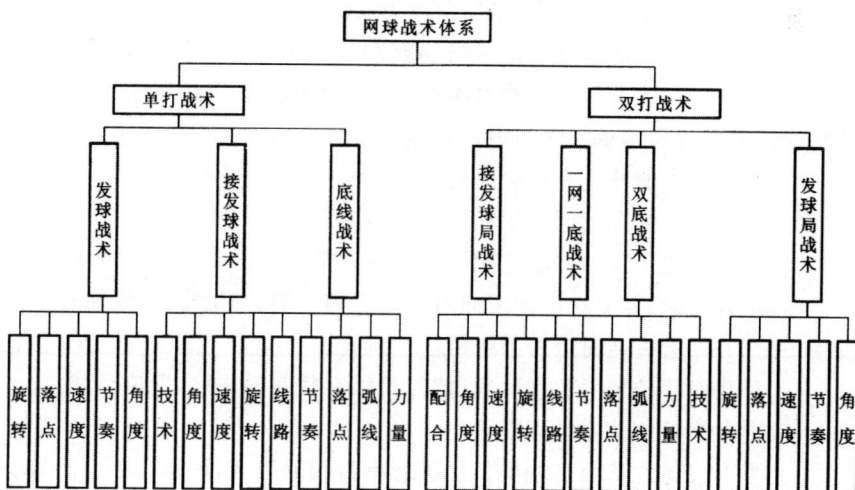

图 10-1

第二节　高校大学生网球运动单打战术能力培养

击球方式是网球运动单打比赛所比较看重的,主要是通过将多种击球方式进行组合来获得比赛得分的方式。在网球单打比赛中,双方球员分别站在各自半片场地上,由于比赛场地非常开阔,为球员提供了非常广阔的移动范围,因而比赛中有着非常多样的变化,这些变化会对最终的比赛结果产生影响。

网球运动单打战术所具有特点表现为以下几个方面。

(1)击球方式的组合。

(2)爆发力。

(3)移动。

(4)发球和非受迫的截击。

(5)结合自身特点和特长制定相关战术。

一、发球战术

要想在网球单打比赛中充分发挥出自身发球的更大威力,在发球技术方面要力求做好以下几点。

(1)不断提高发球成功率,减少发球失误。

(2)要对发球的落地力求做到精确控制。准确性是衡量发球是否理想的最为重要的条件,也是能够发出落点多变的发球的先决条件之一,对于提高发球威力有着非常重要的作用。

(3)力求发出的球具有较深的落点。

(4)尽可能地提高发球力量和球的旋转。

此外,采用以下几种方法也能够造成对手接发球困难。

(1)在发球时,要力求将球发向对手较弱的一侧,一般来说,发向对手的反手位置,并结合突袭对手的另一侧。

(2)如果对手的精力放在两侧,此时可以突袭对手中路,发追身球。

(3)要对发球的节奏加以变化。

(4)要对发球之后第三拍的打法进行有目的的改变,这样能够迫使对手时刻观察和琢磨本方进攻意图,从而造成对手接发球质量下降。

(5)通过利用站位等假象来迷惑对手,有效掩饰本方发球的真实意图,从而获得出其不意的效果。

（6）在第一发球区进行发球时，可以利用切击式发球将对手大幅度调动到场地之外。

二、接发球战术

（一）面对对手第一发球后上网的情况

（1）快速前迎将球从球网的中央切击到对方的脚下。

（2）通过借力打出一个小斜线或直线穿越球。通常来说，小斜线球要比直线球更加安全一些。

（3）面对对手快速来到网前时，可以使用下旋球技术吊一个高球到对手的后场。

（二）面对对手第一发球后不上网的情况

最理想的办法就是首先回击一个落点较深、弧线稍高的球，这样能够将不必要的失误降到最低。

（三）面对对手第二发球的情况

（1）在第一发球区，可以抓住时机使用侧身正拍回击对手发往中场的球来进一步加强进攻。

（2）回给对手一个大角度或较深的球，并随球上网截击。

（3）故意将自己较强的一侧让出，以增大对手发球的心理压力。

三、底线战术

这种战术主要是通过击球线路和落点的刁钻、多变，以及快速、有深度的落地抽击球，来对对手进行调动和逼迫，给对手底线两角进行施压，以造成对手主动失误，或在造成对手被动之后抓住机会进行更加强有力的进攻。

在实际运用的过程中，又可分为以下几种类型。

（一）攻底线随球上网截击战术

先通过快速多变化的底线落地抽击球来对对手进行调动和施压，造成对手回球失误，出现一个无力的浅球时，抓住机会"随击"上网，占据有利的网前截击位置，然后采用高压球技术和截击技术来赢得得分。

（二）攻底线放近网小球战术

首先通过快速多变化的底线落地抽击球来压制和调动对手,迫使其远离底线,然后抓住对手将精力放在后场或无暇顾及网前的机会,通过正反手下旋球技术或网前短坠截击突然发出近网短球,易造成对手始料不及。但是,这种战术在具体实践中具有一定的危险性,主要用于对付那些喜欢留在底线抽击或网前技术较差的球员,也可用来对付移动能力较差的球员。

（三）重复逼角突袭变线战术

针对对方一侧进行多拍重复压制,然后根据机会进行突袭变线。在具体实战中先是对对方较弱的一侧进行压制,但也可根据对手的技战术特点以及具体的比赛实际来加以灵活应用。

（四）对角线球路战术

在网球比赛中,对角线是最长的击球线路,能够确保球在球网最低处通过,并且能够在击球之后让自己选择更为有利的场上位置,这就使得在进行底线对攻的比赛中,选择使用以回击对角线为主的战术,能够使回击球的稳定性得到大大提高。倘若本方所具有的底线多拍击球的稳定性和攻击能力远远强于对手,便可以采用这种战术来与对手进行对抗。

（五）破坏对方击球节奏的战术

在网球单打比赛中,每一个球员都有着自己独特的击球节奏,在比赛中,双方为了争夺场上的主动权,其中最为重要的环节就是要将对手的击球节奏破坏掉。通常可以采用以下几种方法来达成这一目的。

(1)在回击球的过程中要对击球的方式进行不断改变,主要侧重于击球的旋转变化方面。

(2)在击球的过程中,要对击出球的弧度和落点进行不断变化。

(3)在回击球的过程中,要选择恰当的时机对击球的动作速度加以合理改变。

(4)在比赛过程中,要对每一回合之间间歇的节奏加以合理改变。

四、中场战术

在网球单打比赛中,中场区域是非常重要的,并且也是最难掌控的区域。要根据来球的高度来合理选择击球方式,主要有以下几种。

（1）如果球落地弹起的高度低于球网,可以采用向前跑动中随球上网。

（2）如果球落地后弹起的高度高于球网,可以采用压制性的正反拍击球来赢得这一分的胜利。

（3）出现以上两种情况时,可以借助于假动作,放小球来扩大场上优势,赢得这一分。

五、常用战术组合(在五种比赛情况下使用的战术)

（一）发球

1. 情况一:一般情况

通用的原则:
（1）从一开始便凭借发球来对场上局势加以控制。
（2）对自己的发球具有信心。
（3）对发球的目标和发球位置加以变化,迷惑对手,让对方难以捉摸（20%的情况下可达到此目的）。

2. 情况二:一发

通用的原则:
（1）选择对手比较弱的一侧进行发球。
（2）追身球也是一个不错的选择。
（3）一发用力不要太大,一般为 70%～80% 的力量即可。
（4）要注意发球的稳定性,追求一发 70% 的成功率。
（5）如果是大力发球,则可选择上网截击。
（6）如果不依靠发球得分,采用中等力量发球时,发出去的球要有角度,球的线路明确,那么便可以跑到反手一侧使用正手技术来进行侧身击球。
（7）采用防守型发球时,一发通常偏弱,需要待在后场,等待对手的回球,一般对手会将球回到本方偏弱的一侧。

3. 情况三:二发

通用的原则:
（1）要追求发球稳定性,确保二发达到 100% 的成功率。
（2）用二发进行攻击。
（3）发追身球也是比较理想的选择。

（4）切忌发短球。宁可发深球失误,也不要发近网球。

（5）对击球的速度和旋转加以变化。

（6）如发球好,向前移动或上网截击,或跑向反手一侧,侧身正手击球。

（7）采用防守型发球时,一发通常偏弱,需要待在后场,等待对手的回球,一般对手会将球回到本方偏弱的一侧。

4. 情况四:球路、旋转等

通用的原则:

（1）对发球加以变化,让对手难以捉摸。

（2）在关键分阶段,可以选择发追身球。

（3）在关键分阶段,可以通过发球的角度来对付采用双手握拍左右击球的对手。

（4）根据相应的场地类型来采用不同旋转的发球。

（5）左区发球,可以选择发外角侧旋球,右区发球,可以选择发中路侧旋球。

（6）发平击球时,可以选择发左右区的内角。

（7）发上旋球时,发左区的内角,发右区的外角。

（8）对于对手的握拍方式要仔细观察,看其是采用左手握拍还是双手握拍击球。

5. 情况五:发球上网截击

通用的原则:

（1）这种方式在红土场地是一种不同寻常的打法,能够达到出其不意的效果。

（2）快速型场地:多数情况下,利用一发进攻得分。

（3）可以在对手接发球的过程中,快速向前移动截击或快速跨步。

（4）根据可能的回球线路移动上网。

（5）发球时,坚持发内角,或发追身球,越深越好。

（6）对发球的落点加以变化。

（7）在关键分,二发的情况下,发球上网截击可以作为一种出奇制胜的手段。

6. 情况六:发球后击落地球

通用的原则:

（1）发球后用正手进攻。

（2）在发球之后，快速移动到左侧和中央位置（右手握拍型选手）。

（二）接发球

1. 情况一：一般情况

通用的原则：

（1）要处理好接发球，让对手打。

（2）将球回击到对方场地的一个特定区域（如对手的弱点）。

（3）对接发球的方式加以变化。

（4）在条件允许的情况下，对发球的速度和旋转加以变化。

（5）根据发球方的站位，来对接发球的位置加以改变。

（6）采用挡球式接发球来对付大力发球。在球落地之后提前进行击球。迎上挥拍击球，而非撞击。用一个正确的转髋和转肩动作向后引拍，动作要小。

（7）接力量小的发球或接高发球时，用快速击球或削球后上网进攻。

（8）对于有角度的发球，在接发球时要提前做好准备。朝球的方向进行斜线移动。打斜线球，留在后场。

（9）接发球要避免打网前球，力求将球打深。

（10）接发球进攻时采用上旋球和平击球，接发球防守时采用削球和挡球。

（11）要尽量对发球方的意图做出准确的判断（注意抛球动作）。

（12）向前移动接发球。

（13）在接弹跳高球时，要提前做好移动准备，选择侧身正手击球，即使面对高球也能进行回击。削球接发球可以作为一种备用的武器。

2. 情况二：一发

通用的原则：

（1）一发接球要力求稳，不让对手轻易得分。

（2）如对手留在后场，接发球时用挡击打出深的直线球，或有角度的球，或用超高球送至对方反手。然后根据接发球的类型，来选择留在后场或来到网前进行截击。

3. 情况三：二发

通用的原则：

（1）在条件允许的情况下，要有攻击二发的意识。

(2)攻击二发时，要等球上升到肩部高度时击球，以更好地保持场上的主动。

(3)适应正手侧身攻或在跑动的过程中使用正手打直线球。

(4)偶尔打一个轻吊球。

(5)在对手发二发时，要向前移动或者向反手一侧移动侧身正手进攻。

(6)当面对对手来到网前的情况时，使用一个近网上旋斜线球或者打一个比较深的直线球进行回击。然后根据接发球的各种类型，来选择是停留在后场还是来到网前进行截击。

(7)对于对手发球后停留在后场的情况，接发球时可以使用一个较深的直线球或小斜线球来进行回击。然后根据接发情况，选择留在后场还是来到网前进行截击。

4. 情况四：发球好，截击也好

通用的原则：

(1)使用一个较低的追身球来将角度封住。停留在后场，使用两次超深球战术。

(2)在接发球的过程中，使用小斜线球或直线球将球击打到对手脚下，停留在后场。

(3)如果对手发球之后上网截击，可以尝试进行果断回击，让对手感受到畏惧的滋味。

5. 情况五：发球好，截击不好

通用的原则：
力求让对方截击，留在后场打间接的超身球，挑高球或上网截击。

(三)双方在底线

1. 情况一：一般情况

通用的原则：

(1)通过连续对对手施压，造成对手失误。主要选择在底线或底线附近进行击球；在条件允许的情况下，可以在3/4的场地进行击球。

(2)减少对手容易得分的次数。

(3)要对这个场地加以充分利用。

(4)保持较高的节奏。

(5)要坚决将底线球打深一些。

(6)从底线后挡球不能退的太远。

(7)通过采用斜线对拉战术可以争取时间和控制。

(8)要多采用一些组合击球战术(如打深的直线球后接打对角斜线球)。

(9)减少自杀性失误,力求击球稳妥。

(10)当处于场面被动的情况下,可以通过放高球和打深球来获取机会。

(11)要朝着球的方向斜线移动。

(12)用平击球和上旋球进攻。

(13)在双方对攻的情况下要善于进行节奏的变换。

(14)在被动情况下,要减少发力,多打一些控制球。

(15)用高而深的慢速球变换速度,接打角度刁的球或快速球。

2. 情况二:击落地球时

通用的原则:

(1)正手:在场地的 3/4 处采用正手进攻或对所有可能的回球进行回击。

(2)反手:打直线球可以争取随球上网抢分的机会,打斜线可以进行底线对攻。

(3)感到紧张时,避打轻吊球。

3. 情况三:处于进攻时

通用的原则:

(1)发挥出优势技术,有效调动对方,进行抢分。

(2)使用轻吊球,令对手措手不及,以便上网。

4. 情况四:相持

通用的原则:

(1)通过打高而深的球和斜线球来更好地调动对方。

(2)不可打穿越球。

(3)当对手主动攻打本方反手时,可以朝反手方向移动,使用正手进行攻击。

5. 情况五:处于防守时

通用的原则:

(1)通过打出调整球来对对手的优势进行瓦解。

(2)打高球、深球、角度刁的球。

(3)要通过积极的跑动来挽救任何可能救起的球。

(4)朝着来球的方向斜线移动,对准来球。

6. 情况六:对手让出许多角度时

通用的原则:
(1)打中路。
(2)不给对方让出角度。
(3)面对对手打小斜线时,可以使用直线球来进行抢分。
(4)当对手站在底线后的一侧时,可以尝试打斜线球。

7. 情况七:对手击出一个好球时

通用的原则:
(1)朝对手较弱的一侧击球,然后可以朝对手强的一侧击球进行得分。
(2)进行大力击球,迫使对手暴露弱的一侧。

8. 情况八:对手移动差时

通用的原则:
(1)力求用组合击球、低球、挑高球等打乱对手的步法。
(2)当对手在跑动中或从远离的位置击出直线球时,可打一小斜线。

9. 情况九:对手是一个好的底线型选手

通用的原则:
(1)吸引对手来到网前。
(2)采用发球上网截击战术。
(3)要保持足够的耐心。
(4)采用角度比较刁钻的近网削球,来吸引对手。
(5)减少放小球的使用次数。

10. 情况十:对手是技术全面型选手

通用的原则:
(1)击出的落地球要稳。
(2)减少自杀性的失误。

11. 情况十一:对手使用极端型握拍法

通用的原则:
(1)要尽量降低击出球的高度(如削角度刁的近网球)。

（2）逼迫对手改变拍型。

12. 情况十二：对手是上网型选手

通用的原则：
（1）将对手压制在后场。
（2）尽量打出一些深度球或角度比较刁钻的球。

（四）随球上网或在网前

1. 情况一：一般情况

通用的原则：
（1）采用延缓上网的方法来对对手造成威胁，迫使其处于被动状态。
（2）在中场区域使用力量较大的准确击球或在球上升的过程中击球，更好地对场上局面加以控制，对对手造成威胁。
（3）上网。令对手措手不及。
（4）随球上网。
（5）在回击球之后向着对手较弱的一侧随球上网。
（6）向着对手的反手区域回击深球、反弹较高的上旋球、低的或高的弧圈球能够获得比较理想的效果。
（7）打斜线随球上网能够对对手进行更好地调动，让其多跑动，打直线随球上网具有较高的安全性。
（8）截击前先跨步。
（9）在比赛中轻吊和空中短击要减少使用的次数，这些技术主要是为了将对手吊到网前或作为一种出其不意的战术使用。
（10）你的步法要跟上球路：随球上网后上前截击。
（11）回击出的网前球不能超过3次（将球击出此区域）。
（12）保持警惕，力求看穿对手的意图。
（13）斜线移动，保持平衡。
（14）在中场进行截击时，要力求回击的球要低、要深。网前区截击球要有角度、有力量、要短。
（15）要时刻注意，准备应对对手挑高球。

2. 情况二：中场打法（如何运用）

通用的原则：
（1）截击：连续截击的次数不能超过3次，将球截击到对手空当区域进行抢分。

(2)击高球:将球击向对手薄弱的一侧。

(3)随球上网:先打出一记直线球,然后随球上网,将球截击到对手空当区域。

(4)除非对手步法错乱,你退向后场,否则随球上网时不要打斜线。

(5)当打出高而深的回球时,等候对手反应,对手回球时要上前封住对手的直线超身球。

(6)如果你挑一高球,对手不用高球扣杀,你上网,但当心对手挑高球。

(7)如果你击出一轻吊球,对手上来救球,你上网封死角度。

3. 情况三:中场打法(如何反应)

通用的原则:
(1)如果是一个短球:上网用你的最佳击球打向对手弱的一侧。

(2)如果是一个没有威力的中场高球:用空中截击、空中扣杀或空中抽杀攻击对手。

(3)如果是一个齐腰高的中场球:打一深的截击球,移动至网前。

(4)如果是一个打在你脚下的低的中场球:击一深的反弹球,或击一直线低截球,或让球弹起后击落地球。

4. 情况四:网前打法(如何运用)

通用的原则:
(1)如果面对齐腰高的球:可以使用最佳截击来打空当。

(2)如果面对近网低球:可以使用低截球打中路或打一角度刁的轻吊截击球。

(3)防备对手的超身球或挑高球。

(4)如果面对慢速球,可以使用空中截击或高压来将球击向对手空当。

(5)如果面对很高的中场球,可以采用空中高压来打空当。

(6)如果面对很高很深的球:在球弹起之后可以扣杀中路,并跟随上网进行截击。

5. 情况五:网前打法(如何反应)

通用的原则:
(1)如果对手接回截击球或高压球,上网"拿下"这一分。

(2)对于对手来说,中场球好打:不要后撤,瞄准一侧,截击超身球。

（3）超身球很难对付：空中拦击，不要后撤，斜线移动。

（4）斜线超身球：尽量打小角度的斜线截击，不要打直线挡击球。

（5）打空中拦击球，让对手跑向最远的场角。

（6）被迫打反弹球时，击球点要放在身体前。

（7）直线超身球：在无法确保得分的情况下，尽量减少打斜线截击。

（8）对方擅长超身球时：对随球上网战术加以变化，多停留在后场，来对打法做出改变。

（9）通过观察对手击球时的拍面角度，来防备对手的挑高球。

（10）当对手没有准备好回击超身球时，要随时快速上网。

（五）超身球（穿越球）

1. 情况一：一般情况

通用的原则：

（1）要将迫使网前选手"失分"作为主要意图。

（2）超身球都应当是低球。

（3）最好使用最佳击球来打超身球。

（4）减少不必要的冒险。对于打超身球下网，不如让对手进行截击，也就是说，打深球要比打浅球好。

（5）斜线超身球应是小角度的球。

（6）在打直线超身球时，要注重发力，将球打深。

（7）迫使对手在不舒服的情况下进行截击，然后再打出一记超身球。

（8）挑高球：考虑好风向，将球挑高、挑深。

（9）通过挑高球能够将空当拉开，有利于打出超身球。

2. 情况二：后场击对手的回身球

通用的原则：

（1）在慎用滑板打超身球时要力求准确性。

（2）选择两侧攻击上旋高球。

3. 情况三：擅长随球上网，对手擅长截击

通用的原则：

（1）结合打几个高而深的上旋球。

（2）让对手进行截击，但不会让对手轻易得分。

4.情况四:擅长随球上网,对手不擅长截击

通用的原则:

(1)先打出一记超身球,让对手进行截击(观察对手截击是否失误)。

(2)打出一记超身球力求得分。

5.情况五:轻率随球上网

通用的原则:

通过打出一记超身球来力求得分或挑高球。

六、单打战术的训练方法

(一)固定线路训练

训练方法:在练习者 A 侧的练习者从发球开始,练习者 B 侧还击直线球,练习者 A 侧还击斜线球(图 10-2)。这种练习固定线路,发球方始终击斜线球,接球方始终击直线球。

训练要求:练习者两边移动练习正、反手。五次之后,双方交换回击线路。

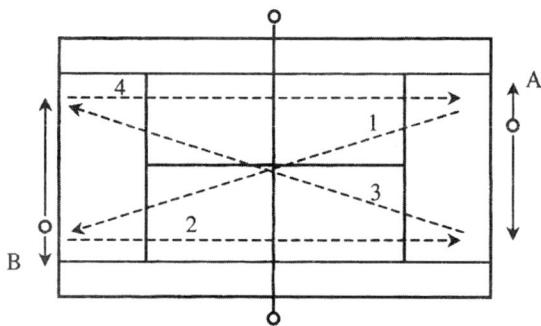

图 10-2

(二)对角线对攻球训练

训练方法:两人分别站在端线后,练习对攻,要力求将球打到端线前1~2米。每一球都争取打几十次往返,球速要逐渐加快,但不要变换击球方向,争取每次击球都落入同一范围内。

训练要求:练习 10 分钟后,换到另一区(左侧斜线),这样正手、反手底

线对攻就都练习了。

（三）一击结合跨步训练

训练方法：教练送球到练习者正手位，练习者正拍打斜线球。

训练要求：击球后迅速做侧跨步到队尾。

（四）双打抢网训练

训练方法：练习者 A 发球后上网打随击球，练习者 C 回击小斜线球，当练习者 A 还击时，练习者 D 在网前打截击球，练习者 B 争取补救球，保持本队的平衡。也可以找时机抢打练习者 C 的回击球，打出胜负，然后交换发球区，四人交换位置（图 10-3）。

要求：双方练习者都要有很好的网前意识。

（五）一对二底线训练

训练方法：练习者 A 在底线跑动，还击练习者 B 和练习者 C 截击回来的各种球。

训练要求：5 分钟后依次轮换，循环练习（图 10-4）。

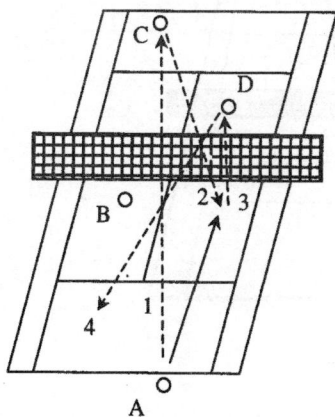

图 10-3

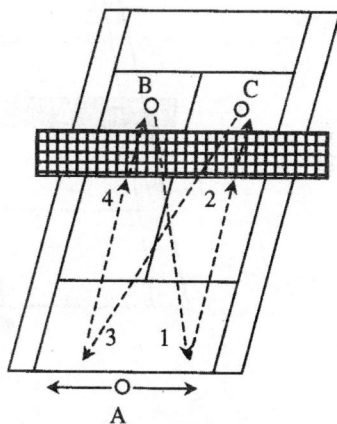

图 10-4

（六）底线至网前三拍连续进攻训练

训练方法：教练送球至右区，练习者从底线开始击底线斜线。教练送第二球，练习者向前靠近击中拦或低拦（发球线）。教练送第三球，练习者继续向前逼进，进行急停步法，并击球解决问题，击直线进攻性球（图 10-5）。

训练要求：从底线到网前进攻。

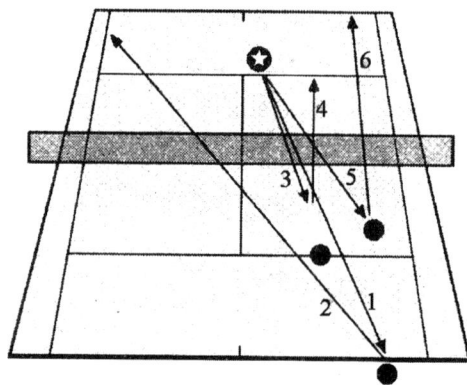

图 10-5

（七）"三击球"练习

训练方法：2 人打落地球，前 3 拍不准进攻，第 4 拍开始击球求胜。4 拍后赢球得一分，如此在底线练习直到一方赢得 11 分（图 10-6）。

训练要求：先练基本功，后练进攻实战能力。

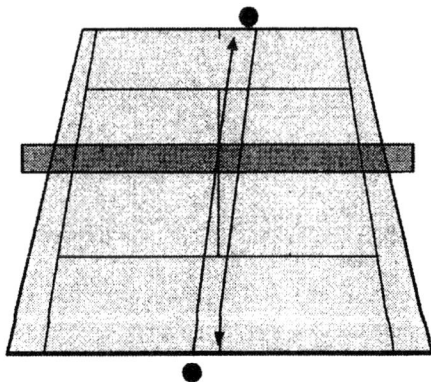

图 10-6

（八）放短球训练

训练方法：放出短球后要快速跑到端线用拍触线，再快速返回接短球。然后两人在半场上对打，决出胜负。

训练要求：前后移动要快。

（九）连续逼攻训练

训练方法：集体从球场一边由深球到中场球击 3 拍，击完后归到队尾

（图 10-7）。

训练要求：规定落点或打目标。

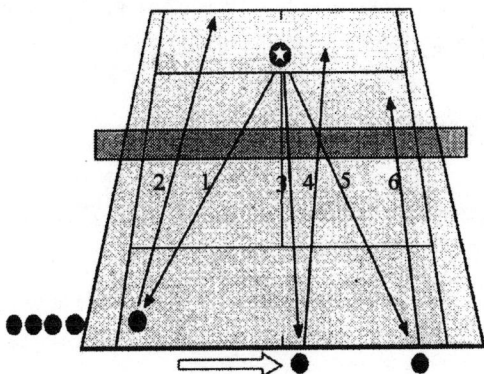

图 10-7

（十）对打小斜线训练

训练方法：右区对右区对打，左区对左区对打，击完一次归队尾（图 10-8）。

训练要求：练习者努力使球进行不断，一旦失误即补上。

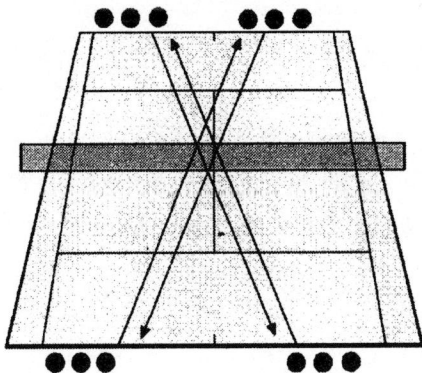

图 10-8

第三节　高校大学生网球运动双打战术能力培养

　　双打和单打最大不同在于，双打是一场关于场地站位的较量，双打比赛中，相对狭小的空间限制了球员创造性的发挥，但也催生出更多合理的击球手段，一对双打配对可尝试不同的站位，然后找到最有效的应对对方的站位，并且，根据对方的情况，进行变位。在双打比赛中，任何高水准配对的首要的战术目的都将是：尽一切可能设法先占据最佳的网前进攻位置。道理很简单，在单打比赛中，防御性的战术如果运用得当往往也会取胜。但双打比赛却主要靠主动攻击取胜。双打比赛中最有利于进攻的位置是在网前。谁能占据网前，谁就把握住了比赛的主动权。

一、双打战术的特点

（1）了解比赛，使同伴的强项得到最大限度的发挥，并使同伴的弱项得到最大限度的回避。

（2）在击球时，既要对对手的站位加以考虑，同时还要考虑同伴的站位。

（3）每半片球场都有两位球员，这就要求要准确地实施策略性和防御性的击球手段。

（4）球员必须清楚，并接受自己在比赛中，尤其是在每一分的比赛中所扮演的角色。

（5）采用双底线和双上网的站位能够将自己与同伴之间的真空地带大大减小。

（6）双上网站位具有较强的攻击性。

二、发球局战术

在双打比赛中，发球局同单打发球局是相同的，也是对对手直接实施进攻并凭借发球占据场上主动，并为同伴网前抢网截击得分创造出更为有利的条件。双打发球战术主要有发球上网战术、发球抢网战术以及澳大利亚战术。

（一）发球上网战术

这一战术的基本原则是通过快速度、上旋或侧旋大力、平击、大角度落点准确的一发成功率，迫使对手接发球质量下降，从而为同伴在网前的抢网截击得分创造出有利的机会。二发要增加一些落点和旋转的变化，这样也能够为同伴创造更好的上网机会。不管是一发还是二发都要对对手的技术特点加以充分考虑，并采用能够限制对手特长发挥的发球战术和发球技术。

（二）发球抢网战术

在采用这种战术时，同伴之间要事先商量好，发球员将球发到什么位置，抢还是不抢，这种战术能够很好地干扰对手的接发球，从而为发球上网及抢网创造更多的得分机会;其次,这种战术要求发球员要注重发球质量,并在球的落点、旋转和击球节奏方面进行变化。

(三)澳大利亚战术

这种战术能够对对手的接发球节奏造成破坏,从而为发球上网和抢网创造更为有利的条件。在采用这种战术时,同伴之间要商量好发球的落点。此外,这种战术只有在发球员一发成功后,才能将其效果充分体现出来。

三、接发球局战术

与网球单打接发球相比,双打接发球有着很大的差异,这主要是因为在接发球阶段本身处于被动的局面,再加上对手发球员同伴网前的封网以及随时抢网意识,都使得接发球方的难度大大增加。由此可见,接发球局战术是否能够得到成功运用,主要是由接发球的质量所决定的。为了改变被动局面,变被动为主动,接发球时不能始终处在被动的状态,要根据对方发球及网前攻势,来提高本方的接发球质量,采取主动进攻,积极上网战术。

这种战术的目的就是通过利用有利的站位和接发球战术,变被动为主动,将被动防守转变为有利的进攻局面,同时也为同伴创造出更为有利的防守和进攻机会。

接发球局战术主要包括接发球双上网战术、接发球双底线战术、接发球抢网战术。具体内容如下。

(一)接发球双上网战术

这种战术主要适用于对手发球员一发质量不高或二发时的情况。为了更好地抢占网前有利的位置,在对方发球时,本方接发球员通过利用较小的移动距离来获得更大的防守范围。迎前回击球,并随球上网,迎前击球能够使接发球的速度变得更快,以对对手发球上网截击或抢网造成困难。接发球员回击球的方式有很多,总的原则是将自身优势充分发挥出来,并对对手的目的加以抑制。

(二)接发球双底线战术

在网球双打比赛中,如果发球方的发球质量较高,对本方接发球造成了很大的威胁和压力,而发球方的同伴具有较强的网前抢网意识和能力时,采用这种战术能够更好地改变本方的被动局面,破坏对方的快速进攻节奏,迫使对方在网前不容易截击得分。要高度重视接发球的成功率,然后寻找机会加以反击,打穿越球要凶狠,主要以中路球、两侧边线小斜线为主,并结合上旋高球来获得场上主动。

(三)接发球抢网战术

接发球抢网战术在网球双打比赛中会被经常用到,这种战术能够对发球上网球员进行中场截击造成很大的心理负担,迫使其回球质量不高或回球失误,同时也能够为本方同伴抢网得分创造出更好的机会。

四、常用双打战术组合

(一)发球局战术

1. 基本阵式

一般来说,中点和双打发球边线的中间是发球员发球和上网的最佳位置,其同伴一般会站在场地的另一侧网前,离网大约有 3 米左右,离中线大约 2.5 米,离双打边线约为 3 米左右(图 10-9、图 10-10)。

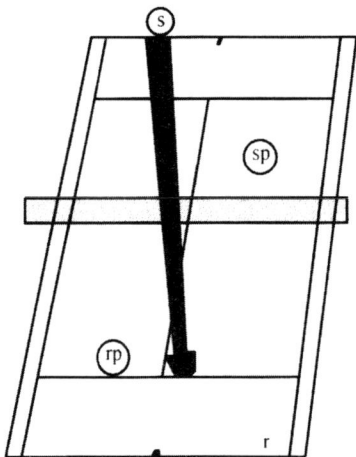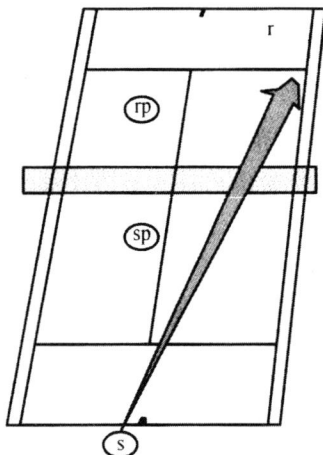

图 10-9   图 10-10

注:s:发球员;sp:发球员的搭档;r:接发球员;rp:接发球员搭档。

2. 澳洲阵式

这种阵式所具有的特征主要有:在发球时,发球员同伴站在发球员同一侧的网前,发球员则站在中点附近来进行发球。在发完球之后,发球员立刻跑向对角线上网去封截在基本阵式中原本由网前队员负责管辖的那半片场地。

该战术的主要目的是迫使对手改变原有的击球节奏和击球方法,迫使他们无法按照原有的回击斜线球来进行接发球,逼迫他们打出其所不擅长的直线接发球。由此而见,澳洲阵式主要适合应付对直线接发球不擅长的选手。

(1)"一发"应以深入的旋转发球为主

在网球双打比赛中,发球并不需要过于强劲,但必须要重视球的落点,通常都是以深入的旋转发球作为主要手段。一方面,球的旋转能够提高发球的成功率,并且一发成功率的高低也会对双打比赛产生非常重要的影响。另一方面,对手在面对带有强烈旋转的发球时,通常会采用切削的方式来进行化解,这是非常考验技术的。最为重要的是,采用旋转发球,速度相对较慢,发出的球如果更为深入,那么就会赢得更为充分的上网时间。这就提醒我们不能过于追求发球的速度来过分采用大力平击发球,实际上,球速越快,对手回击球就会越早,这对本方接下来的上网截击是非常不利的。

(2)力争控制球场的中央部分

双打比赛,所实施战术的主要目的就是要对球场的中央部分进行控制,通常来说,谁能够更好地掌握和控制好球场的中央部分,就会拥有更大的获胜希望。这主要是因为,这样的发球能够限制接发球者的回击角度,有利于本方接下来在网前更好地控制局势。

为了达到这一目的,发球时最好采用追身球和发内角球为主(图10-11)。

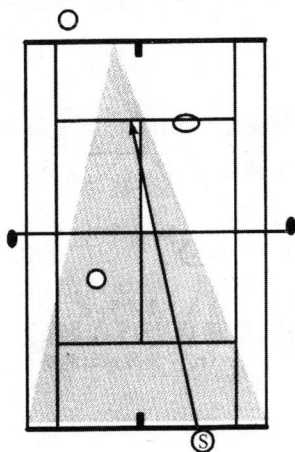

图 10-11

如果将球发向对方发球区的外角,对手在回击球时的落点就会有更大的角度来进行选择(图 10-12)。

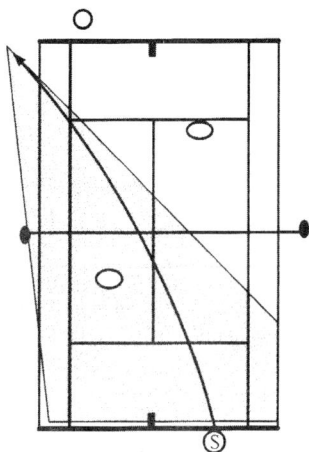

图 10-12

(3)发向对方的反手

在对手反手较弱时,可以采用这一战术,来发外角逼迫其使用反手接发球。这一战术比较适用于第二发球区发球时,倘若对手采用左右握拍,正好相反。

(4)利用切击发球突袭对方的正手外角

在比赛中,如果过多采用追身球和发内角球为主的战术,那么对手就会将精力更多地集中在这一方面的防守上。在这种情况下,本方可以使用切击发球来突袭对手的正手外角。在采用这一战术时,本方同伴要多注意对对手的直线穿越球进行封截。

(5)抢截与补位

在网球双打比赛中,如果本方网前同伴能够很好地预测出对方的接发球回击方向,便可以使用这种战术:在对方发球员发球的瞬间,网前队员可以利用网前有利的位置快速移向场地的另一边,准备给对手致命一击。而发球员在发完球之后会改变方向快速跑向原来其搭档的另一侧进行补位。

这种战术学习难度不是很大,主要在于同伴之间在比赛中的默契配合,这是因为网前队员在判断中很可能出现偏差,这就需要发球员进行及时补位,同时不能让对手事先了解本方意图。如果网前球员已经做出了抢截动作,不管判断是否准确,接下来的动作都要进行下去,这样才不会出现较大的失误。

(6)发球员在上网途中的截击方法

在网球双打比赛中,发球员要养成发球后上网的习惯,如果能够快速来到网前,能够对对手的攻势进行有效的封截,争取拿下这一分。但在具体的实战中,很有可能是发球员正在跑向网前的过程中,对方就已将球回击过来。这时,发球员因为尚未感到网前稳住脚步,所以不能着急进行截击,要不然很容易出现失误。

①一般情况下,首先将球较深地截击到对方靠近接发球员的一侧的底线,自己在网前站稳角度之后,再展开接下来的强有力的攻击。

②当对方接发球员也在随球上网途中时,可先将球截击到对手脚下。

③当对方的接发球员已经在网前占据较好的截击位置,而自己又处于较低的截击位置,可以寻找机会使用截击吊高球将球吊向对方的后场。但这一技术需要具备高超的截击技术、灵活熟练的前臂和手腕动作,以及良好的战术意识。在具体比赛中的过程中,采用这种方法有着非常大的风险性,当对方意识到或者击球质量不高时,很有可能等到的是对手的一记非常凶猛的高压球。

（二）接发球局战术

在网球双打比赛中,接发球员在场地中的可以用来还击的位置要比单打比赛少很多。

首先,在网球单打比赛中,在发球之后发球员可能不会选择上网,这对接发球员造成的压力就会大大减小。

其次,在网球双打比赛发球时,发球方总有以为球员站在网前等待机会进行抢截和封堵,这对接发球方带来了非常大的心理压力和困难。

最后,双打比赛比单打的人数要多一倍,但场地宽度上增加的非常有限。

这也说明具有高水准的接发球技能,破掉对手的发球局,这对于获得双打比赛的胜利有着非常重要的意义。

1. 阵式

（1）基本阵式（图 10-13）。
（2）双底阵式（图 10-14）。

2. 接发球基本位置

在网球双打比赛中,发球员比较重视一发的成功率,这就使得很多选手在发球时会选择发旋转球,并快速来到网前。此时,要想回击出一个较具攻击性的接发球,逼迫正在来到网前的对方发球员只能选择离网较远的位置进行第一次防御性截击,从而获得进攻的主动权。接发球员应该力争前迎在底线内侧接发对方发来的旋转球。

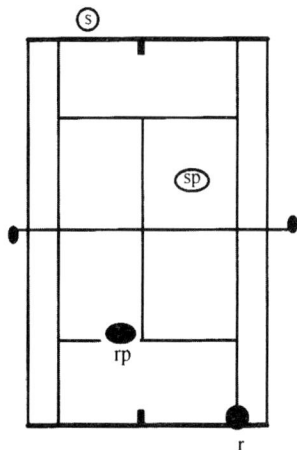 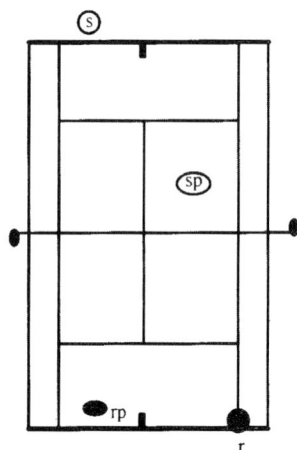

图 10-13 　　　　　　　　　　 图 10-14

当对方发球员出现一发失误之后，本方接发球员更应该选择向前靠迎击对方的第二发球。

3. 基本方法

（1）一般来说，直接将球回击到对方的发球员或双打边线是最为理想的接发球方法（图 10-15、图 10-16）。

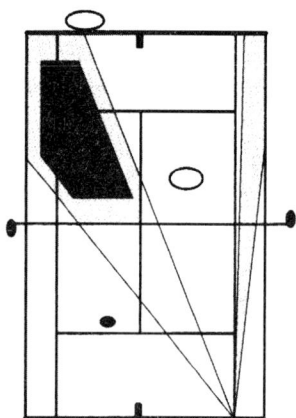 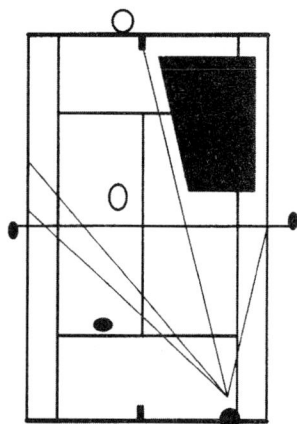

图 10-15 　　　　　　　　　　 图 10-16

（2）在高于网的位置采用切击的方式将球朝下击向正在上网的对方发球员，并随球上网。迫使对方只能被动采用一个朝上的截击，然后接发球方抓住这一有利时机进行强有力的反击。

（3）采用反手下旋击球的方式，打一个擦网而过的低球，将球击向正在上网的发球员脚下，将球的落点尽可能地控制在发球区线前面，同时快速随球上网抓住机会进行反击。

（4）在发球方网前队员抢截非常活跃，或者寻找机会突袭时，可以打出一个直线穿越球。

（5）采用上旋球技术打一个后场高球，这样能够有效对付发球方网前队员的站位比较靠前、抢截比较活跃的情况，并且可以形成一发威力大、发球员上网速度快的情况（图 10-17）。

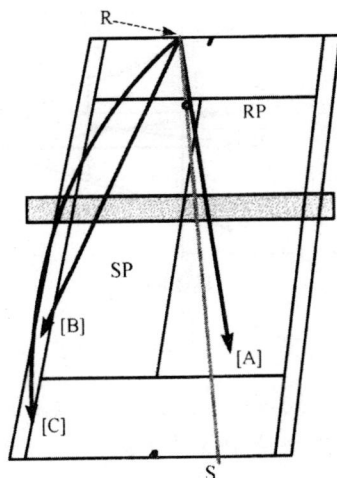

图 10-17

此外，在实际比赛中，还要结合场上具体实际来对接发球方法加以变换，不能将一种击球方法一直使用，这样能够有效避免对手寻找破阵时机。

五、双打战术的训练方法

（一）双网前和双底线的训练方法

攻防双方运动员，四人打 2 只球，以练习网前连续截击的进攻能力和底线连续破网反击能力，以对抗形式进行练习（图 10-18）。

（二）底线技术破网或网前的截击的训练方法

双打进攻方的两名运动员在球场一边的左右半区的网前或底线，防守方的一名运动员以自己的双打站位为主要依据在底线或网前进行半区的破网和网前练习，为了取得更为理想的教学效果，要求双方运动员进行多次练习（图 10-19）。

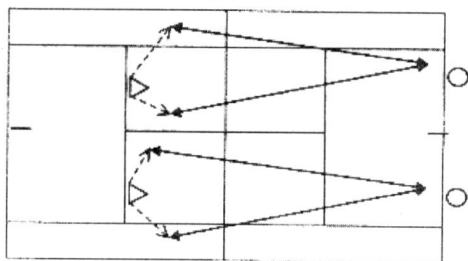

图 10-18

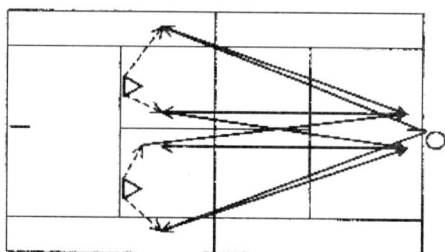

图 10-19

（三）截击凌空球或高压球的训练方法

采用一对二等多种形式，在中场或近网进行截击凌空球练习，这样往往能够达到提高在网前快速对抗中的反击能力及击球和控球的能力的目的（图 10-20）。

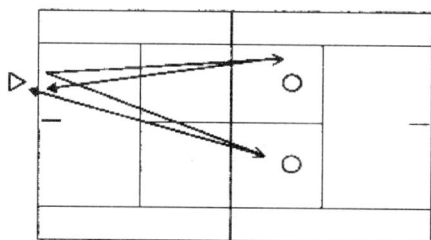

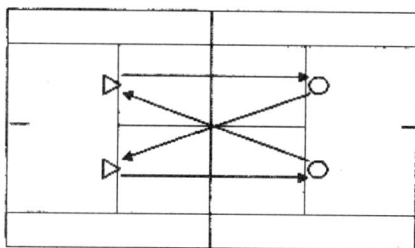

图 10-20

（四）限定区域的破网或中场及近网的截击的训练方法

如图 10-21 所示，以双打运动员的站位为准，以中线和双打边线为限进行半区的底线穿越对中场或近网的截击教学练习。

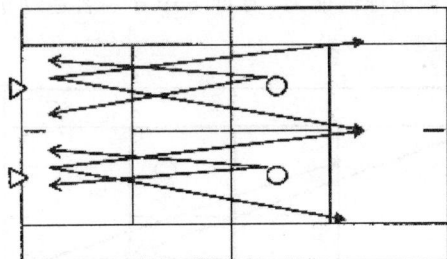

图 10-21

（五）多球练习的训练方法

多球练习的教学方法主要有以下四种。

（1）发球练习。

（2）接发球练习。

（3）发球上网抢网补位练习（图 10-22）。

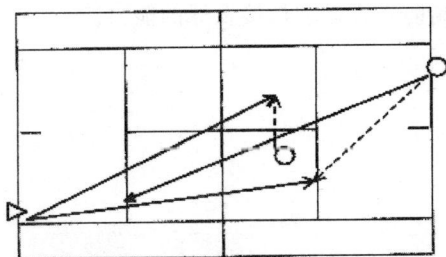

图 10-22

（4）发球上网中场、近网、高压三板的练习（图 10-23）。

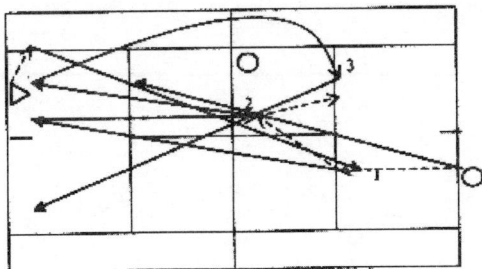

图 10-23

（六）提高发球上网能力的训练方法

进攻方的两名运动员一人发上，一人网前，二人轮流发球上网，进行双打发球上网战术的配合练习。为了能够更好地提高进攻方运动员发球上网后处理中场第一板截击球的能力，要对防守方一名运动员接发球的成功率有一定要求（图10-24）。

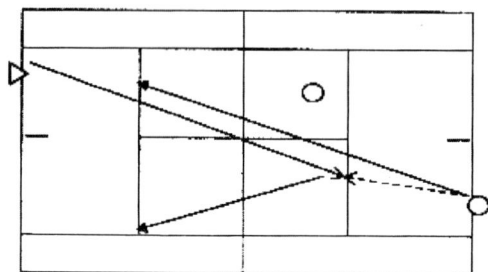

图 10-24

（七）提高接发球破网能力的训练方法

防守方一名运动员根据自己的双打站位，进行接发球破网练习，进攻方一名运动员发球上网，一人在网前封网，要求进攻方两名运动员轮流发球上网进行陪练，以提高防守方运动员接发球的能力。

参考文献

[1]毛亚杰.大学生健康教育[M].北京:北京理工大学出版社,2014.

[2]陈选华,王军.大学生健康心理学[M].合肥:中国科学技术大学出版社,2010.

[3]罗奇.大学生体质健康管理[M].北京:国家知识产权局知识产权出版社,2016.

[4]周皎.大学生体质健康成因与健康促进[M].北京:中国纺织出版社,2016.

[5]闫立新.大学生体质测试指导与测试分析研究[M].北京:知识产权出版社,2013.

[6]封飞虎,凌波.运动生理学[M].武汉:华中科技大学出版社,2014.

[7]张英波.现代体能训练方法[M].北京:北京体育大学出版社,2006.

[8]张青艳.普通高校大学生体育欣赏能力影响因素及其相关分析[J].体育大视野,2015(14).

[9]欧雅怡.试论普通高校大学生体育欣赏能力的构成及培养[J].体育世界,2010(10).

[10]杨桂志.网球教学中学生审美能力的培养[J].吉林体育学院学报,2004(09).

[11]吕谷妍.我国普通高校网球运动开展现状及对策分析[J].运动,2014(87).

[12]谢孟瑶.试论我国高校网球运动开展现状分析[J].网络财富·理论探讨,2010(10).

[13]张祥.上海市部分高校网球运动开展现状研究[D].上海体育学院,2011.

[14]戴婷婷.武汉市高校网球运动开展现状研究[J].湖北体育科技,2011,30(01).

[15]潘际娜.西安市普通高校网球运动开展现状的调查研究[D].陕西师范大学,2015.

[16]罗晓洁.网球技术与教法[M].上海:同济大学出版社,2016.

[17]黄小懿,洪邦辉.简析 2003—2012 年我国网球技术的发展现状

[J].劳动保障世界(理论版),2013(08).

[18]于海生.当代网球接发球技术特点及发展趋势分析[J].科教导刊(中旬刊),2012(11).

[19]刘亚云,黄晓丽等.小球运动[M].长沙:湖南师范大学出版社,2007.

[20]王泽刚.网球运动实训教程[M].武汉:武汉大学出版社,2016.

[21]张瑞林.网球运动(第2版)[M].北京:高等教育出版社,2005.

[22]李志平,于海强.网球入门、提高训练与实战[M].北京:化学工业出版社,2016.

[23]杨忠令.现代网球教程[M].杭州:浙江大学出版社,2011.

[24]谢成超,杨学明.大学网球教程[M].北京:化学工业出版社,2015.

[25]乔伫,李先国,黄念新.网球运动教程[M].南京:南京师范大学出版社,2005.